Meinen Lesern

Heinz G. Konsalik

Ein harmloser Urlaubsflirt – so fängt es an. Im paradiesischen Kurort Sotschi am Schwarzen Meer lernt die deutsche Ärztin Dr. Irene Walther einen russischen Ingenieur kennen. Aber als die Ferien zu Ende gehen, weiß Irene, daß sie Boris nie mehr vergessen wird. Aus Sympathie ist leidenschaftliche Liebe geworden. An ihre Arbeitsstätte nach München zurückgekehrt, hat Irene freilich kaum mehr Hoffnung, ihn wiederzusehen. Ein Vierteljahr darauf wird eine Maschine der sowjetischen Aeroflot auf dem Flug nach Prag von einem russischen Passagier zur Landung in München gezwungen. Der Entführer: Boris. Er erhält politisches Asyl und wird von Irene aufgenommen, um derentwillen er alles im Stich gelassen hat: seinen Beruf, seine Karriere, sein Vaterland. Doch nun geraten die beiden Liebenden in das gefährliche Spiel der Geheimdienste...

Autor

Heinz G. Konsalik, 1921 in Köln geboren, begann schon früh zu schreiben. Der Durchbruch kam 1958 mit der Veröffentlichung des Romans »Der Arzt von Stalingrad«. Konsalik, der erfolgreichste deutsche Autor der Gegenwart, hat mehr als hundert Bücher geschrieben, die in viele Sprachen übersetzt wurden. Die Weltauflage beträgt über sechzig Millionen Exemplare. Ein Dutzend Romane wurden verfilmt.

Außer dem vorliegenden Band sind von Heinz G. Konsalik
als Goldmann-Taschenbücher erschienen:

Heinz G. Konsalik

Die Liebenden von Sotschi

Roman

GOLDMANN VERLAG

Ungekürzte Ausgabe

Der Goldmann Verlag
ist ein Unternehmen der Verlagsgruppe Bertelsmann

Made in Germany · 9. Auflage · 5/88
© 1982 C. Bertelsmann Verlag GmbH, München
Umschlagentwurf: Design Team München
Umschlagfoto: Studio Schmatz, München
Druck: Elsnerdruck, Berlin
Verlagsnummer: 6766
MV · Herstellung: Sebastian Strohmaier/Voi
ISBN 3-442-06766-9

Sie saß zum ersten Mal auf einem Maulesel und wußte nicht zu sagen, weshalb sie sich eigentlich in den harten, zerschlissenen Ledersattel hatte heben lassen. Die anderen Mitglieder der Reisegesellschaft hatten die Maulesel mit großem Hallo begrüßt, und plötzlich stand so ein geduldiges Tier auch vor ihr, und ein freundlich lächelnder Mann sagte in gebrochenem Deutsch: »Gospoda, auch reiten?« Sie hatte kaum genickt, da fühlte sie sich schon hochgestemmt, und nun hockte sie auf dem leicht bebenden Rücken.

Sie nahm die Lederzügel, mit denen sie nichts anzufangen wußte, in die Hände und kam sich reichlich dumm vor. Das Stimmengewirr um sie herum klang in ihren Ohren wie das kreischende Gesumm übergroßer Bienen. Gleich trotten wir durch die Landschaft, dachte sie, Esel hinter Esel, und wiegen uns in dem Hochgefühl, reiten zu können! Wie kindisch man doch werden kann. Es wäre besser gewesen, im Hotel zu bleiben, auf dem Balkon zu liegen und über das Meer zu blicken. So hatte sie es schon seit zwei Wochen gehalten, hatte sich abgesondert, sich verkrochen, immer wie auf der Suche nach sich selbst. Dieser Ausflug zu den staatlichen Teeplantagen von Dagomys war ein Fehler gewesen; das Lachen der Menschen tat ihr fast körperlich weh.

Sie sah sich um und überlegte, ob sie nicht absteigen und auf diesen dummen Touristenritt verzichten sollte. Aber dazu war es schon zu spät. Die Kolonne setzte sich in Bewegung, voraus ritt ein Führer in der Tracht der Krasnodarer Bauern. Ein paar Frauen kreischten auf, als ihre Tiere sich plötzlich ruckartig bewegten; ein dicker Mann, der ihr durch seine albernen Witze schon im Bus aufgefallen war, schrie mit rotem Kopf: »Kinder, den richtigen Schenkeldruck nicht vergessen!«, und dann trabte auch ihr Maulesel los und reihte sich in die Kolonne ein.

Sie ritten auf schmalen, buschgesäumten Wegen durch die weiten grünen Teefelder und kamen bald in einen herrlichen Hochwald, der mit kleinen funkelnden Seen durchsetzt war. Dem Dicken, vier Esel vor ihr, war nach Singen zumute, er schrie: »Alle: Warum ist es am Rhein so schön . . . Drei, vier . . .« – aber keiner stimmte ein. Jetzt führte der Weg abwärts; die Maulesel fielen in eine schnellere Gangart, es wurde fast ein leichter Galopp, die Frauen juchzten, auch sie hatte Mühe, sich gerade im Sattel zu halten.

An einer Biegung des Weges geschah es: Ein großer schlanker Mann kippte von seinem Reittier, rollte über den Weg und blieb seitlich an einem Busch liegen, als sei er vom Sturz betäubt. Der Dicke brüllte: »Das Ganze halt!«, ein paar Frauen riefen »Stopp!«, aber da das Leittier weitertrabte, folgten die anderen unbeirrt.

Ihr Maulesel jedoch blieb mit einem Ruck stehen. Die drei Touristen, die noch hinter ihr waren, trabten, mit den Armen fuchtelnd, an ihr vorbei; auch sie brüllten völlig umsonst: »Halt! Halt!«

»Ich werde mich um ihn kümmern!« rief sie ihnen nach. »Ich warte hier.«

Vorsichtig stieg sie ab. Das Tier stand unbeweglich wie ein Denkmal und machte keine Schwierigkeiten. Der Mann lag noch immer vor dem Busch auf dem Rücken, hatte die Beine angezogen und tastete sie mit beiden Händen ab. Sein Esel stand mit hängendem Kopf daneben.

»Karascho!« sagte der Mann mit etwas bemühtem Lächeln, als sie sich über ihn beugte. Er fuhr mit den Fingern durch seine blonden Haare und stemmte sich dann zum

6

Sitzen hoch. Sie half ihm, indem sie seinen Rücken stützte. »Prastiti! Iswiniti sa bispakoistwa ...«

»Ich kann kein Russisch.« Sie kniete sich neben ihn und blickte an ihm herunter. Er schien nirgendwo zu bluten. »Aber Englisch oder auch Französisch.«

»Verzeihung«, wiederholte er, auf deutsch. Er sprach weiter, fast fehlerfrei, nur mit etwas harter Betonung. »Ich sagte: Entschuldigen Sie die Störung ...« Sein Lächeln verstärkte sich. Er hat graue Augen, dachte sie verblüfft. Blonde Haare und graue Augen! Ich habe gar nicht gewußt, daß es graue Augen gibt. Eine merkwürdige Irisfarbe ... unergründlich, undurchsichtig.

»Sie haben einen gefährlich aussehenden Sturz getan«, sagte sie. »Sie haben sich mindestens dreimal überkugelt.«

»Ich habe mich abgerollt.« Er legte die Hände auf seine ausgestreckten Beine und lachte in jungenhaftem Ton. »Das habe ich oft geübt. Bei der Ausbildung zum Fallschirmjäger. Ist das nicht ein Witz?! Da hat man gelernt, aus etlichen tausend Metern Höhe ins Nichts zu springen, aber hier auf der Erde fällt man von einem Esel wie ein Sack!«

Er machte im Sitzen eine kleine Verbeugung. »Minja sawut Boris Alexandrowitsch Bubrow.«

Er brauchte das nicht zu übersetzen; sie nickte und antwortete: »Ich heiße Irene Walther.«

»Irina, ein schöner Name! Meine Großmutter hieß Irina, eine großartige Frau. Ich werde sie nie vergessen.«

Der in diesem Augenblick sicher überflüssige Satz machte sie offenbar beide etwas verlegen. »Haben Sie sich verletzt?« fragte sie, lauter als sie wollte.

»Ich weiß nicht. Arme und Beine sind noch dran. Nur im linken Knöchel sticht und hämmert es, wenn ich den Fuß etwas drehe.«

»Lassen Sie mich einmal sehen?« Sie beugte sich über seinen Fuß. »Ich bin Ärztin.«

»Welch ein Glück ich habe!« Bubrow streifte das Hosen-

bein hoch. Er trug weiße dünne Baumwollstrümpfe und
elegante, schmalgeschnittene, cremefarbene Schuhe, die
keineswegs aus einer sowjetischen Fabrik stammen konnten; sie sahen eher wie eine italienische Arbeit aus. »Eine
Ärztin aus Deutschland. Darf man fragen, woher?«
»Aus München. Genauer: bei München. Ein kleiner Ort
an einem See.«
»Sicherlich romantisch.«
»Sehr romantisch.« Sie bewegte vorsichtig seinen Fuß, Bubrow machte leise »Oh«, sein Knie zuckte. Irene Walther
ließ den Fuß sofort los. »Verstaucht. Nicht schlimm, aber
schmerzhaft und langwierig. Der Knöchel wird dick werden und anlaufen. Alkoholumschläge und feste Banda-
gen.«
»Und Bettruhe!«
»Das wäre zu empfehlen.«
»Geht nicht, Frau Doktor! Ich bin nicht in diese paradiesi-
sche Landschaft gekommen, um im Bett zu liegen. Und
jetzt schon gar nicht.« Bubrow versuchte aufzustehen. Es
gelang nur mit Irenes Hilfe; sie griff ihm unter die Achsel.
»Danke! Sehen Sie, ich stehe!«
»Ihr Knöchel wird Sie gleich bestrafen!«
»Ich werde *ihn* bestrafen! Wie kann er mich jetzt ärgern
wollen, da ich Sie kennengelernt habe?« Er machte einen
Schritt, verzog schmerzhaft sein Gesicht und stützte sich
schwer auf Irenes Schulter. »Welch ein Verräter, dieser
Knöchel!«
»Eine Woche Bettruhe.«
»Ich nehme den Kampf auf. Helfen Sie mir, Frau Doktor?«
Bubrow hob das linke Bein etwas an und hüpfte auf der
Stelle. Er schob seine blonden Haare aus der Stirn und
blickte an Irene Walther vorbei in den sonnendurchflute-
ten Wald. »Und wenn wir dann noch Ihren Mann als Ver-
bündeten haben . . . Ist er auch Arzt?«
»Ich bin unverheiratet«, sagte Irene Walther.
»Das ist nicht wahr!«

»Erlauben Sie mal!«

»Leben Sie nur unter Blinden?«

»Bitte!« Sie lächelte schwach, aber die Abwehr war deutlich. »Ich mag solche Plattheiten nicht. Können Sie wieder auf Ihren Maulesel steigen, Herr Bultrow?«

»Bubrow. Aber sagen Sie bitte Boris, ganz einfach.«

»Warum? Ich sehe keinen Anlaß.«

»Hier in Rußland redet man sich mit Vornamen und Vatersnamen an. Boris Alexandrowitsch also. Aber das ist viel zu lang. Deshalb einfach Boris. Bitte!« Er sah sie mit seinen grauen Augen an, sie konnten betteln wie ein kleiner Hund. »Dann kann ich ja auch Irina sagen.«

Zwei Reiter kehrten zurück, das enthob sie einer Antwort. Es waren Angestellte der staatlichen Teeplantage Dagomys. Bubrow wechselte mit ihnen ein paar schnelle Sätze, schlenkerte das linke Bein und zeigte auf Frau Dr. Walther. Seine Erklärungen schienen überzeugend zu sein; die Reiter lachten, winkten Irene zu, wendeten ihre Pferde und galoppierten davon.

»Sie helfen uns nicht?!« fragte Irene verwundert.

»Warum auch?«

»Ihr Knöchel!«

»Ich habe ihnen gesagt: Brüder, da steht eine Ärztin! Könnt ihr mehr als sie? In den besten Händen bin ich! Noch einen schönen Tag, Genossen! – Mit Höflichkeit erreicht man viel.«

»Das kann doch nicht wahr sein!« Irene streifte seine Hand von ihrer Schulter und ging zu ihrem Maulesel.

»Was haben Sie vor, Irina?« fragte Bubrow.

»Ich klettere jetzt in den Sattel, sage hopp, trete dem Esel in die Weichen und hoffe, daß er den anderen nachläuft.«

»Das dürfen Sie nicht, Irina!«

»Und warum nicht, wenn ich fragen darf?«

»Sie sind Ärztin, und hier braucht ein Verletzter ihre Hilfe! Wie können Sie da einfach weglaufen?!«

»Sie sind nicht hilflos.«

»Und wie! Ich kann mich nicht von der Stelle bewegen!«

»Vor wenigen Minuten klang das anders.«

»Sie wissen als Ärztin genau, daß sich ein Krankheitszustand in Sekundenschnelle verschlechtern kann. Und so ein verstauchter Knöchel . . . oh, außer Kontrolle gerät er, außer aller Vernunft! Überraschungen erlebt man . . .«

»Das kann man wohl sagen!« Sie kam zurück, packte Boris' Maulesel am Zügel und führte ihn zu ihm. »Sitzen Sie auf!« befahl sie. »Oder erwarten Sie, daß ich Sie bis zum Teehaus trage?«

»Wo wohnen Sie in Sotschi?« fragte Boris. Er zog sich mühsam hoch, knirschte melodramatisch mit den Zähnen und stieß ein lautes »Puh!« aus, als er endlich im Sattel saß.

»Im Hotel ›Shemtschushina‹.«

»Vornehm, vornehm!«

»Es ist mir von Intourist zugewiesen worden«, sagte sie kühl, kletterte auf ihren Maulesel und wartete auf das, was nun geschehen würde. Wohin lief das Tier? Den anderen nach – oder zurück zur Teeplantage? »Wirklich ein schönes, modernes Hotel.«

»Ich weiß. 958 Zimmer, eigener Badestrand, Restaurant, Bar, Sauna, Tanzsaal . . .«

»Und Sie?«

»Ich habe ein Zimmer im Sanatorium ›Sarja‹. Für 24 Tage.«

»Sie sind krank?« Irene musterte ihn. Er schien der gesundeste Mensch zu sein, dem sie je begegnet war.

»Das wäre übertrieben. Ich bin zur Kräftigung hier.«

»O Himmel! Sie sehen ja auch bemitleidenswert aus! Sind Sie vor Schwäche vom Esel gefallen?«

»Spotten Sie nur, Irina!« Bubrow gab seinem Tier einen Tritt. Es grunzte und trottete an Irenes Seite. Immerhin konnte er es bewegen, wie sie mit Staunen feststellte.

»Ich bin Ingenieur«, fuhr er fort. »Wasserbau-Ingenieur. Ein aufreibender Beruf. Immer im Feuchten. Und stellen Sie sich vor: Ein Wasserbau-Ingenieur wird nach Sotschi geschickt, um dort Perlbäder und Unterwasser-Massagen zu bekommen! Das ist schon fast pervers. Aber es bekommt mir.«

»Bitte, hören Sie auf!« sagte sie grob. »Jetzt werden Sie blöd!«

Er gab Irenes Tier einen Klaps zwischen die Ohren, es setzte sich in Bewegung und trottete zum Teehaus der Plantage zurück. Bubrows Maulesel ging Kopf an Kopf nebenher.

»Und Sie, Irina? Wie sind Sie nach Sotschi gekommen?«

»Mit einer deutschen Reisegesellschaft.«

»Warum gerade Sotschi? Ein anständiger Deutscher aus der Bundesrepublik fährt nach Mallorca, Ibiza, Torremolinos oder Teneriffa. Aber nach Sotschi, ans sowjetische Schwarze Meer? Wo man sich doch so Schreckliches von Rußland erzählt: Nichts zu essen, unhöfliche Bedienung, kaputte Wasserleitungen, überall nur Improvisation . . .«

»Was wollen Sie jetzt hören? Ein Loblied auf Sotschi?«

»Nicht nötig. Ich liebe mein Rußland! Aber warum sind Sie hier?«

»Es hat persönliche Gründe«, sagte sie steif. »Ich wollte sein, wo ich ohne viel deutsche Laute um mich herum – na, sagen wir, ausspannen kann. Und nun ist doch einer da, der am Schwarzen Meer singt: Warum ist es am Rhein so schön . . .« Sie lächelte etwas gequält. »Trotzdem waren es zwei schöne Wochen.«

»Und wie lange bleiben Sie noch?«

»Noch sieben Tage.«

»Du lieber Himmel! Nur?!« Bubrow schlug die Hände zusammen. Sein Reittier erschrak und begann zu traben. Irenes Esel tat es ihm nach. »Was müssen wir in sieben Tagen noch alles tun!«

»Sie liegen mit Ihrem Knöchel im Bett.«

»Ich habe einen besseren Vorschlag: Wir essen heute abend im Restaurant ›Magnolia‹.«

»Unmöglich, Boris.«

»Danke.«

»Wofür danke?«

»Sie haben endlich Boris gesagt, Irina.«

»Ich werde mich bemühen, solche Entgleisungen zu vermeiden.«

»Warum sind Sie so streng zu mir, Irina?«

»Ich bin nach Sotschi gekommen, um allein zu sein.«

»Aber ich bin ein Patient. Sie müssen sich um mich kümmern.«

»In Sotschi gibt es hundert Ärzte.«

»Zu keinem habe ich Vertrauen. Sie wissen doch, wie ausschlaggebend für den Heilungsvorgang die psychologische Bereitschaft des Kranken ist. Mein Knöchel heilt nur, wenn Sie ihn behandeln. Schließlich kenne ich meinen Knöchel seit 35 Jahren. Ein eigenwilliger Knöchel!«

»Wir werden sehen«, sagte sie und hielt sich fest. Die Maulesel witterten den Stall und begannen einen leichten Galopp. »Ich glaube nicht, daß Sie fähig sind, ins ›Magnolia‹ zu kommen.«

»Aber Sie werden da sein?«

»Ja.«

»Ich bin der glücklichste Mensch!« rief Bubrow und reckte die Arme zum Himmel.

Während der Rückfahrt nach Sotschi saßen sie im Bus nebeneinander. Der Dicke, er kam aus Oberhausen, erzählte Witze aus dem Ruhrpott. Die Deutschen bogen sich vor Lachen. Wer sonst noch im Bus war, grinste allenfalls verlegen.

»Ich bin zweisprachig aufgewachsen«, sagte Boris Alexandrowitsch. »Russisch und deutsch. Meine Großmutter, von der Mutter her, kam aus Schwaben. Die unvergessene Irina. Ich liebe Deutschland, auch wenn ich es nie gesehen habe. Neunmal habe ich einen Reiseantrag gestellt – immer abgelehnt. Man sagt, ich wisse zuviel über die Planungen der sowjetischen Wasserwirtschaft. Das ist

Dummheit, denn wo wir Staudämme bauen, weiß die ganze Welt. Auch, wo wir Flüsse regulieren. Ich möchte gern Ihr Land sehen, Irina. Es muß schön sein.«

»Das ist es. Aber es hat kein Sotschi.«

»Aber es hat einen bayerischen See, an dem Sie wohnen.«

»Von diesem See hatten Sie bis heute keine Ahnung.« Ihre Stimme klang spröde, abwehrend. Bubrow sah sie von der Seite an und bewunderte ihr Profil, die rötlichbraunen Haare, die bis auf die Schultern fielen, die Linien ihres Körpers. Dann blickte er weg und nickte.

»Das stimmt. Aber nun ist Deutschland für mich noch mehr als bisher ein Land der Sehnsucht.«

In Sotschi stieg er an der Haltestelle des Hotels »Intourist« aus, um einen Bus zum Sanatorium »Sarja« zu nehmen. Ganz vorsichtig trat er mit dem linken Bein auf, man sah, daß es ihm große Schmerzen bereitete, aber sein Lächeln blieb. Er gab sich sehr tapfer.

»Sie kommen heute ins ›Magnolia‹?« fragte er und hielt Irenes Hand fest.

»Meine Versprechungen halte ich, Boris.«

»Ich werde meinen Fuß in einen Eiskübel stecken.«

»Wahrscheinlicher ist, daß die Ärzte im Sanatorium Sie gar nicht hinauslassen.«

»Da kennen Sie Bubrow nicht! Ich werde mich aus dem Fenster abseilen.«

Er winkte ihr nach, als der Bus weiterfuhr, der Wind riß an seinen blonden Haaren und beulte seine Hosenbeine aus.

Ein netter Kerl, dachte Irene Walther. So ganz anders, als wir uns im Westen einen Russen vorstellen. Wie schief sind oft die Bilder, mit denen wir leben und an deren Wahrheit wir glauben.

Sie lehnte sich zurück, vernahm nur wie eine ferne Geräuschkulisse die Witze des Dicken und schloß die Augen, um sich noch mehr vor ihrer Umwelt abzuriegeln.

Und plötzlich erschrak sie. Allein mit sich, war sie nicht mehr allein . . . Boris Alexandrowitsch Bubrow war um sie, sein Lachen, seine grauen Augen, die wehenden blonden Haare, sein jungenhaftes Benehmen. Ein Mensch, der ungebeten in ihre gewollte Einsamkeit getreten war.

Um ihn zu verjagen, öffnete sie wieder die Augen und blickte hinaus auf die von wellenbrechenden Buhnen geschützte Küste, auf den leuchtenden Strand mit seinen Liegestühlen und bunten Sonnenschirmen, auf die Palmenhaine und die durch das tiefblaue Wasser gleitenden weißen Boote. Es war eine zauberhafte Landschaft, gegen rauhe Winde durch das Massiv des Westkaukasus geschützt, ein einziger blühender Garten, der sich allein im Gebiet von Sotschi über 145 km an der Schwarzmeerküste entlangzieht. Ein reiches, schönes Land mit freundlichen, fröhlichen Menschen, die sich nicht allzu gern Russen nennen lassen; sie wollen Kaukasier sein.

Nachdem der Bus den Dicken aus Oberhausen vor einem Hotel ausgeladen hatte, kehrte er zum Hotel »Shemtschushina« zurück. An der riesigen, mit Marmor verkleideten Eingangshalle überreichte ihr der Portier einen Brief. Irene Walther zerriß ihn, nach einem Blick auf den Absender, ungelesen und warf ihn in einen Abfallkorb. Der Portier lächelte höflich, gab ihr den Zimmerschlüssel und sagte in hartem Deutsch: »Hat Ihnen gefallen Tee-Plantage?«

»Sehr schön. Danke.« Sie nahm den Schlüssel und fuhr mit dem Lift in das elfte Stockwerk zu ihrem Zimmer. Sie legte sich auf dem Balkon in den Liegestuhl, warf den Kopf weit zurück und starrte in den bleichblauen Himmel. Ich gehe nicht ins »Magnolia«, sagte sie zu sich. Nein! Ich gehe nicht hin. Ich will nicht mehr. Ein gebranntes Kind läuft vor dem Feuer davon. Was soll ein Bubrow in meinen Gedanken? Ich bin hierher gekommen, um zu vergessen, nicht um einen Hanns gegen einen Boris einzutauschen.

Hanns Heroldt. Der Brief war von ihm. Woher wußte er, daß sie in Sotschi war? Viel zu weit weg, um noch einmal miteinander zu sprechen, auch telefonisch nicht.

Sie blickte über das in der Sonne blinkende Meer und genoß die Ruhe, die sie bei diesem Anblick überkam. Wo Himmel und Meer zusammenstießen, flimmerte eine goldene Linie.

Sein Lachen ist wohltuend, dachte sie. Er ist völlig anders als Hanns. Unkompliziert und offen, man hört und sieht sein Herz. Man blickt in seine Augen und weiß, was Ehrlichkeit ist.

Boris Alexandrowitsch Bubrow . . . Auch Himmel und Meer verjagten ihn nicht mehr.

Sie sprang auf, ging ins Zimmer und stellte sich vor den Spiegel. Sie betrachtete sich lange. Dann schüttelte sie den Kopf.

»Du dumme Gans!« sagte sie laut. »Diese sieben Tage gehen auch vorbei. Halt den Kopf hoch; Boris ist auch nur ein Mann!«

Am Abend saß sie im feudalen Restaurant des »Magnolia«, trug ein ausgeschnittenes Cocktailkleid, dazu eine Halskette mit einer griechischen Gemme und wartete auf Bubrow. Sie hatte Herzklopfen wie ein unerfahrenes Mädchen.

Erstaunlicherweise benahm sich Boris Alexandrowitsch ganz anders, als Irene Walther es erwartet hatte.

Mit einem dicken Verband, der einem verunglückten Skiläufer gut angestanden hätte, humpelte er in den großen Speisesaal, stützte sich auf einen schwarzen Stock mit Elfenbeinkrücke und sagte zum Kellner, der ihn stützen wollte, mit ernster Miene: »Genosse, kein Mitleid! Ich bin nicht im Kampf verwundet worden, sondern nur von einem Esel gefallen!«

Er stakste zu Irenes Tisch, küßte ihr die Hand, was auch im sozialistischen Staat kein Aufsehen erregte, und setzte sich. Er trug einen dunkelgrauen Anzug aus englischem Tuch, eine moderne Krawatte von Yves St. Laurent und ein beiges Seidenhemd. Nichts unterschied ihn von einem westlichen Kapitalisten, der auf der Veranda des »Hotel Paris« in Monte Carlo Platz nimmt.

»Sie hatten recht, Irina«, sagte er und seufzte.

»Womit?« Ihr Lächeln war ehrlich. Sein Erscheinen, sein Benehmen empfand sie als wohltuend.

»Mit den Ärzten. Sie wollten mich ans Bett fesseln. Aber ich habe den Wachhabenden bestechen können. Und so bin ich hier.«

»Ich bin nicht zu bestechen«, sagte sie und lachte. »Was essen wir?«

»Fangen wir mit einer Fischsuppe aus frisch gefangenen Barben an. Darauf Schaschlik, den können sie hier fabelhaft zubereiten. Dazu Kompott aus Walderdbeeren, Sauerkirschen und Pflaumen. Zum Dessert das berühmte russische Eis. Und was trinken wir? Natürlich nur den wunderbaren kaukasischen Landwein, rot und funkelnd, als sei in jedem Glas ein Stückchen Sonnenstrahl. Einverstanden?«

»Mit allem.«

»Das ist ein Wort!«

»Es bezog sich nur auf die Speisenfolge.«

Der Abend ging ziemlich still vorüber. Bubrow benahm sich korrekt, erzählte von seinem Elternhaus, vom Vater, der schwerverwundet aus dem Krieg gekommen war, von beiden Schwestern, die sich gute und wohlhabende Männer gesucht hatten, von seiner Mutter, die vor drei Jahren an einem Herzkrampf gestorben war. Und er erzählte von sich selbst, von seiner Arbeit an neuen Staudammprojekten und dem großen Plan, durch Umleitung von Flüssen die schwer zu kultivierenden Trockengebiete von Kasakstan in fruchtbare Gärten zu verwandeln.

Irene hörte erstaunt und geduldig zu. Sie war fast ein wenig enttäuscht. Nicht der charmante, ihre Weiblichkeit attackierende Bubrow war gekommen, sondern ein kluger, erfolgreicher Ingenieur, der mit berechtigtem Stolz von sich und seinen Plänen erzählte. Es bedurfte durchaus keiner spielerischen Abwehr eines allzu heftigen Flirts, auf die sie sich vorbereitet hatte – sie brauchte ihm nur zuzuhören und seine Tüchtigkeit zu bewundern.

»Und Sie?« fragte Boris Alexandrowitsch, als er über sich nichts mehr zu erzählen wußte, »wie leben Sie, Irina?«

»Allein.«

»Das ist ein Rätsel, das ich nicht begreife. Sie haben als Ärztin doch die Möglichkeit –«

»Ich praktiziere ja nicht mehr.«

»Was tun Sie dann?«

»Ich arbeite in der Forschung.«

»Für einen Pharmazie-Konzern?«

»So ähnlich.«

»Ich verstehe. Sie impfen Kaninchen, Meerschweinchen und Mäuse und beobachten die armen Tiere, wie sie durch ihre Krankheiten oder auch durch die Medikamente eingehen. Ich könnte so etwas nicht. Ich bin ein Tier-Narr, Irina. Ich könnte auch nie Jäger werden. Wie bringen Sie es fertig, mit diesen schönen Händen einem weißen, blauäugigen Kaninchen –«

»Ich experimentiere nicht mit Tieren!« unterbrach sie ihn barsch, als wolle sie um jeden Preis verhindern, daß er eine ungünstige Meinung über sie bekam. »Ich habe ein Spezialgebiet.«

»Ach ja?« Bubrow sah sie aus seinen grauen Augen fröhlich an. »Lassen Sie mich raten, Irina! – Krebs! Sie sind in der Krebsforschung!«

»Nein.«

»Die Nerven! Multiple Sklerose?«

»Auch nicht.«

»Teufel noch mal! Sind Sie Genetiker?«

»Nein.«

»Was bleibt denn da noch übrig?« Bubrow klopfte mit dem Stock gegen seinen dicken Beinverband. »Die verdammten kleinen Biester, die Mikroben, Bakterien und Viren. Ist es das? Bakteriologie?«

»Verwandt.« Irene Walther winkte ab und hob ihr Weinglas. »Ist das so wichtig? Trinken wir auf diesen schönen Abend, Boris.«

»Trinken wir! Aber ich möchte noch mehr von Ihnen wissen, Irina. Viel. Alles!«

»Warum?« Sie nahm einen langen Schluck und sah Boris über den Glasrand an. Er ist nett, dachte sie. Im Moment allerdings ein bißchen hölzern und gehemmt, ich weiß nicht, weshalb. Aber ich freue mich auf die sieben Tage, die ich noch in Sotschi bleiben kann, nachdem vierzehn Tage vergangen sind, als sei ich ein kranker Hund, der sich in eine Ecke verkriecht.

»Warum?« wiederholte er. »Wann haben Sie zum letzten Mal in einen Spiegel geblickt?«

»Vor einer Stunde.«

»Und Ihnen ist dabei nichts aufgefallen?«

»Nichts Aufregendes. Ich bin eine Frau.«

»Wenn das nicht genügt, die Welt aus den Angeln zu heben, habe ich den alten Archimedes falsch verstanden.« Bubrow beugte sich vor. »Sie haben Kummer?«

Sie erschrak wie unter einem Schlag und zog die Lippen zusammen.

»Nein! Sehe ich so aus?«

»Ja.«

»Dummheit! Ich hatte eine Woche Mühe mit der Klima-Umstellung, die zweite Woche habe ich mir Sotschi von allen Seiten angesehen, jetzt, in der dritten Woche wollte ich mich etwas amüsieren. Und da kommt jemand und fällt von einem Maulesel. Das ist alles.«

»Und was bedrückt Sie?«

»Nichts.«

»Sie haben kein Talent zum Lügen, Irina. Man braucht nur in Ihre Augen zu blicken – was die Lippen sagen, ist dann völlig unwichtig.«

»Ich werde ab sofort eine dunkle Brille tragen.«

»Und was wollen Sie dahinter verbergen? Oh, ich bin ein

hartnäckiger Bursche! Ich habe kein Recht, Sie so zu fragen – trotzdem tue ich's. Für mich sind Sie nicht ein Mensch, den ich erst seit sieben Stunden kenne: mir ist, als hätte es Sie in meinem Leben schon immer gegeben. Irina, sind Sie enttäuscht worden?«

»Lassen wir das«, sagte sie. »Wollen wir nicht im Park spazierengehen?«

»Mit diesem Knöchel?«

»Ich könnte Sie stützen.«

»Versuchen wir es.«

Sie verließen den prunkvollen Speisesaal des »Magnolia«. Auf ihre Schulter gestützt, mit der anderen Hand auf seinen Stock, humpelte er in den von bunten Laternen erleuchteten Park. Schon bald setzten sie sich auf eine Bank inmitten einer Gruppe von Hibiskusbüschen mit riesigen roten Blüten. »Die ganze Nacht werde ich Alkoholumschläge machen«, sagte Bubrow. »Und morgen machen wir eine Bootstour, die ganze Sotschiküste entlang. Von Dagomys bis zum Staatsgut ›Jushnyje Kultury‹. Ich werde ein Motorboot mieten.«

»Kann man das denn so einfach?«

»Ja, leben wir denn unter Steinzeitmenschen?« sagte Bubrow fast beleidigt. »Diese westliche Arroganz! Oh, Irina, ich werde Ihnen in diesen sieben Tagen noch viel von meinem Land zeigen müssen.«

Für die Rückfahrt zum Sanatorium »Sarja« nahm Bubrow ein Taxi. Wieder küßte er Irene Walther die Hand und winkte ihr beim Abfahren durch das Fenster zu. Sie schaute dem Wagen nach, bis die Rücklichter in einer Allee verschwanden. Dann ging sie durch die stille, von Blütenduft erfüllte Nacht zu ihrem Hotel »Shemtschushina«, blieb manchmal vor Palmen und Blumenrabatten stehen und starrte nachdenklich in die Dunkelheit.

Kennen wir uns wirklich erst seit neun Stunden? dachte sie. Was ist an ihm dran, daß du dauernd an ihn denkst? Drei Jahre älter ist er als du, sehr klug, höflich, wenn auch manchmal sehr direkt. Er hat graue Augen – das ist dir neu. Und blonde Haare, was gar nicht deinem Typ entspricht. Nie hast du dich für blonde Männer interessiert, auch Hanns Heroldt hat ja diesen südländischen Charme, obgleich er aus Senderheide bei Lüneburg stammt. Und nun taucht da ein Boris Alexandrowitsch Bubrow auf. Ein Russe! Ausgerechnet ein Russe!

Ob die Luft hier am Schwarzen Meer einen so verrückt macht?

Sie blieb am Privatstrand ihres Hotels stehen. Wohin sie blickte, sah sie Liebespaare, eng umschlungen: an den Buhnen, am Steg, von dem aus man ins tiefe Wasser springen konnte, an den Kolonnaden der Umkleidekabinen und des Strandcafés. Überall. Überall Liebe.

Sie ging zurück in den Schatten des Bootshauses, wo die Tretboote aufbewahrt wurden, und setzte sich auf eine hölzerne Liege.

Noch sieben Tage, dann war sie wieder in München. Braun gebrannt, blendend erholt, wie die Kollegen sagen würden. Aber das täuschte. Heroldts Brief, den sie ungelesen zerrissen hatte, bewies ihr, daß dieser Lebensabschnitt noch nicht beendet war.

Hanns Heroldt, der Arzneimittelvertreter mit dem Lebensstil eines Konzern-Erben. Der Charmeur mit dem 12-Zylinder-Jaguar, der Motoryacht im Hafen von San Remo und dem Liebeshaus bei Rottach, in das sie eingezogen war, ohne zu wissen, daß sie die Nummer 37 war. Bis Heroldt ein Regiefehler unterlief: die Nummer 38 wartete bereits im Haus auf ihn, als Irene Walther zum Wochenende vorfuhr.

Da hatte sie begriffen, was es heißt: Eine Welt bricht zusammen. Die Trümmer hatten sie begraben.

Drei Jahre ihres Lebens waren damit sinnlos geworden und mußten gestrichen werden. Zwar beteuerte Hanns Heroldt, daß alles nur ein Irrtum sei, und baute, wie immer, einen Wall von Lügen auf, aber nun endlich erkannte sie doch, daß sie mit ihrer Gutgläubigkeit schon immer betrogen worden war.

Allein bleiben, hatte sie gedacht. Von jetzt ab nur allein bleiben. Man kann gut leben ohne feste Bindung. Da ist der Beruf, der, nimmt man ihn ernst genug, zu einer fast erotischen Erfüllung werden kann, da sind die kleinen Freuden am Rand, die nicht belasten, da ist vor allem die absolute Freiheit, stets das tun zu können, was einem Freude bereitet. Die Welt steht offen, und wenn ein Mann kommt und dumm daherredet, dann kann man stolz antworten: »Sie sind ein Mann – und damit für mich die überflüssigste Sache der Welt!«

Darauf hatte sie sich fixiert, als sie nach Sotschi geflogen war, und viermal hatte sie in ähnlicher Form die Annäherung von Männern abgeschmettert, bis sich im Hotel herumgesprochen hatte, daß sie eine dumme Zicke sei. Eine borniert Ärztin mit Akademikerfimmel. Und es war selbstverständlich, daß sie im Speisesaal allein an einem kleinen runden Tisch an der Wand saß, wie umgeben von einer Glaswand. Das wollte sie und das gefiel ihr.

Doch nun gab es plötzlich diesen Boris Alexandrowitsch Bubrow.

Sieben Tage können verfliegen wie sieben Atemzüge. Die Stunden gleiten ineinander, verschwimmen zur Zeitlosigkeit, wenn man glücklich ist.

Bubrow erschien am nächsten Tag im Hotel »Shemtschushina«. Er humpelte kaum noch. Auch der eindrucksvolle dicke Verband war einer den Knöchel stützenden Gummimanschette gewichen. Den Stock benutzte er noch, aber er schwenkte ihn übermütig, als Irene aus dem Lift kam. Heute trug er weiße Leinenhosen, ein blau-weiß gestreiftes Hemd und auf dem Kopf eine Art Kapitänsmütze. Man wollte ja eine Bootsfahrt machen.

»Das Schiff liegt bereit!« rief er und hakte sich bei Irene unter. »Es heißt ›Mjetsch‹. Das Schwert! Und wie mit einem Schwert werden wir nun das Schwarze Meer zerteilen! Außerdem habe ich eine Überraschung an Bord.«

»Einen Eiskübel mit Krimsekt.« Irene lächelte spöttisch. »Wie erschreckend sich doch alle Männer in gewissen Situationen gleichen!«

»Irina, Sie beleidigen mich! Ich habe meine Bajan mitgebracht!«

»Eine Verwandte?«

»Ein Musikinstrument. Eine Knopfharmonika. Ich bin ein miserabler Spieler, aber manchmal kann man die Melodie doch erkennen. Und auf See hört mich keiner, da kann ich endlich singen, weil ich so glücklich bin.«

Und wieder dachte Irene: Es hat doch keinen Sinn! Wehre dich dagegen! Sag ihm eine Grobheit und laß ihn stehen. Du bist noch wund vom letzten Schlag – und willst dir eine neue Wunde zufügen?! Ein Russe! Eine Verrücktheit ist das!

Am frühen Mittag kreuzten sie mit dem Motorboot vor der Küste von Adler mit seinem imposanten neuen Hotel, dem »Gorisont«, und seiner aus großen bunten Mosaiksteinen gestalteten Badebucht. Boris Alexandrowitsch legte seine Bajan zur Seite und sah Irene stumm an. Bis jetzt hatte er gespielt und gesungen, während Irene am Steuerrad saß und das Boot auf Kurs längs der Küste hielt.

»Sie sind ein Lügner!« sagte sie und wich seinem Blick aus. »Sie spielen und singen vorzüglich.«

Bubrow schwieg, kam zu ihr an den Steuerstand, nahm ihren Kopf zwischen seine Hände und küßte sie. Zuerst machte sie sich steif, aber dann gab sie den Widerstand auf und atmete tief. Ihre Hände krampften sich um das Steuerrad.

»Jetzt kannst du mich über Bord werfen«, sagte Bubrow, als er ihren Kopf freigab.

»Ich nehme an, du bist auch ein fabelhafter Schwimmer«, sagte sie und schluckte mehrmals. »Boris, wir sind verrückt!«

»Warum sollen wir die einzigen Vernünftigen sein?«

»Noch sechs Tage. Und dann?«

»Ich hoffe, unsere Erde besteht noch länger als sechs Tage, Irina.«

»Boris!« Sie stellte den Motor ab, das Boot glitt noch ein paar Meter weiter und dümpelte dann im spiegelglatten Wasser. »Wir sind zwei längst erwachsene und nicht gerade dumme Menschen. Wir sind uns begegnet, und in sechs Tagen trennen wir uns wieder. Warum sollen wir aus Sotschi eine solche seelische Belastung mitnehmen? Laß uns Freunde sein!«

»Ich liebe dich.« Bubrow fuhr mit den gespreizten Fingern durch sein blondes Haar. Sie wußte nun bereits, daß er das immer tat, wenn ihn etwas sehr erregte oder auch nur beschäftigte. »Ganz altmodisch, Irina: Ich liebe dich!«

»Wir haben doch keine Zukunft, Boris!« Sie kam zu ihm auf die breite Backbord-Bank und setzte sich neben ihn. Er legte den Arm um ihre Schulter, zog sie an sich und küßte ihre Schläfe und die Stirn. »Du wirst nie aus Rußland herauskommen, das hast du selbst gesagt.«

»Es gibt auch einen anderen Weg: Du kommst nach Rußland hinein.«

»Das eine ist so unmöglich wie das andere.«

»Ich werde unsere Behörden betrommeln, bis sie weich sind.«

»Das ist es nicht, Boris. Mein Beruf –«

»Deine Mikroben werden auch ohne dich virulent bleiben.«

»Ich – ich habe einen wichtigen Forschungsauftrag«, sagte sie zögernd. »Bitte, keine Einzelheiten! Aber ich kann nicht weg aus Deutschland. Mehr – mehr kann ich dir nicht erklären.« Sie küßte ihn auf die Wange und schlang den Arm um seine Hüfte. »Warum soll Sotschi uns zur Qual werden? Laß uns diese sechs Tage leben wie gute Freunde. Wir werden uns schreiben, und wir werden eine schöne Erinnerung behalten.«

»Das genügt dir, Irina?« sagte er traurig.

»Es muß! Die Vernunft, Boris!«

»Und wenn wir uns in St. Tropez getroffen hätten?«

». . . und du würdest Jean Lebrun heißen und aus Grenoble stammen? Ja, dann wäre vieles leichter.«

»Also nur, weil ich Russe bin . . .«

»Boris, man läßt dich nicht in den Westen! Du bist Teil eines Systems, das von den Menschen völlige Unterordnung verlangt. Das weißt du doch!«

Er saß stumm neben ihr, streichelte sie, starrte in das sonnendurchleuchtete Meer und mahlte mit den Zähnen. Endlich sagte er:

»Wir müssen alle Möglichkeiten durchdenken. Irina, ich lasse mir mein Glück nicht stehlen. Ich bin kein Mensch, der mit großen Worten imponieren will. Aber es wird nicht mehr mein Leben sein, wenn ich es ohne dich führen müßte . . .«

In dieser Nacht schliefen sie zum erstenmal zusammen.

Was Gott der Natur an Schönheit schenken konnte – von allem hat er etwas in Sotschi gelassen: Die Palmen, Zypressen, Oleander, Hibisken und Mimosen an dieser Traumküste des Schwarzen Meeres, die Kamelien und Platanen in den blühenden Gärten und Parks, die Rosen, die das ganze Jahr hindurch verschwenderisch duften und leuchten, die Springbrunnen und die allgegenwärtige Musik, die aus den Sommertheatern und von den Freilichtbühnen oder aus dem Riviere-Park herüberweht. Wer Sotschi durchwandert, ist überzeugt, daß unsere Erde von allen Himmelskörpern der schönste ist.

Boris und Irene saßen in dem riesigen klassizistischen Zirkusbau des Staatstheaters von Sotschi und hörten die Oper »Ruslan und Ljudmila«, sie flogen mit dem Hubschrauber nach Krasnaja Poljana in den Westkaukasus und aßen im Jagdhaus »Schatjor« kaukasischen Schachlyk. Sie berauschten sich an dem feurigen roten Wein, fuhren zum 1000 Meter hohen Rizasee und rasteten im Kurort Gagra in »Dendrarium« und besuchten das Museum »Bäume der Freundschaft«, verweilten am Grab des großen Dichters Nikolai Ostrowski, ließen sich vor der riesigen Plastik des mit einem Delphin spielenden Mannes fotografieren, standen etwas bedrückt in dem zu »Heldenstadt« erklärten Noworossisk mit dem Ehrenmal für die Kämpfer der Halbinsel Malaja Semlja, und wenig später tranken sie den besten Kubawein in der Gaststätte »Chishina lesnika«, was soviel heißt wie »Hütte des Waldhegers«.

Sechs Tage Glück. Sechs Tage ein Hauch vom Paradies. Sechs Tage gewolltes Vergessen der Realität. Sechs Tage, nur mit dem Herzen erlebt . . .

Als sie vor dem Gatter des Flughafens von Sotschi standen, Irenes Gepäck schon auf dem Band verschwunden und ihr Charterflug Nummer 123 nach Frankfurt aufgerufen war, hielten sie sich an den Händen fest. Sie sahen sich nur an, nahmen das Bild des anderen unauslöschbar in sich auf und sprachen nicht aus, was sie wußten: Das ist der endgültige Abschied.

Der letzte Aufruf. Es blieb keine Zeit mehr. Die Bodenstewardeß mahnte zur Eile.

»Ich komme wieder«, sagte Irene mit einer ganz kleinen Stimme. Boris nickte.

»Wann?«

»Im nächsten Jahr. Vielleicht zu Ostern.«

»Bis dahin werden für mich Jahrhunderte vergangen sein.«

»Boris!«

»Irinaschka!«

»Ich liebe dich.«

»Die Welt ist anders geworden.«

»Auf Wiedersehen . . .«

»Da swidanija . . .«

»Bittä kommän . . .« rief die Stewardeß.

»Ich muß gehen . . .« sagte Irene leise.

»Küß mich noch einmal!«

Sie küßten sich, spürten sich zum letztenmal und rissen sich dann auseinander. Ohne sich umzudrehen, lief Irene Walther durch das Gatter, den Kopf in den Nacken geworfen, als wolle sie in den Himmel schreien. Auch Boris verließ sofort die Flughalle, auch er blickte sich nicht um. Aber draußen auf dem Parkplatz lehnte er sich an eine Taxe, sagte: »Genosse, ich gebe dir einen Rubel extra!« und wartete, bis sich das Flugzeug in die Luft gehoben hatte. Erst, als es im Sonnenglast verschwand, aufgesogen von der Weite des Himmels, stieg er ein und sagte: »Sanatorium Sarja.«

»Boris, mein fernes Leben! Wenn Du diesen Brief erhältst, sind Tage, vielleicht auch Wochen vorbeigegangen, und jeder Tag und jede Nacht waren erfüllt von Gesprächen mit Dir. Was habe ich Dir alles gesagt! Man kann es nicht schreiben – ich würde mich schämen.

Natürlich haben sofort alle Kollegen gefragt: Wie war es in Sotschi? Hast du genug zu essen bekommen? Stimmt es, daß die Hotels alles haben, während die Zivilbevölkerung manchmal vier Wochen lang kein Fleisch sieht? Ich habe gesagt: Das weiß ich nicht. Aber wenn das Paradies zwei Namen hätte, einer davon müßte Sotschi sein. Sie haben dumm gegrinst, und dann kamen wieder die üblichen Witze von Radio Eriwan. Was wissen sie schon, was Sotschi für mich bedeutet!

Vor zwei Tagen ist mir in meiner Forschung ein großer Erfolg gelungen. Fast durch Zufall, wie so manche große Erfindung durch Zufall gemacht wurde. Ich bin seither von der Arbeit so eingespannt, daß ich gar keine Zeit habe, meiner Sehnsucht nachzugeben. Nur in den Nächten ist es schlimm. Dann fehlt mir Dein ruhiger Atem, Deine

Wärme, die Bewegung Deiner Glieder, wenn Du Dich im Schlaf umdrehst ... Du weißt gar nicht, wie oft und lange ich neben Dir gelegen und Dich im Schlaf beobachtet habe, wie genau ich alle Deine Gewohnheiten kenne, das Zucken in Deinem Gesicht, wenn du träumst, das unbewußte Aneinanderreiben der Fußsohlen ... Oh, Boris, Du bist immer um mich!

Ich habe für April den nächsten Urlaub eingereicht. Hoffentlich gelingt es. Meine Arbeit kann in ein Stadium kommen, wo ich unabkömmlich werde. Das ist das Schlimmste überhaupt: Die Geduld aufbringen, bis ich Dich wiedersehen werde.

Ich liebe Dich, Boris. Vielleicht liebe ich zum erstenmal wirklich. Ich weiß es nicht. Ich weiß nur, daß alles, was ich fühle, neu und unbekannt ist, wunderschön und himmelweit.

Ich spüre, wie Du mich umarmst ...

Deine Irinaschka.

Die Iljuschin-Maschine der Aeroflot hatte die tschechische Grenze bei Ostrava überflogen und nahm Kurs auf Prag, als sich in der sechsten Reihe, Sitzplatz am Gang, ein Mann erhob und langsam nach vorne ging. Es war ein unscheinbarer, höflicher Mensch, der auf dem Flug ein Glas Wein getrunken und ein wenig Gebäck verzehrt und sich beim Einsteigen in Moskau etwas ungelenk und hilflos benommen hatte, so, als fliege er zum erstenmal.

Er trug einen ausgebeulten grauen Anzug, hatte den Hemdkragen geöffnet und den Schlips etwas heruntergezogen. Mit ruhigen Schritten durchquerte er die vordere Bordküche und griff nach der Klinke der Tür zum Cockpit. Die Stewardeß Jelena Nikolajewna lächelte ihn freundlich an und legte die Hand auf seinen Arm.

»Da dürfen Sie nicht hinein, Genosse.«

»Ich weiß. Aber ich gehe trotzdem hinein, Schwesterchen.«

»Es wird Ärger geben. Bitte! Kapitän Kaschlew hält streng auf Ordnung.«

»Ich auch!« Der Mann lächelte, wie um Verzeihung bittend. »An seiner Stelle wäre ich auch wütend. Aber es läßt sich nicht vermeiden.«

Er riß die schmale Leichtmetalltür auf, trat in das Cockpit und nickte dem Ingenieur zu, der vor seiner verwirrenden Instrumententafel saß und die vibrierenden Nadeln in den Kontrolluhren beobachtete. Der Co-Pilot wandte den Kopf, warf einen erstaunten Blick auf den Besucher und sagte gleichgültig: »An den Toiletten sind Sie schon vorbei.«

»Dort war ich bereits und habe mich vorbereitet. Danke, Genosse.« Er griff in die Tasche, holte eine Tokarev-Pistole heraus und hielt sie dem Flugkapitän, der sich nun auch umwandte, unter die Augen. Das alles geschah ohne Eile, ohne laute Worte, ohne Dramatik. Da kommt ein Mann ins Cockpit, packt eine Pistole aus und hält sie hin. Weiter nichts.

»Sind Sie verrückt?« stotterte der Co-Pilot. Er wollte aufstehen, ebenso der Bordingenieur, aber der Mann schüttelte den Kopf und richtete den Lauf auf den Magen des Piloten.

»Bitte nicht! Sie ist keine Attrappe, sondern echt. Und sie ist geladen und entsichert.« Er griff in die andere Rocktasche und holte einen schwarzen, eiförmigen Gegenstand hervor, den er auf der Handfläche hin und her rollen ließ. Der Kapitän preßte die Lippen aufeinander und schnaufte.

»Ihr kennt das, Genossen!« sagte der Mann ruhig. »Es ist eine Handgranate. Wenn sie hier in 10 000 Meter Höhe explodiert und ein Loch in die Bordwand reißt, ist die Wirkung bei dem unterschiedlichen Außen- und Innendruck so, als sei das ganze Flugzeug eine Bombe. Aber was soll's, das wißt ihr doch besser als ich. Grund genug, vernünftig miteinander zu reden. Und keine Panik! Wozu auch? Wir sind doch gescheite Menschen.«

»Was wollen Sie?« Die Stimme des Kapitäns war rostig geworden.

»Gehen Sie vom Kurs Prag ab und fliegen Sie München an.«

»Nein!« sagte der Kapitän hart.

»Nun werden Sie doch vernünftig, lieber Bruder. Wie heißen Sie?«

»Oleg Georgijewitsch Kaschlew.«

»Und Sie?« Der Mann zeigte mit der Tokarev auf den Co-Piloten.

»Juri Nikolajewitsch Watlow.«

»Sicherlich haben Sie Frauen und Kinderchen. Warum sollen sie weinen?«

»Wir stehen mit dem Tower in Prag in Funkverbindung.« Kaschlew zeigte auf eines der vielen Instrumente. »Der Autopilot ist darauf eingestellt. Wie soll ich eine Kursänderung begründen?«

»Sagen Sie die Wahrheit, lieber Oleg Georgijewitsch.«

»Wissen Sie, was dann passiert?«

»Nichts.« Der Mann lächelte freundlich. »Was will man tun? Die tschechische Luftwaffe? Abfangjäger? Sie können uns nur wie Mücken umkreisen, sonst nichts. Ich stehe hier mit meiner Handgranate und ziehe ab, wenn irgendein Zwang von außen kommt.«

»Das soll ich durchgeben?«

»Bitte!« Der Mann zeigte mit dem Pistolenlauf auf die Instrumente. »Aber vorher ändern Sie den Kurs, Oleg Georgijewitsch. Nehmen Sie Verbindung mit München auf und bereiten Sie die Leute darauf vor, daß ich komme.«

»Haben Sie etwa auch eine Visitenkarte bei sich?« rief der Co-Pilot leicht hysterisch.

»Juri Nikolajewitsch, werden Sie nicht kindisch! Aber weshalb sollte ich meinen Namen verschweigen? Ich heiße Boris Alexandrowitsch Bubrow. Kein Geheimnis.«

Kapitän Kaschlew hatte das Mikrofon höher an die Lippen gedrückt und sprach mit dem Tower in Prag. Interessiert hörte Bubrow zu, die Pistole auf Watlow und den Bordingenieur gerichtet. In seiner Linken lag die Handgranate. Kaschlew nickte mehrmals. Dann lehnte er sich mit einem Seufzer zurück.

»Was sagt Prag?« fragte Bubrow.

»Auf Kurs bleiben! Sie schicken Jäger.«

»Der Mensch ist doch ein merkwürdiges Geschöpf.« Bubrow ließ die Handgranate auf seiner Handfläche rollen. »Er ist so klug – und geht doch an seiner Dummheit zugrunde.«

Co-Pilot Watlow ließ die Maschine eine weite Kurve fliegen. Er wollte damit dem Entführer vorspiegeln, daß er vom Kurs abwich, aber Bubrow lächelte nachsichtig und schüttelte den Kopf.

»Nicht solche Späßchen, Juri Nikolajewitsch! Die Zeit ist knapp. Man sollte Prag sagen, daß es nach guter sozialistischer Tradition auch jetzt einen Stufenplan gibt. Stufe eins: Wenn kein Kurs auf München genommen wird, erschieße ich zuerst den Genossen Ingenieur. Stufe zwei: Sie, mein lieber, sympathischer Juri Nikolajewitsch, müssen für Ihre Dummheit bezahlen. Stufe drei: Oleg Georgijewitsch, auch Sie wären nicht mehr zu retten.«

»Und wer soll die Maschine dann fliegen?« fragte Kaschlew heiser.

»Niemand.«

»Wir haben 179 Menschen an Bord!«

»Ich weiß.«

»Und auch Sie werden nicht überleben!«

»Dieses Risiko habe ich einkalkuliert. Es erschreckt mich nicht mehr.« Bubrow sah den bleichen Bordingenieur an. Er saß wie gelähmt auf seinem Sitz vor den leuchtenden, tickenden Instrumenten. »Also bitte, Genossen«, fuhr Bubrow fort, »weshalb nutzlos einen Helden spielen? Es bleibt doch alles, wie es ist: die Iljuschin explodiert keineswegs, sofern Sie tun, was ich Ihnen gesagt habe, die Besatzung wird leben, 179 Passagiere werden leben, das Ganze kostet lediglich ein paar Stunden Verspätung, und ein Mensch namens Bubrow geht in München von Bord. Um das zu verhindern, soll alles geopfert werden?« Bubrow winkte mit der Tokarev. »Kurs München. Ich bitte doch sehr, Genossen.«

Kaschlew knirschte mit den Zähnen, sprach noch einmal hastig mit dem Prager Tower und drehte ab. Die Verbindung mit Prag wurde abgeschaltet, dafür nahm man Kontakt mit München auf.

Schwer atmend teilte Kaschlew die ungewöhnliche Situation mit und bat um Erlaubnis zum Einflug in die Bundesrepublik Deutschland und um Landeerlaubnis in München.

»Was sagen sie?« fragte Bubrow, als Kaschlew das Gespräch kurz unterbrach.

»Wir sollen kommen.«

»Weiter nichts?«

»Sie fragten, ob Sie ein Irrer sind.«

»Und was haben Sie geantwortet, Oleg Georgijewitsch?«

»Ja.« Kaschlew blickte aus dem Fenster. Die tschechischen Jäger mußten gleich auftauchen. Mehr als eine Begleitung bis zur Grenze konnten sie nicht sein. Dieser Bubrow war durch militärische Demonstrationen nicht einzuschüchtern. »Sollte ich etwas anderes sagen?«

Die Tür klappte auf. Die schöne Jelena Nikolajewna blickte ins Cockpit. Ihr war die Kursänderung aufgefallen. Sie riß den Mund wie zu einem Schrei auf, als sie den netten, bescheidenen Menschen, der sich immer so höflich für jeden Handgriff bedankt hatte, mit einer Pistole vor Kapitän Kaschlew stehen sah. Watlow zog sie mit einem Ruck ins Cockpit und trat die Tür zu.

»Nur Ruhe!« sagte Bubrow sanft. »Bitte, keinen Lärm, Genossin. Es geschieht gar nichts, wenn wir alle die Nerven behalten. Die Passagiere brauchen nicht zu wissen, was hier geschieht. Sie werden landen und glauben, sie befinden sich in Prag. Welch ein Abenteuer! 179 Russen ohne Visum und Reiseerlaubnis in Westdeutschland!«

»Mir – mir wird schlecht . . .« sagte Jelena kläglich.

»Trink ein Glas Wasser und reiß dich zusammen!« Watlow tätschelte ihr die Wange. »Laß dir nichts anmerken. Ich mache gleich eine Durchsage.«

Jelena nickte, starrte Bubrow noch einmal fassungslos an und verließ das Cockpit. Watlow griff zum Bordmikrofon und gab durch, daß man ein Gewittergebiet umfliegen müsse; wegen der Turbulenzen solle man sich anschnallen. Das klang ein wenig merkwürdig, denn draußen war strahlende Sonne und man flog weit oberhalb der Wolkendecke. Doch ein Flugpassagier fragt nicht viel, er gehorcht.

»Wie haben Sie eigentlich die Waffen durch die Kontrollen bekommen?« fragte Kaschlew. »Unser Sicherheitssystem funktioniert doch einwandfrei.«

»Kann menschliche Arbeit vollkommen sein, Genosse? Ich bin Ingenieur, und da hat man eben konstruktive Gedanken. Die Handgranate lag in einem abschraubbaren Schuhabsatz, der innen gegen Strahlen isoliert war. Die Pistole hatte ich mir zwischen die Beine geschnallt. Die Schicklichkeit verbietet, daß man da hingreift.«

»Und warum wollen Sie unbedingt nach Deutschland, Boris Alexandrowitsch?«

»Wenn ich Ihnen das erzähle, halten Sie mich wirklich für verrückt. In München sprechen wir darüber!«

»Da sind sie!« rief Watlow und zeigte durch das Fenster. »Vier Stück!«

Unter dem blauen, sonnendurchfluteten Himmel schossen vier tschechische Jäger auf die Iljuschin zu, drehten bei und setzten sich längsseits. Kaschlew nahm Funkverbindung auf.

»Ja, es ist alles in Ordnung an Bord!« sagte er. »Völlige Ruhe. Keine Panik. Die Passagiere wissen noch nichts. Ich werde Ihr Erscheinen damit erklären, daß Sie gerade auf einem Übungsflug sind. Ja, er ist neben mir . . .« Kaschlew sah Bubrow an. »Der Staffelkapitän will Sie sprechen. Im Auftrag der tschechischen Regierung.«

Bubrow griff nach dem Mikrofon, stülpte sich die Kopfhörer über und meldete sich. Der Offizier sprach englisch, Bubrow antwortete in der gleichen Sprache.

»Geben Sie Ihr Vorhaben auf!« sagte der Tscheche. »Wir haben Befehl, Sie nicht über die Grenze zu lassen.«

»Wie wollen Sie diesen Befehl ausführen?«

»Wir werden Sie zur Landung zwingen.«

»Da müßten Sie uns schon abschießen. Das gibt 179 Tote. Haben Sie darüber schon mit Moskau gesprochen? Mein Lieber, das ist eine sowjetische Maschine. Eine Maschine vom befreundeten großen Bruder! So etwas schießt man nicht einfach ab! Sie bluffen miserabel.«

»Sie wären bereit, 179 Menschen zu opfern?!«

»Ja!«

»Welche Bedingungen stellen Sie?«

»Gar keine. Ich will nur nach München.«

»Weiter nichts?«

»Verwundert Sie das? Ich habe keine politischen Motive, ich will keinen freipressen, ich protestiere nicht gegen irgendwelche Maßnahmen, ich habe keine Heilsbotschaft zu verkünden, ich will nicht die Welt verändern. Ich will nur nach München!«

»Da wäre eine Flugkarte billiger gewesen!«

»Sagen Sie das Moskau! Man hat mir eine Flugkarte verweigert. Aber ich bin Individualist. Wenn ich nach München will, dann komme ich auch nach München. Sie sehen es ja.«

Die Verbindung brach ab, die Jäger kippten seitwärts weg und verschwanden in der Tiefe.

Kaschlew grinste Bubrow an. »Sie haben sie erschreckt. Das soll einer auch verstehen. Warum wollte man Sie denn nicht hinauslassen, Boris Alexandrowitsch?«

»Weil ich Flüsse reguliere, und das soll angeblich ein Geheimnis sein. Dabei wird das Ergebnis meiner Arbeit in alle Karten eingezeichnet.«

»Wir nähern uns der deutschen Grenze«, sagte Watlow ernst. »Sollen wir eine Schleife fliegen, damit Sie sich's noch einmal überlegen können, Boris Alexandrowitsch?«

»Sie sind ein lieber, aber blöder Junge, Juri Nikolajewitsch.« Bubrow lehnte sich gegen die Tür des Cockpits. »Was geschieht mit mir, wenn ich umkehre? Na? Ihr schweigt! Also, es gibt jetzt nur noch ein Vorwärts! Behaltet Kurs München bei, Genossen.«

Die erste vage Meldung, die der Tower in Prag aufgenommen hatte, war zunächst auf Skepsis gestoßen. Jedenfalls so lange, bis Kapitän Kaschlew mit unüberhörbarer Erregung gesagt hatte: »Begreift ihr denn nicht? Wir werden entführt! Kidnapping! Er hat eine Pistole und eine Handgranate und droht, uns in die Luft zu sprengen! Verdammt, das ist kein fauler Witz! Er steht hinter uns. Ich habe den Lauf im Genick! Er verlangt Kurs München. Ja, München. Warum? Vielleicht will er zum Oktoberfest, was weiß ich! Ich erwarte Order, sofort!«

Was nach diesen Worten anlief, war eine gigantische Operation, die halb Europa einspannte. Die Regierung in Prag wurde alarmiert, das Kriegsministerium entsandte zwei Spezialisten in den Tower, im Moskauer Kreml bildete sich ein Einsatzstab, dem das KGB* ebenso angehörte wie das GRU, die militärische Spionagezentrale. Der Generalstab schickte einen Vertreter, das Direktorium der Aeroflot erschien vollzählig, in Prag wurde die Luftwaffe alarmiert, deren Kommandeur ständigen Kontakt mit dem Befehlshaber der Warschauer-Pakt-Truppen hielt.

Eine sowjetische Verkehrsmaschine wird entführt? Und noch dazu von einem sowjetischen Bürger? Ohne Angabe

* Komitee für Staatssicherheit beim Ministerrat.

von Gründen? So etwas darf einfach nicht sein! Kurs München? Ein Dissident? Wie heißt er? Bubrow? Unbekannt. Sicher auch völlig unbedeutend. Muß ein Irrer sein.

Luftflotten-General Janik Trebic gab zunächst den Befehl, vier Jäger aufsteigen zu lassen. Er tat es auf eigene Verantwortung, denn aus Moskau kam auf alle Anfragen nur hinhaltende Antwort. Noch befand sich die Iljuschin über tschechischem Gebiet, aber sie hatte einen anormalen Kurs genommen: von Prag weg zur deutschen Grenze, dann die Grenze entlang wieder in Richtung Prag, dann in einem weiten Bogen auf Pilsen zu und über das Egerland hinweg – was Kapitän Kaschlew da machte, war ein gefährliches Spiel. Keiner wußte, wie der Luftpirat reagieren würde, wenn er diese Tricks durchschaute.

In Moskau hatte man es merkwürdigerweise nicht eilig. Der Sonderstab brauchte mindestens drei Stunden, bis er vollzählig war; bis dahin dürfte die Maschine längst in München gelandet sein. Kapitän Kaschlew konnte seine Täuschung nicht endlos ausdehnen. Immerhin: Im Büro von Oberst Sulfi Iwanowitsch Ussatjuk vom KGB, Abteilung II, trafen sich der General im GRU Victor Borissowitsch Butajew und General Leonid Simonowitsch Nasarow vom Führungsstab der sowjetischen Streitkräfte. Oberst Ussatjuk hatte sie eingeladen, was an sich schon ungewöhnlich war. Noch erstaunlicher war, daß man bereits bei Papyrossi und einem Glas Krimwein zusammensaß, als die Iljuschin noch gar nicht entführt worden war, sondern noch friedlich unter sowjetischem Himmel dahinzog.

Die Nachricht von der Piraterie traf bei Ussatjuk ein, als man gerade über die Iranpolitik der USA schimpfte und den weiteren Ausbau Kubas als sowjetischer Vorposten für dringend erforderlich hielt. General Nasarow war entsetzt und bekam einen roten Kopf.

»Fängt das jetzt auch bei uns an?« sagte er erregt. »Flugzeugentführungen! Da werden wir ein Exempel statuieren. Todesstrafe für jeden Luftpiraten!«

»Man muß ihn erst haben«, sagte Oberst Ussatjuk. Er lächelte, was Nasarow in dieser Situation völlig unpassend erschien.

»Man sollte sie auch in Abwesenheit verurteilen! Wer ist der Halunke?!«

»Ein Boris Alexandrowitsch Bubrow. Wasserbau-Ingenieur.«

»Und?« Nasarow wandte sich an seinen Generalskollegen vom GRU. »Was passiert nun?«

»Die Maschine wird in München landen.« Ussatjuk füllte Wein in die Gläser.

»Beschämend! Stellen Sie sich dieses geile Hurra-Geschrei in der westlichen Presse vor! Sowjetische Maschine entführt! Wie man das politisch ausschlachten wird! Und jede Lüge dieses verfluchten Kerls wird man glauben. Die Journalisten werden wieder Gift verspritzen und die Weltöffentlichkeit gegen uns aufputschen, und wieder einmal wird die Sowjetunion der Feind der Freiheit und des Friedens sein! Es ist zum Kotzen! Sulfi Iwanowitsch, warum grinsen Sie? Was erheitert Sie so?!«

»Unsere Botschaft in Bonn ist bereits alarmiert. Sie wird die Auslieferung von Bubrow verlangen, falls er wirklich in München landet. Aber wir werden alles daransetzen, daß die Maschine in München keine Landeerlaubnis erhält. Wir würden das als unfreundlichen Akt bezeichnen, der die Beziehungen zwischen unseren Völkern trübt. Wir werden mit aller Schärfe intervenieren.«

»Sehr gut! Dann wird Bubrow so lange in der Luft herumirren, bis das Benzin ausgeht und er notlanden muß. In einem uns befreundeten Staat?«

»Dazu wird es nie kommen«, sagte Ussatjuk freundlich.

»Und warum nicht?«

»Die deutschen Behörden werden ihn landen lassen, das ist sicher. Er will nach München, also läßt man ihn kommen. Er wird Schwierigkeiten mit der Justiz kriegen, aber Auslieferung braucht er nicht zu befürchten. Der ach so humane Westen wird ihn aufnehmen.«

»Und das sagen Sie so ruhig, Sulfi Iwanowitsch? Und Sie, Victor Borissowitsch, was sagen Sie?«

General Butajew blickte an Nasarow vorbei auf die Wand, wo eine Reproduktion des berühmten Gemäldes »Lenin spricht zu den Arbeitern« hing.

»Bubrow soll von mir aus in München die Erde küssen«, sagte er.

»Blamabel!« rief Nasarow entsetzt.

»Wir werden einen Proteststurm entfachen«, sagte Ussatjuk ernst. »Und je mehr Aufsehen das macht – um so besser.«

»Das verstehe ich nicht.« Nasarow sah die anderen hilflos an. »Bin ich zu dumm dazu?«

»Lassen wir ihn erst in München landen.« Ussatjuk winkte ab und verteilte neue Papyrossi. »Es kommt viel darauf an, wie die deutschen Behörden reagieren und wie sich Bubrow benimmt. Jedenfalls ist das eine interessante Sache.«

General Nasarow verstand überhaupt nichts mehr. Er rauchte und trank und unterdrückte seinen vaterländischen Ärger.

Die Iljuschin landete um 15.19 Uhr auf dem Flugplatz München-Riem.

Für alle, die das Aufsetzen beobachteten, war es ein normaler Flug, aber im Tower war man doch sichtlich gespannt; man hatte den Luftraum für eine Viertelstunde gesperrt und gab ihn erst wieder frei, als die Maschine auf der Erde war.

Sie wurde sofort von der Piste genommen und in einen abgelegenen Teil des Flughafens dirigiert, erst hinter den langgestreckten Cargo-Hallen ließ man sie ausrollen. Eine

Kompanie Bundesgrenzschutz hatte diesen Bezirk hermetisch abgesperrt. Eine Autokolonne wartete, als sei gerade ein Staatsgast gelandet.

Drei Vertreter der bayrischen Staatsregierung waren erschienen, dazu der Polizeipräsident von München mit einigen Kriminalbeamten, der Leiter des politischen Kommissariats, der Flughafen-Chef, Beamte des Militärischen Abschirmdienstes MAD und des Bundesnachrichtendienstes BND. Sogar ein Klinomobil und drei Feuerlöschwagen mit zwei Ärzten. Ein großer Aufwand – aber schließlich war es das erste nach München entführte sowjetische Flugzeug, und man wußte nicht, ob sowjetische Piraten anders reagieren als normale Entführer. Man rechnete mit allem.

Flugkapitän Kaschlew schaltete die Instrumente ab. Der Chefsteward erklärte den verwunderten Passagieren, sie möchten bitte sitzenbleiben. Man sei nicht in Prag gelandet, sondern in München. Man habe sich nicht verflogen, sondern habe nach internationalen Regeln ausweichen müssen. Der Flug nach Prag werde mit einiger Verzögerung stattfinden. Man bitte um Verständnis.

Die sowjetischen Passagiere nahmen die Erklärung diszipliniert hin. Nur ein Engländer verlangte nähere Informationen; man überhörte ihn mit russischer Geduld, bis er seinen Protest aufgab.

»München!« sagte Kaschlew und schielte auf Bubrows Pistole. »Sie haben Ihren Wunsch erfüllt bekommen, Boris Alexandrowitsch. Nun verlassen Sie umgehend mein Flugzeug, ehe ich doch noch zum Helden werde! Mich können Sie erschießen, aber 178 Menschen sind jetzt sicher. Raus mit Ihnen, Sie Saustück!«

»Warum so aufgeregt, Oleg Georgijewitsch?« Bubrow steckte seine Handgranate in die Rocktasche. »Sie haben zwei Stunden Verspätung in Prag, das ist alles. Was haben Sie verloren? Nichts! Schon gar nicht Ihre Ehre! Sie haben sich mustergültig verhalten. Man wird Ihnen einen Orden verleihen. Gratulation im voraus. Es tut mir fast leid, mich von Ihnen trennen zu müssen.«

Er hörte, wie die Türriegel umgelegt wurden und die Tür aufklappte. Eine Gangway fuhr heran und stieß an die Bordwand. Jelena Nikolajéwna erschien im Cockpit, beim Anblick von Bubrows Pistole fing sie an zu zittern.

»Sie – Sie können aussteigen, Genosse . . .« stotterte sie. Bubrow nickte. Er grüßte die drei Männer im Cockpit mit erhobener Waffe, klopfte dem Ingenieur auf die Schulter, sagte zum Co-Piloten: »Juri Nikolajewitsch, bitte, weinen Sie jetzt nicht!« und reichte dem Kapitän die freie Hand. Kaschlew übersah sie.

»Guten Rückflug!« sagte Bubrow höflich. »Glauben Sie mir, Genossen, ich werde Heimweh haben.«

Er ging an der Stewardeß vorbei, verließ das Flugzeug und blieb auf der obersten Stufe der Gangway stehen. Er sah hinunter auf die Männer, die ihn erwarteten. Etwas enttäuscht stellte er fest, daß man die Presse anscheinend nicht informiert hatte. Keine Fernsehkameras, keine Fotoreporter. Nur sehr ernst blickende Herren in grau oder blau getönten Anzügen. Im weiten Umkreis standen die Posten des Bundesgrenzschutzes mit ihren Maschinenpistolen. Als er das Klinomobil entdeckte, mußte er grinsen. Langsam ging er die steile Leichtmetalltreppe hinunter, noch immer die Tokarev-Pistole in der Hand. Auf der fünftletzten Stufe blieb er stehen, packte die Pistole am Lauf und hielt sie dem Mann entgegen, der dicht an der Gangway wartete. Der Chef des Politischen Kommissariats nahm die Pistole und reichte sie nach hinten weiter.

»Da ist noch etwas«, sagte Bubrow in seinem perfekten Deutsch. Er griff in die Rocktasche und holte die Handgranate hervor. »Nichts Neues. Das Standardmodell.«

Er ging die letzten Stufen hinunter, stand nun auf deutschem Boden und ließ sich von einem Bundesgrenzschutzbeamten die Handgranate abnehmen. »Ich bitte um Asyl.«

»Zunächst sind Sie festgenommen«, sagte der Kommissar trocken. »Haben Sie noch weitere Waffen in Ihrem Besitz?«

»Nein.«

Einige Beamten liefen die Gangway hinauf, um nachzusehen, ob im Flugzeug alles in Ordnung war. Sie kamen nur bis zur Tür. Dort standen Kaschlew und Co-Pilot Watlow wie zwei Erzengel. Die Iljuschin war sowjetisches Staatsgebiet, sie genoß exterritoriales Recht, ohne Erlaubnis des Kapitäns konnte man sie nicht betreten.

»Alles in Ordnung«, sagte Kaschlew heiser vor Wut. »Ich bitte, sofort den Start freizugeben. Es liegt kein Anlaß vor, uns hier länger als nötig festzuhalten. Hat meine Regierung schon protestiert?«

»Natürlich.« Die deutschen Beamten zögerten. »Wir wären Ihnen aber doch sehr dankbar, wenn Sie uns den Hergang der Entführung schilderten.«

»Wozu? Bubrow wollte nach München, und jetzt ist er in München. Allein die deutschen Behörden können jetzt noch unseren Weiterflug nach Prag verzögern.«

»So kann man es auch sehen«, sagte einer der Kommissare sarkastisch. Er drehte sich um und ging die Treppe wieder hinunter. Wenn die Sowjets nicht wollten, war jede Minute verschenkte Zeit.

Bubrow sah sich im Kreis der ihn umringenden Herren um und lächelte verlegen. »Wer von Ihnen ist zuständig?« fragte er.

»Sind Sie politischer Flüchtling?« fragte jemand aus der Menge. Es war der Beamte vom BND.

»Nein.«

»Ihr Botschafter in Bonn hat bereits scharf protestiert!«

»Dafür ist er auch da.«

»Man protestiert nicht in solcher Form, wenn es sich um eine unwichtige Person handelt.«

»Ich bin erstaunt, welche Bedeutung ich auf einmal für mein Land habe.«

»Fahren wir zum Gebäude«, sagte der Polizeipräsident ruhig. »Wie ist das nun mit dem Weiterflug der sowjetischen Maschine nach Prag?«

»Von mir aus bestehen keine Bedenken«, sagte der Flughafen-Chef. »Wir können jederzeit den Start freigeben. Sofern kein höheres Interesse vorliegt . . .«

Es lag keins vor. Während der Wagen mit einem MAD-Beamten und Bubrow inmitten einer Autokolonne vom Flugfeld rollte, zog man die Gangway weg, und Jelena Nikolajewna schloß die Tür. Kaschlew, mit vor Zorn zitternder Stimme, bestätigte dem Münchner Tower, das er verstanden hatte. Er konnte zur Piste rollen.

Bubrow saß neben dem Mann vom Militärischen Abschirmdienst, ohne zu wissen, wer er war.

»Sind Sie Soldat?« fragte der Beamte.

»Ich war es. Fallschirmjäger.«

»Offizier?«

»Nein. Dann wäre ich dabeigeblieben. Das Ingenieur-Studium war mir wichtiger.«

»Und warum haben Sie das Flugzeug entführt?«

»Ich bekam keine Ausreisegenehmigung in die Bundesrepublik.«

»Und weshalb wollten Sie unbedingt hierher? Werden Sie in Ihrem Land politisch verfolgt?«

»Aber nein!«

»Religiöse Gründe?«

»Auch nicht. – Ich liebe eine Frau.«

»Was tun Sie?« fragte der MAD-Mann ungläubig.

»Ich liebe eine Frau. Sie wohnt in der Nähe von München.«

»Und deshalb entführen Sie eine Verkehrsmaschine mit 179 Passagieren?«

»Ich wäre sonst nie nach München gekommen.«

»Oh, Mann!« Der MAD-Beamte starrte Bubrow betroffen an. »Das wird für Sie eine teure Sache – wenn das stimmt! Ist Ihnen das klar?«

»Ich habe nie darüber nachgedacht«, sagte Bubrow. Man sah ihm an, daß er erleichtert und glücklich war. »Ich bin in München. Das allein ist wichtig. Was später kommt – damit werden wir auch fertig. Einen sibirischen Fluß zu regulieren ist schwieriger.«

Der MAD-Mann verzichtete auf eine Bemerkung und hob nur die Schultern. Entweder ist er wirklich ein Spinner, dachte er, oder ein ganz hartes Ei. Man wird sehen. Aus den Augen lassen wir den nicht.

Das erste Verhör in einem abgesperrten Zimmer des Flughafens verlief enttäuschend für den, der eine Sensation erwartet hatte. Ein Überläufer vom KGB? Kein Geheimnisträger? Ein bedeutender Wissenschaftler, ein hoher Offizier, ein Spezialist für Atomfragen oder Elektronik? Nichts dergleichen. Gar nichts.

Da saß in dem Ledersessel ein sportlicher, blondhaariger Mann mit grauen Augen, gab an, 35 Jahre alt und von Beruf Wasserbau-Ingenieur zu sein, Mitglied der kommunistischen Partei, einmal ausgezeichnet mit dem Ehrentitel »Verdienter Techniker der Russischen Föderation«, ledig, gutes Einkommen, perfekt in Deutsch und Englisch, in Französisch einigermaßen – ein Sowjetmensch, der keinerlei Grund hatte, seine Heimat mit solch einem Paukenschlag zu verlassen.

Die Herren aller beteiligten Behörden waren konsterniert, auch wenn sie es nicht zeigten. Der große Fisch war nicht einmal eine Sardine. Das einzig Dramatische war die Entführung gewesen. Aber auch sie hatte sich offenbar im Plauderton vollzogen, höflich, mit Entschuldigungen für die Unannehmlichkeiten, die er bereiten mußte. Da hatte man anderes erlebt – man brauchte nur an Mogadischu zu denken oder an die Sprengung der Lufthansa-Maschine in der Wüste. Dieser Russe gab Rätsel auf.

»Sie bleiben also dabei, daß Sie nur wegen einer Frau das Flugzeug umdirigiert haben?« Der verhörende Kommissar des politischen Kommissariats vermied das Wort »Entführung«. Die Begriffe verwischten sich hier. Niemand war entführt worden, um etwas zu erpressen, es hatte auch keine Geisel im üblichen Sinne gegeben, die Iljuschin war mittlerweile in Prag gelandet, und alle waren wohlbehalten. Dennoch war etwas höchst Absonderliches geschehen: Ein Mann wollte zu einer Frau, die er liebte, und da man ihm keine Ausreiseerlaubnis erteilte, kidnappte er ein Flugzeug.

Ein Flüchtling aus Liebe. Davon würden Zeitungen und Illustrierte ein paar Wochen leben können. Aber politisch gab der Vorfall, abgesehen davon, daß ein Sowjetmensch den Eisernen Vorhang durchbrochen hatte, nichts her.

Bubrow nickte geduldig. Immer die gleichen Fragen. Das ist der Trick aller Verhörenden: einförmig auf einen einzuhämmern in der Hoffnung, daß man die Nerven verliert und mehr sagt, als man wollte. Das ist überall die gleiche Methode, ob in Rußland oder in Deutschland.

»Ja!« sagte er höflich. »Wegen einer Frau. Ich weiß, daß es schwer ist, das zu glauben. Ich kann Ihren Argwohn begreifen. Aber ich kann Ihnen nichts anderes gestehen: Ich habe das Flugzeug wegen einer Frau nach München umdirigiert. Wir haben uns im vorigen Sommer in Sotschi kennengelernt. Waren Sie schon mal in Sotschi?«

Es zeigte sich, daß keiner der Herren die Schönheiten Sotschis kannte. Bubrow setzte schon an, um das Paradies am Schwarzen Meer zu schildern, aber der Kommissar winkte ab.

»Sagen Sie uns den Namen der Dame?«

»Warum nicht?« Bubrow lachte jungenhaft. »Ohne sie wäre das alles nicht passiert. Ich möchte Sie auch bitten, mich so schnell wie möglich zu ihr fahren zu lassen.« Er klopfte auf seine ausgebeulte Jackentasche. »Ich habe zweitausend Deutsche Mark mitgebracht. Ich bin kein Bettler. Und ich will in Deutschland arbeiten. Auch hier gibt es Flüsse und Talsperren und Meeresküsten . . .«

»So einfach, wie Sie sich das vorstellen, ist das alles nicht.«

»Wieso? Ich denke, ich bin hier in einem freien Land?«

»Auch wir haben unsere Gesetze, Herr Bubrow.«

»Aber doch keins, das die Arbeit verbietet?«

Es war eine Frage, die sehr mißfiel. Zudem ließ sie Bubrow in einem anderen Licht erscheinen. Sieh an, dachten die Herren. Er ist gar nicht der »tumbe Tor«, als der er bisher erschien. Diese Frage entlarvt ihn. Hinter der harmlosen Fassade lauert ein gerissener Hund! Er weiß genau, was ihn erwartet.

»Sie sind sich doch im klaren, daß Sie einen kriminellen Akt begangen haben?« sagte ein Beamter der Landesregierung. »Sie haben 179 Personen gefährdet und mit dem Tod bedroht, um einen persönlichen Vorteil zu erpressen. Das ist der Tatbestand.«

»Wäre es weniger verwerflich, wenn ich gesagt hätte: Ich muß aus Rußland weg, weil ich ein glühender Regimegegner bin? Ich habe Flugblätter verteilt in Moskau, Sibirien, ein Lager im ›Archipel Gulag‹ ist mir sicher?! – Wie stände ich dann da?«

»Ehrlich gesagt: besser als jetzt!«

»Aber ich kann und will nicht lügen! Ich habe keinen Grund, mein Vaterland zu verraten. Ich wollte nur zu Irina.«

»Und daraus entstand eine verbrecherische Handlung«, erklärte der Polizeipräsident. »Wenn jeder, der zu einer Dame will, ein Flugzeug entführen wollte – wo kämen wir da hin?«

»Jeder kann sich hier frei bewegen.« Bubrow wurde ernst. »Aber mir verweigerte man die Freiheit, zu Irene zu fahren. Ist das etwa kein Politikum?«

»Im weiten Sinne. Im ganz weiten Sinne . . .« Es war deutlich, daß man sich bemühte, Bubrow behilflich zu sein, falls er doch noch ein politischer Flüchtling werden wollte. Auf jeden Fall war er ein ganz heißes Eisen; der Protest des sowjetischen Botschafters ließ daran keinen

Zweifel. Für die Sowjets war Bubrow ein Verbrecher, den man ausliefern sollte.

»Wie heißt nun die Dame?« fragte der Polizeipräsident.

»Dr. Irene Walther.«

»Was für ein Doktor?«

»Sie ist Ärztin.«

»Wohnhaft wo?«

»In Steinebach am Wörthsee.«

»Kennen Sie auch die Telefonnummer?«

»Aber ja!« Bubrow nannte sie. »Rufen Sie Irina jetzt an?«

»Natürlich.«

»Sie soll sofort kommen!«

»Das wird sie. Wir lassen sie sogar abholen.« Der verhörende Beamte sah seinen Präsidenten an. Der nickte. »Wir fahren jetzt zum Präsidium. Dort sehen wir weiter.«

»Ich bleibe also in Haft?« fragte Bubrow ruhig.

»Bis alles geklärt ist, sind Sie vorläufig festgenommen, Herr Bubrow. Sie sind aufgrund des Protestes Ihrer Botschaft ein brisanter Fall, der mit Fingerspitzengefühl behandelt werden muß. Morgen wird sich die Öffentlichkeit auf Sie stürzen. Die Presse wird –«

»Kann man das nicht verhindern? Ich will nur Ruhe, meine Herren! Ich will zu Irina, weiter nichts.«

»In einem freien Land gibt es auch eine freie Presse«, sagte der Beamte. »Da müssen Sie durch, Herr Bubrow. Man wird Sie zum Helden des Tages machen.«

»Ich bin kein Held!«

»Ein geflüchteter Russe ist immer ein Held. Aber auch das geht vorbei.«

»Hoffentlich!« Bubrow seufzte. »Was ist das bloß für eine Welt, in der die Liebe so schwergemacht wird?«

Die Herren lächelten höflich. Wie konnte man nur so naiv sein!

Der Polizeiwagen, der Irene Walther aus Steinebach abholen sollte, mußte wieder umkehren. In der Eile hatte man beim Verhör vergessen, zu fragen, ob Dr. Walther praktizierende Ärztin sei. Sie war es nicht, wie man jetzt feststellte. Die Nachbarn wußten nur, daß sie morgens wegfuhr, mit einem hellgrünen VW-Golf, und abends wiederkam. Wo sie arbeitete, in welchem Krankenhaus, wußte niemand.

Über Funk erfuhr man dann Genaueres. Dr. Irene Walther arbeitete in Gauting im Forschungslabor der Firma »Bio-Agrar«. Das war ein Tarnname; das Labor gehörte der Bundesrepublik und unterstand dem Bundesministerium der Verteidigung. Das wußte freilich niemand, auch nicht die Polizei von München. »Bio-Agrar« beschäftigte sich offiziell mit der Forschung nach noch unbekannten Bodenbakterien. Die Frage, wieso man dazu eine Ärztin brauchte, stellte sich nicht. Die Achtung vor der Wissenschaft war viel zu hoch. Unbekannte Bodenbakterien – das ist schon etwas.

Dr. Irene Walther war sehr erstaunt, als sie ins Zimmer des Laborchefs gerufen wurde und dort zwei uniformierte Polizisten antraf, die sie neugierig musterten. Dr. Ewingk, für die Öffentlichkeit nichts als ein Chemiker, hob bedauernd die Schultern und sagte dann ernst:

»Man will Sie sehen, Irene. Auf dem Polizeipräsidium. Was haben Sie angestellt? Sicher nicht nur falsch geparkt? Hat Ihr schöner Anblick vielleicht zu einer Massenkarambolage geführt?«

Die Polizisten grinsten.

Irene sah sie ratlos an.

»Ich habe keine Ahnung . . .«

»Wir auch nicht, Frau Doktor.« Der Hauptwachtmeister war etwas gehemmt. Er mußte in eine Art Vorhölle geraten sein. An vielen Türen stand: »Achtung! Gefahr! Nicht eintreten«. Über anderen Türen leuchtete eine rote Lampe. An Durchgängen, die aussahen wie Eingänge zu Atombunkern, stand: »Schleuse I« und »Schleuse II« und »Danger – Gefahr«. So etwas bedrückt.

»Wir haben per Funk vom Präsidium nur den Befehl bekommen, Sie hinzubringen«, sagte der Hauptwachtmeister.

»Vom Präsidium?« wiederholte Irene ungläubig.

»Sie müssen ja ein schwerer Fall sein!« lachte Dr. Ewingk.

»Wer hat das befohlen?«

»Der Herr Polizeipräsident persönlich.«

»Das ist in der Tat ungewöhnlich.« Dr. Ewingk zog seinen weißen Laborkittel aus. »Irene, ich begleite Sie. Vorher spreche ich noch mit Bonn.«

»Wir sollen aber nur –« sagte der Hauptwachtmeister stokkend. Dr. Ewingk winkte ab.

»Meine Herren, Sie wissen nicht, um was es sich handelt. Ich werde Ihrem Präsidenten erklären, daß ich berechtigt bin, bei der Unterredung mit Frau Walther zugegen zu sein. Bitte, nur noch fünf Minuten.«

Er ging ins Nebenzimmer, man hörte ihn telefonieren, dann kam er zurück und nickte zufrieden.

»Das Ministerium meldet mich bereits bei Ihrem Präsidenten an. Meine Herren, wir können fahren.«

Im Zimmer des Polizeipräsidenten saß Bubrow im Kreis der ihn ausfragenden Herren und erzählte aus seinem Leben. Es war nicht übermäßig interessant. Jeder in dieser Runde hatte ungleich mehr erlebt als dieser geflüchtete Russe.

Immer wieder fragte er: »Wann kommt Irina?«

»Sie ist schon auf dem Weg zu uns.«

»Wie hat sie sich verhalten? Vor Freude geschrien? Oder geweint?«

»Sie weiß noch gar nicht, daß Sie hier sind, Herr Bubrow.«

Nun erklärte man Bubrow die Rechtslage, eröffnete ihm, daß eine Flugzeugentführung aus Liebe – übrigens ein Novum in der Geschichte der Luftpiraterie – keine mildernden Umstände rechtfertige und daß er wahrscheinlich auch alle Kosten der von ihm verursachten Aktionen zu tragen habe. Allein die Landegebühr in München sei ein großer Brocken.

»Ich werde alles abarbeiten«, sagte Bubrow zuversichtlich. »Wann kommt Irina?«

Vier Stunden nach der Landung der Iljuschin in München betrat Dr. Irene Walther mit Dr. Ewingk das Polizeipräsidium. Die Presse hatte mittlerweile einen Tip zugespielt bekommen und lauerte auf die große Sensation. Man wußte nicht Genaues, aber allein die Tatsache, daß eine sowjetische Maschine nach München entführt worden war, daß die Botschaft protestiert hatte und die ganze Angelegenheit bisher als top secret behandelt worden war, reichte für eine dicke Schlagzeile auf der ersten Seite.

Von der Pressestelle des Präsidiums war nichts zu erfahren, die Flughafenverwaltung bestätigte nur, daß eine sowjetische Verkehrsmaschine in München »zwischengelandet«, aber längst schon wieder abgeflogen sei – auch das erschien als Verharmlosung, die eine dicke Story ahnen ließ. Da aber niemand wußte, daß eine Frau etwas damit zu tun hatte, ließen die Presseleute Irene Walther und ihre Begleiter ungeschoren den Eingang passieren.

»Was ist eigentlich los?« fragte Dr. Ewingk sofort, nachdem sie der persönliche Referent des Polizeipräsidenten im Vorzimmer begrüßt hatte. »Hat man Ihnen gesagt, daß –«

»Das Verteidigungsministerium hat angerufen, ja. Aber es ist gar nichts Dienstliches, es ist ganz privat.«

»Ich habe nichts mit der Polizei zu tun«, sagte Irene energisch.

»Die Polizei ist hier gewissermaßen auch nur Vermittler.« Der Beamte lächelte hintergründig. »Bitte, kommen Sie mit.«

Er öffnete die Tür. Zunächst sah Irene nur eine Versammlung rauchender und Mineralwasser trinkender Männer, aber dann schlug ihr ein Aufschrei entgegen, der ihren Herzschlag aussetzen ließ.

»Irina! Moj drug! Irina!«

Ein Mann war aufgesprungen, warf die Arme hoch und drängte sich nach vorn. Plötzlich flimmerte es vor ihren Augen. Sie fühlte, wie Dr. Ewingk sie stützte.

»Boris . . .« stammelte sie. Über ihr Gesicht lief ein Zukken. »Mein Gott – Boris! Du bist hier!«

Bubrow hatte sie erreicht, preßte sie an sich, küßte Wangen und Augenlider, es war erschütternd zu sehen, wie seine grauen Augen sich mit Tränen füllten.

»Ich – ich habe dir doch gesagt, ich komme zu dir!« stotterte Bubrow. »Sie können mich nicht festhalten, nicht einsperren. Es war kein Leben ohne dich, Irina. Ich habe etwas ganz Schreckliches getan, um bei dir zu sein . . .«

»Das Motiv dürfte ja nun wohl klar sein«, sagte der BND-Mann gemütlich. »Ein dicker Hund: Kidnapping aus Liebe! Politisch ist da nichts drin, meine Herren. Das ist schlicht und einfach eine kriminelle Handlung!«

Es dauerte noch drei Stunden, bis man Boris Alexandrowitsch freiließ; er mußte erst die Vernehmungsprotokolle lesen und unterschreiben. Irene Walther bürgte dafür, daß er ab sofort bei ihr einen festen Wohnsitz hatte. Er blieb unter polizeilicher Kontrolle und erhielt eine befristete Aufenthaltsgenehmigung. Das bayerische Innenministerium würde sich nun überlegen müssen, mit welcher Begründung der sowjetische Protest zurückzuweisen wäre. Als Irene Walther und Bubrow das Präsidium verließen, war die Presse informiert. Die Fotoapparate klickten, Mikrofone wurden ihnen vor den Mund gehalten. Irene schüttelte den Kopf, aber Bubrow, freundlich wie immer, jungenhaft glücklich, den Arm um Irenes Taille gelegt, sagte unbefangen:

»Ja, ich habe ein Flugzeug entführt. Ich wollte zu Irina. Nein, keine anderen Motive! Ich liebe Irina – ist das nicht genug? Hätte man mir erlaubt, zu fahren – es wäre alles nicht passiert. Ich bin glücklich, in Deutschland zu sein. Alles liebe Menschen hier.«

»Das wird sich ändern«, sagte einer der Reporter trocken. »Warten Sie nur ab.«

In Irenes Golf fuhren sie dann schnell weg, hinaus zum Wörthsee, nach Steinebach. Dr. Ewingk hatte Irene in Anbetracht der Lage für die nächsten Tage freigegeben.

»Verstecken Sie sich«, hatte er gesagt. »Sie werden keine Minute Ruhe haben. In zwei Wochen ist der Dampf raus, aber bis dahin sollten sie mit Ihrem Boris untertauchen. Das mit der Polizeikontrolle regeln wir vom Ministerium aus.«

In Steinebach packte Irene schnell einen kleinen Koffer, während Bubrow am Fenster der Wohnung stand, über den See hinüber zu den Bergen blickte und wie ein kleiner, beschenkter Junge aussah.

»Wie schön«, sagte er immer wieder. »Wie schön!«

Am Abend waren sie bereits in einer kleinen Pension in Reit im Winkl und nannten sich Heinemann. Bubrow trug einen künstlichen Schnurrbart, und Irene hatte sich eine blonde Perücke aufgesetzt. Bei einem Fotovergleich hätte man sie nicht erkannt.

In den Spätnachrichten hörten sie die Meldung von der Flugzeugentführung aus Liebe. Sie saßen im Fernsehraum der Pension, lächelten sich verstohlen an, und ihre Herzen wurden schwer vor Sehnsucht, wenn sie an die nahe Nacht dachten.

Die Zeitungen des nächsten Tages waren voll von der »Flucht aus Liebe«.

Da politisch nichts zu vermerken war, konzentrierte man sich auf das Ausreiseverbot und geißelte wieder einmal die »Unmenschlichkeit des sowjetischen Systems«. »Liebe darf nicht bestraft werden!« schrieb eine Zeitung und gab damit die Stimmung von Millionen Lesern wieder. »Man sollte Märchen, wenn sie in unserer Zeit wahr werden, nicht behördlich zerstören. Bubrow ist kein Verbrecher. Er ist der moderne Prinz, der die Dornenhecke durchbrochen hat, um zu seiner Prinzessin zu kommen.«

In Moskau saßen Oberst Ussatjuk und General Butajew von GRU wieder im Zimmer der Abteilung II des KGB und tranken mit freudigen Mienen eine Flasche Krimsekt. General Nasarow saß beleidigt etwas abseits. Er war vor fünf Minuten gekommen, nachdem auch er endlich die volle Wahrheit erfahren hatte.

»Die westdeutsche Presse ist hervorragend!« sagte Ussatjuk zufrieden. »Der gute Boris Alexandrowitsch hat sie überzeugt, und nun ist sie mit einer geradezu rührenden Geschichte voll eingestiegen. Der Liebesheld! Diesen Heiligenschein wird er nie wieder los. Was will man noch mehr?! Eine Meisterleistung! Zum erstenmal haben wir einen Mann ohne Tarnkappe drüben! Die Idee mit der Flugzeugentführung war einmalig, unbezahlbar!«

»Und wer hat die Idee mit dem Flugzeug gehabt?« fragte General Nasarow.

»Bubrow selbst!« Ussatjuk rieb sich die Hände. »Boris Alexandrowitsch ist einer meiner besten Männer.« Er sah hinüber zu General Butajew vom GRU. »Als uns Victor Borissowitsch mitteilte, daß die Irene Walther nach Sotschi kommt, da kam nur Bubrow für diesen Fall in Frage. Schon wie er vom Esel fiel: einfach grandios! – Woher hatten *Sie* eigentlich den Tip, Victor Borissowitsch?«

»Sie meinen: wie wir auf Irene Walther kamen?« fragte General Butajew. »Ein V-Mann hatte uns gesteckt, daß sie in der Forschungs- und Entwicklungs-Abteilung für B- und C-Waffen arbeitet.« Butajew steckte sich eine dicke grusinische Zigarre an und blickte versonnen den Rauchringen nach. »Sie beschäftigt sich mit den B-Objekten, den Bakterien! Ein lautloser Millionentod, wenn diese Viecher in einem explodierenden Sprengkopf frei werden. Uns interessiert nun einmal, welche Bakterien in München gezüchtet oder präpariert werden. Irene Walther ist für uns eine sehr wichtige Frau.«

»Und Sie glauben, Bubrow knackt sie auf?« fragte Nasarow zweifelnd.

»Allerdings! Wenn einer, dann nur Boris Alexandrowitsch!« Ussatjuk lachte. »Haben wir etwas Geduld, Genossen! Der Trick mit dem Flugzeug ist gelungen, warum sollte Bubrows Potenz versagen?« Er hob sein Glas, prostete in die Ferne und lachte wieder. »Viel Glück, Boris Alexandrowitsch! Und nun – mach Liebe, Genosse!«

Sowohl in Moskau wie auch in München hatte man richtig kalkuliert: Das »Liebespaar des Jahres«, der »Pirat aus Liebe«, »Dornröschen hinter dem Eisernen Vorhang«, und wie man dieses Abenteuer sonst noch betitelte – nach zwei Wochen hatte auch diese Story den Reiz der Neuheit verloren.

Es war nicht gelungen, die Versteckten aufzuspüren, also hatten die Journalisten eine romantische Story mit viel »russischer Seele« erfunden. Bubrow konnte das nur recht sein, seine Harmlosigkeit konnte gar nicht oft genug hervorgehoben und dokumentiert werden. Wenn alle Welt das Märchen glaubte, würden auch die Behörden nicht mißtrauisch werden.

Irene Walther war das Aufsehen um ihre Person peinlich. Sie dachte mit Bangen an das, was nach den Wochen des Versteckspielens geschehen würde. Vor allem fürchtete sie sich vor ihrer Rückkehr nach Steinebach. Dort würde sie zur Lokalheldin werden, alle würden mit ihr fühlen und sie beglückwünschen. Vor allem würde man neugierig auf diesen Russen sein, auf diesen unerschrockenen Prinzen, der zum ersten Mal eine sowjetische Maschine in den Westen entführt hatte – und noch dazu aus Liebe! Als die Zeitungen schrieben, daß er dafür bestraft werden würde, ging es wie ein Aufschrei durch die Bundesrepublik. Die Leserbriefseiten füllten sich mit Protesten.

»Vorzüglich!« sagte Oberst Ussatjuk. »Das übertrifft meine Erwartungen! Wir haben den Nerv der Deutschen getroffen.«

Und Bubrow sagte zu Irene, wenn er, wie jeden Morgen, die Zeitungen und Illustrierten las: »Das wird denen in Moskau weh tun! Ein Signal wird meine Tat sein! Bestimmt werden sie künftig großzügiger verfahren, wenn es um Reiseerlaubnis geht.«

»Wir werden aus Steinebach wegziehen«, sagte Irene unvermittelt. Sie saß auf dem kleinen Balkon der Pension mit dem geschnitzten Holzgeländer, um sich herum die aufgeschlagenen Zeitungen.

»Aber warum denn, mein Liebling?«

»Du würdest dir dort wie ein Wundertier vorkommen, das jeder anstarrt.«

»Auch das geht vorbei. Wenn mich alle gesehen haben, werde auch ich langweilig.«

»Noch hast du den Prozeß vor dir. Da steigen die Zeitungen noch einmal voll ein!«

»Aber dann wird endlich Ruhe sein! Dann können wir leben, Irinaschka . . .«

Bubrow kam zu ihr auf den Balkon, beugte sich über sie, streichelte ihre Brüste und küßte ihren Nacken. Sie erschauerte in allen Nerven. Es war eine Leidenschaft in ihr, die nicht mehr zu beherrschen war. Zum erstenmal, das wußte sie jetzt, hatte ihr Körper begriffen, was Liebe sein kann. Sie zählte die Tage nicht mehr nach Stunden, sondern nach seinen Umarmungen. Es gab keine Zeit mehr, oft auch keinen Raum – nur seine Nähe galt, seine Zärtlichkeit, seine Besitzergreifung, seine Erfüllung. Sie hatte nie geahnt, daß es eine so vollkommene Hingabe geben konnte.

»Die Sowjetunion wird dich ausbürgern«, sagte sie und dehnte sich unter seinen streichelnden Händen.

»Das wäre das Beste, was sie tun könnte.«

»Dann bist du staatenlos, Boris.«

»Ich werde Deutscher werden.«

»So einfach ist das nicht.«

»Wenn wir heiraten?«

»Auch dann nicht.«

»Ich will doch nur arbeiten, mit dir leben und glücklich sein. Warum wird das Einfache so schwergemacht?«

»Da mußt du die fragen, die für die Gesetze verantwortlich sind.«

Sie blieben drei Wochen in Reit im Winkl, gingen viel spazieren, lagerten stundenlang auf den Almwiesen, erfrischten sich in den klaren, kalten Gebirgsbächen und liebten sich in Blumenwiesen oder in Heustadeln.

Zweimal rief Dr. Ewingk an. Er teilte mit, daß die Sowjetische Botschaft nun einen förmlichen Auslieferungsantrag gestellt hatte – (ein neuer, guter Trick von Ussatjuk!) – und daß man nicht bereit sie, diesem Begehren nachzukommen. Es könnte sogar sein, daß man Bubrows Flucht als Begehren um politisches Asyl bewerte – dann gäbe es vielleicht auch keinen Prozeß.

»Was sie machen, ist mir gleichgültig. Nur wenn ich nach Rußland zurück muß – dann nehme ich mir das Leben«, sagte Bubrow ruhig. »Ich weiß, was mich drüben erwartet.«

Irene rief sofort Dr. Ewingk an und erzählte ihm, was Bubrow gesagt hatte. »Um Gottes willen, tun Sie alles, um ihm Asyl zu geben!« flehte sie. »Er kommt sonst in ein Straflager nach Sibirien – das ist doch ein Grund, nicht wahr?! Wenn das nicht genügt . . .«

Nach drei Wochen kehrten sie nach Steinebach zurück. Aber Bubrow fuhr sofort weiter nach München und bezog ein Zimmer in einer Pension in Schwabing. Auf einen Rat des Innenministeriums sollte er erst einmal »aus dem Verkehr gezogen« werden. Es galt Zeit zu gewinnen.

Das war etwas, das Bubrow als Russe sofort akzeptierte. Die Zeit ist unser Freund – das ist für jeden Russen das elfte Gebot. Mit Hilfe der Zeit lösen sich viele Probleme von allein.

Irene Walther vertröstete ihre Mitbürger am Wörthsee und die angereisten Reporter: ein wenig später könne man Herrn Bubrow immer noch die Hand drücken. Sie hatte ihre Arbeit im Labor »Bio-Agrar« wieder aufgenommen. Bubrow verbrachte die Tage meist in seinem Zimmer und las deutsche Bücher über Wasserbautechnik oder Zukunftsromane. -

Abends ging er zum Essen in Schwabinger Lokale, unauffällig wie immer, und lächelte still in sich hinein, wenn er den ihn beschattenden Kriminalbeamten erkannte, der auf Staatskosten ein Bier und warmen Leberkäs verzehrte. Man muß die Spesen niedrig halten.

Trotzdem gelang es ihm, über den Weg zur Toilette zu telefonieren. Es war ein kurzes Gespräch nach Brüssel.

Dort saß in einem modernen Büro der Fruchtimporteur Harrelmans und freute sich, Bubrows Stimme zu hören. In Wahrheit hieß er Michail Jefimowitsch Orlowskij und hatte den Rang eines Oberstleutnants des GRU. Er war der Hauptabteilungsleiter West; in seinem Fruchtbüro liefen die Fäden der sowjetischen Militärspionage in Mitteleuropa zusammen.

»Endlich!« sagte Harrelmans-Orlowskij. »Man kann doch nicht unentwegt auf einer Frau liegen.«

»Es war mir bisher unmöglich, anzurufen.«

»Wo sind Sie?«

»In München-Schwabing.« Bubrow nannte seine Adresse.

»Ich werde noch beschattet. Machen Sie schnell, Michail

Jefimowitsch, man glaubt sonst nicht, daß ich noch auf dem Lokus bin!«

»Ihr Kontaktmann ist A 5. Peter Hämmerling. Er wird sich bei Ihnen melden. Sie haben Code ›Franz-Josef‹.«

»Sehr sinnig.«

»Wir haben doch Humor, Boris Alexandrowitsch! Wann können wir mit Ihnen rechnen?«

»Ich brauche Zeit. Ich muß erst völlig harmlos sein. Ich melde mich. Ende.«

»Viel Glück, Franz-Josef!« rief Harrelmans-Orlowskij und legte lachend auf.

Der Kriminalbeamte saß noch geduldig hinter seinem Bier und war froh, als Bubrow das Lokal verließ und zurück zu seiner Pension ging.

Keine besonderen Vorkommnisse. Gegessen hat er: eine Leberknödelsuppe und einen Tiroler Braten. Getrunken: zwei kleine Pils. Fünfzig Pfennig Trinkgeld.

Zwei Stunden später kam Irene zu Bubrow, um bei ihm zu schlafen. Drei Tage war sie ohne ihn gewesen, ohne seine Zärtlichkeit, ohne seine Stimme. Sie hatte es fast nicht mehr ausgehalten.

Du bist wahnsinnig, hatte sie zu sich gesagt. Aber es ist ein wunderbarer Wahnsinn. Davon will ich mich nie heilen lassen. Was bin ich noch ohne Boris?

Er fing sie mit offenen Armen auf, als sie ins Zimmer stürzte, hob sie hoch und trug sie zum Bett.

Es wurde Winter. Das Verfahren gegen Bubrow war eingestellt worden, zumal auch die Sowjetische Botschaft in Bonn auf dem Auslieferungsantrag nicht herumritt und sogar nicht unzufrieden darüber zu sein schien, daß der peinliche Vorfall in Vergessenheit geriet. Daß auch die Sowjetunion bei einer Flugzeugentführung hilflos ist, war eine bittere Erkenntnis, die ihr weh tun mußte. Das war auch der einzige schwarze Punkt auf Oberst Ussatjuks strahlender Weste; eine Blöße mußte man sich eben geben, wenn man einen Bubrow in die Zentrale der B- und C-Forschung einschleusen wollte.

Immerhin vollzog Moskau noch einen kleinen dramatischen Akt, der Boris Alexandrowitsch in den Augen des Westens nun wirklich blütenweiß wusch: sie bürgerte Bubrow aus. Da Bubrow kein Schriftsteller, sondern nur ein kleiner Wasserbau-Ingenieur war, hatte er das Glück, nicht unter die Fittiche eines deutschen Nobelpreisträgers schlüpfen zu müssen; er konnte bei Irene Walther bleiben und zog nun endlich zu ihr nach Steinebach.

Zwei Wochen lang wurde Boris Alexandrowitsch dort herumgereicht, trank Kaffee in der Villa eines Textilmillionärs und aß Käse-Fondue im Chalet eines Schweizer Wirtschaftsberaters. In einem Segelboot fuhr er über den See und durfte das berühmte Grillfleisch eines der größten Wagner-Tenöre unserer Zeit kosten, mit dessen Hunden spielen und sich Arien aus russischen Opern anhören.

Wo Bubrow sich auch sehen ließ, überall machte er Eindruck. Lediglich der große Wagner-Tenor mit seiner Welterfahrung äußerte im vertrauten Kreis Bedenken.

»Der Bursche ist mir irgendwie zu glatt!« sagte er. »Jeder Mensch hat Ecken und Kanten und Macken – er offenbar nicht. Ich kann mir nicht helfen: ich mag ihn nicht!«

Da man Aussprüche von Tenören, und seien sie noch so berühmt, nur selten ernst nimmt, vergaß man diese Charakteristik bald. Immerhin wurde Bubrow von dem Kammersänger nicht mehr eingeladen.

Weihnachten feierten sie in Garmisch. Bubrow kamen die Tränen, als man die alten deutschen Weihnachtslieder sang, als es nach Pfeffernüssen und Bratäpfeln, Spekulatius und Printen duftete und er zum erstenmal Lebkuchen aß.

»Ich kann dir nichts schenken, Irinaschka«, sagte er bedrückt. »Ich habe nichts, ich bin ein armer Mann, arbeitslos, staatenlos . . .«

»Du bist da«, sagte sie voller Glück. »Das ist ein unbegreifliches Geschenk.«

Zwischen Weihnachten und Neujahr kam ein Elektriker von den Stadtwerken in Irenes Wohnung, um die Panzersicherungen zu kontrollieren. Sie waren im Keller angebracht. Bubrow ging mit dem Elektriker hinunter.

»Ich heiße Peter Hämmerling!« sagte der Mann. »Die Sicherungen sind in Ordnung, Franz-Josef?«

Bubrow musterte den Elektriker und nickte. Das also ist A 5! Ein noch junger Mann mit wachen braunen Augen.

»Das Licht brennt ohne Zwischenfälle«, sagte Bubrow ruhig.

»Man hört so gar nichts . . .«

»Ich hatte um Zeit gebeten.«

»Es sind jetzt fast fünf Monate.«

»Vier!«

»Ein gutes Licht muß man sehen.«

»Erst muß die Leitung verlegt werden.«

»Wann?«

»Im neuen Jahr wird es heller.«

Als Bubrow wieder hinaufkam, hatte er ein verschlossenes Gesicht. »Etwas nicht in Ordnung?« fragte Irene.

»Mit dem Licht schon. Aber –« Bubrow stockte, dann sprudelte es aus ihm heraus. »Es muß etwas geschehen, Irina! So geht es nicht weiter. Das Herumsitzen, das Warten, das Nutzlossein, das Almosenempfangen!«

»Boris!«

»Eben habe ich wieder gehört, was die Leute so denken. Der Elektriker fragt mich: Noch keine Arbeit? Wasserbau ist vielleicht nicht gefragt, aber Sie sind doch Ingenieur! Da gibt es doch viele Möglichkeiten . . . So sehen mich die Leute: als Schmarotzer, der nur von deiner Arbeit lebt! Irinaschka, das zerrt an den Nerven. Verzeih mir!«

»Ich werde mit Dr. Ewingk sprechen«, sagte Irene, betroffen von Boris' Ausbruch. Es war das erstemal, daß er laut geworden war.

»Was soll ich in eurem Labor?«

»Ewingk kennt eine Menge Leute. Da ist sicher etwas zu machen.«

»Ihr forscht doch für die Landwirtschaft. Ist da nicht eine Abteilung, die mit Wasserbau zu tun hat?«

»Nein. Nur mit Wasserchemie.«

»Das ist schon etwas!«

»Es sind Projekte einer kleinen Arbeitsgruppe. Da ist nichts zu machen.«

»Sie wollen das Wasser verbessern?«

»Das kann man nicht gerade sagen«, antwortete sie ausweichend.

»Ich begreife immer noch nicht, was du als Ärztin mit Bodenbakterien zu tun hast.«

»Ich untersuche die Wirkung auf Menschen.«

»Aha!«

Es war das erstemal, daß sie eine Winzigkeit aus ihrem Arbeitsgebiet erzählte. Bubrow verhielt sich wie ein normaler Laie; er machte den Eindruck, als verstünde er nur wenig davon.

»Es gibt höllische Bakterien«, sagte sie, »Bakterien, die noch kaum einer kennt, weil man sie erst gezüchtet hat. Sie können ganze Landstriche entvölkern.«

Bubrow lächelte und schüttelte den Kopf. »Jetzt übertreibst du aber!« Er ging zu einem Sessel, ließ sich hineinfallen und nahm aus einer runden Blechdose einen Lebkuchen. »Im Zeitalter der Antibiotika haben Bakterien ihren Schrecken verloren.«

»Antibiotika nützen hier gar nichts mehr. Ich werde dir das mal erklären.«

Die »Leitung« war gelegt. In Moskau konnte das Licht angehen.

In der Silvesternacht geschah ein seltsamer Mord.

Im Garten des Berghotels, in dem Irene und Boris das neue Jahr begrüßten, fand man um 2 Uhr morgens einen Toten. Er saß auf einer vereisten Bank, aber er war nicht erfroren, sondern vergiftet. Man sah es an der dunkelblauen Gesichtsfarbe, und man roch es sogar. Ein Geruch nach Mandeln. Zyankali.

Zunächst dachte man an Selbstmord, aber als der herbeigerufene Arzt den Toten entkleidet hatte, sah man den Einstich im linken Oberarmmuskel. Der Täter mußte durch Anzug und Hemd blitzschnell eine Nadel gestoßen und das Gift injiziert haben. Es war dem Opfer keine Zeit geblieben, zu schreien oder sich zu wehren. Rätselhaft war nur, wieso der Mann auf der Bank gesessen hatte. Bei 19 Grad Frost. Ohne Mantel.

Der Führer der alarmierten Funkstreife betrachtete den Toten mit so bösen Augen, als sei dieser der Mörder. Seit Menschengedenken war in diesem Ort niemand ermordet worden; man mußte also überlegen, wie man sich zu verhalten hatte. Nach den Vorschriften, die man auf der Polizeischule lernte, war hier nicht vorzugehen: »Nicht anrühren, Sicherung des Tatortes, Sicherung der Spuren, Fotos von allen Seiten, Feststellung von Zeugen.« Das war alles unmöglich. Der Tote lag bereits nackt in einem Kellerraum des Hotels. Eine »klassische« Bearbeitung des Falles war damit auch für die nunmehr herbeitelefonierte Mordkommission ausgeschlossen.

Obwohl im Festsaal des Hotels die Tanzkapelle weiterspielte, kam keine Stimmung mehr auf. Die bisher so fröhliche Gesellschaft verlief sich, auch Irene und Boris gingen auf ihr Zimmer und setzten sich bedrückt in die Sessel.

»Er war allein hier«, sagte Irene, während Bubrow aus dem kleinen Kühlschrank eine halbe Flasche Sekt holte und sie entkorkte. »Ich habe ihn sitzen sehen, in einer Ecke des Saales, ganz einsam. Um Mitternacht hat er nur zu seinem

Tischnachbarn geprostet und ist dann irgendwann unbemerkt weggegangen.«

»So unbemerkt nicht. Der Mörder muß ihm gefolgt sein. Oder hat draußen auf ihn gewartet.«

»Zyankali! Wer tötet heute noch mit Zyankali? Mit einer Injektion?«

»Es ist der lautloseste Tod.« Bubrow goß die Gläser voll, kam zu Irene und schüttelte den Kopf. »Wir sollten uns unsere erste Neujahrsnacht nicht verderben lassen, moj druk. Vor allem sollten wir nicht abergläubisch sein! Für *uns* beginnt ein glückliches Jahr!«

Am Neujahrsmorgen war das Hotel um eine Reihe neuer Gäste reicher. Sieben Wagen waren aus München gekommen, und erstaunlicherweise waren nur zwei von der Polizei. Aus Pullach waren Beamte des Bundesnachrichtendienstes erschienen, das Landeskriminalamt war alarmiert worden, zwei Staatsanwälte hatten die Bundesanwaltschaft benachrichtigt. Auch zwei große amerikanische Limousinen standen auf dem Parkplatz.

Der Tote hatte sich als Ewald Blotz eingetragen. Kaufmann, wohnhaft in Nürnberg. Alle Angaben waren falsch: man hatte sie sofort per Funk nachgeprüft. Das Haus, in dem er angeblich wohnte, war ein Bordell. Der Mann mußte Sinn für Humor gehabt haben. In seinem Schuh, unter einer Einlegesohle, fand man eine US-Identity-Card auf den Namen James C. Forster, wohnhaft in Washington. Zu denken gab, daß die Fachleute der Mordkommission zwar den Tod durch Zyankali bestätigten, nicht aber die Injektion mit der Nadel. Dieser »Todesfall« stank nicht nur nach bitteren Mandeln . . .

Die Experten vom BND und von der CIA* hatten denn auch die gleiche Ansicht vom Tathergang: James C. Forster war mit einer Injektions*pistole* erschossen worden.

---

* Central Intelligence Agency = Geheimdienstorganisation der USA.

Der Fundort, die Bank im Garten, war nicht der Tatort. Man hatte den Toten dort nur abgesetzt.

»Diese Art des Tötens entspricht der uns bekannten Methode des Liquidierens, wie sie von bestimmten Oststaaten angewandt wird«, sagte der Leiter der CIA-Delegation, nachdem man die Leiche noch einmal gründlich untersucht hatte. Dazu hatte man einen Arzt von der CIA mitgebracht, der sich in solchen Morden auskannte. »Wir haben genug Beispiele dafür. Politische Flüchtlinge, unliebsame Regimekritiker, Konterrevolutionäre, Redakteure von Exilzeitschriften oder vom Sender Freies Europa sind schon auf diese Art liquidiert worden. Mit lautlosen Giftpistolen. Auf einer Straße, in Lokalen, auf Märkten werden sie angerempelt, spüren einen kaum wahrnehmbaren Stich, der Rempler entschuldigt sich höflich und verschwindet in der Menge. Sekunden später ringt der Überfallene nach Atem, wird blau im Gesicht und fällt um. Jeder glaubt zunächst an einen Herzinfarkt. Wenn man die Wahrheit entdeckt, ist der Täter schon längst in einer anderen Stadt oder in einem anderen Land.« Der CIA-Mann warf einen Blick auf den nackten Forster. »Wir kennen diese Giftpistolen sehr genau. Auch ihre Herkunft.«

»Wer war dieser James C. Forster?« fragte einer der deutschen Staatsanwälte.

»Das sollten wir nicht hier erörtern«, sagte der CIA-Delegationsleiter. »Man sollte diesen Fall diskret behandeln.«

»War er einer von Ihren Leuten?«

Der CIA-Mann wich aus. »Hat man die Gäste überprüft?«

»Natürlich. Alle einwandfrei.«

»Das sind sie immer«, sagte der CIA-Mann. »Der Täter muß ja nicht unter den Gästen sein.«

»Dr. Irene Walther und dieser Bubrow sind auch hier«, sagte ein Beamter von der Mordkommission. »Sie erinnern sich, meine Herren? Die Flugzeugentführung im letzten Sommer. Der ›Pirat aus Liebe‹. Ein Russe.«

»Da haben wir's ja!« meinte der CIA-Mann.

»Was haben wir?«

»Den Angelhaken, an dem unser Fisch zappeln wird.«

»Wenn die Sowjets Rache an Bubrow nehmen wollten, warum liquidieren sie dann Forster? Ein Irrtum? Ausgeschlossen! Forster und Bubrow sind nicht zu verwechseln.«

»Bubrow ist Russe«, sagte der CIA-Mann stur. »Und die Tötung mit der Giftpistole ist eine sowjetische Erfindung. Auch wenn Bubrow ein Flüchtling ist und brav wie ein Lämmchen – ein Russe bleibt er doch!«

»Wollen Sie ihm Forster anhängen?«

»Wir haben keine Beweise.«

»Das ist es.« Der Leiter der Mordkommission blätterte in seinen Vernehmungsprotokollen. »Dr. Walther und Herr Bubrow haben ein felsenfestes Alibi. Sie saßen an einem Sechsertisch in fröhlicher Gesellschaft. Selbst pinkeln ist er nicht allein gegangen, einer der Herren am Tisch, ein Dr. Felsing, ging mit. Zwischen Bubrow und Forster sehe ich keinen Zusammenhang. Man sollte vielmehr nachprüfen, was Forster zu Silvester hier im Hotel wollte – wenn er von der CIA war.«

»Vielleicht nur saufen.«

»Ganz allein? Ohne weibliche Begleitung? War Forster ein Eremit oder schwul? Selbst dann wäre er zu Silvester kaum allein gewesen.«

Um die Mittagszeit wurde die Leiche des James C. Forster weggebracht. In vier Gruppen wurden die Hotelgäste noch einmal vernommen, auch das gesamte Personal, wobei sich herausstellte, daß sich darunter vier Jugoslawen, drei Griechen, zwei Polen, zwei Tschechen und drei Italiener befanden.

»Da haben wir einiges zu überprüfen«, sagte der Leiter der Mordkommission ahnungsvoll. »Das Personal war in der Silvesternacht natürlich pausenlos beschäftigt und unterwegs. Na, dann Prost!«

Am 2. Januar fuhren Irene und Bubrow wieder zurück nach Steinebach.

Sie wußten nicht, daß man James C. Forster in ihrem Zimmer, im Berghotel, ermordet hatte, als er gerade damit beschäftigt war, in die Nachttischlampe eine »Wanze«, einen Minisender, zu montieren. Unten im Saal wurde getanzt, und niemand vermißte den stillen Forster. Der Mörder aber mußte ihn genau beobachtet haben. Auch die deutsche Polizei und die amerikanische CIA wußten das nicht. Bei der Münchener CIA war man nur verblüfft, als aus Washington der Befehl eintraf, den Fall Forster als normalen Mordfall zu behandeln und den deutschen Behörden die weitere Ermittlung zu überlassen. Lediglich die Überführung Forsters nach Washington solle man betreiben. Er habe den Rang eines Captain gehabt. Aus.

Ein paar Tage später, als Irene wieder im Labor der »Bio-Agrar« arbeitete, rief Bubrow von einer Telefonzelle in München seinen Kontaktmann A 5 an.

»Hier Franz-Josef«, sagte er. »Was war das eigentlich zu Silvester? Wart ihr das?«

»Es mußte sein.«

»Idioten!«

»Er montierte eine Wanze in Ihre Nachttischlampe.«

»Glaubt ihr, wir sprechen im Bett über Mikroben?! Das war ein verdammter Fehler. Jetzt ist die CIA heiß.«

»Und wir wissen endlich, daß die Amerikaner hinter Ihnen her sind, Franz-Josef. Was ist da falsch gelaufen?«

»Nichts! Das ist eben nur ihr ewiges Mißtrauen gegen uns Russen. Die Deutschen haben sich da gewandelt, sie bejubeln jeden Flüchtling von drüben. Hättet ihr doch die Wanze in der Lampe gelassen, das wäre ein Beweis meiner Harmlosigkeit gewesen. Jetzt stinkt es.«

»Wir wollten kein Risiko eingehen.«

»Und was habt ihr jetzt?!«

Bubrow legte auf. Er war wütend und enttäuscht von der Fehlleistung seiner Führungsstelle. Auch Harrelmans in

Brüssel mußte nicht ganz wohl sein. Es war anzunehmen, daß man Oberst Ussatjuk diese Dummheit nicht melden würde. Sulfi Iwanowitsch konnte ungeheuer gemein werden. Am Abend sagte Bubrow zu Irene: »Ich muß etwas tun. Ohne Arbeit fresse ich die Tapete an! Ich werde jetzt von Behörde zu Behörde laufen, bis ich eine Arbeitserlaubnis bekomme.«

»Dr. Ewingk will versuchen, dich bei der Landeswasserbehörde unterzubringen. Man plant neue Staudämme.«

»Das wäre herrlich. Ich bin Staudamm-Fachmann! Irina, wie einfach hat das alles in Sotschi ausgesehen. Man liebt sich, und die Welt gehört einem! Aber diese Welt ist an allen Ecken feindlich. Ich will es einfach nicht begreifen!«

Am 1. Februar bekam Bubrow eine Stelle als Ingenieur beim Planungsstab VI. Hier wurde eine neue Talsperre projektiert, die Grundpläne lagen vor, jetzt ging es um Einzelheiten.

»Das ist nur eine kleine Sperre«, sagte Bubrow zu seinen neuen Kollegen. »In Rußland bauen wir sie zehnmal so groß. Wir haben ja auch Platz genug, und auch ganz andere Wassermassen. Außerdem verankern wir die Staumauer nach einem überraschend einfachen Prinzip.«

Nach drei Wochen war Bubrow ein geachteter Mitarbeiter. Er hatte aus seiner Erfahrung heraus Vorschläge gemacht, die neue Möglichkeiten für den Staudammbau eröffneten. Es fiel nicht auf, daß er Pläne und Berechnungen auf Mikrofilm aufnahm, vor allem sofern sie den militärischen Schutz dieser Anlagen betrafen. Er schickte die Filme an die Adresse von Peter Hämmerling. Es waren die ersten Lieferungen seit seiner »Flucht«.

Zwei Tage später rief A 5 an. Bubrow brauchte nicht mehr heimlich zu telefonieren, er hatte jetzt in seinem Konstruktionsbüro ein eigenes Telefon, und niemand kümmerte sich darum, wen er anrief oder welcher Anruf ihn erreichte.

»Was soll das?« fragte Hämmerling ohne Einleitung.

»Ich verstehe die Frage nicht.«

»Staudammpläne!«

»Sie sind sehr wichtig!«

»Bei einem geplatzten Staudamm sterben vielleicht tausend, bei einer geplatzten B-Bombe sind es Hunderttausende!«

»Um in die B-Forschung hineinzukommen, braucht man viel Zeit. Es läuft alles zur Zufriedenheit. Ein paarmal waren wir schon privat bei Dr. Ewingk eingeladen. So etwas kann man nicht erzwingen. Das geht Schritt für Schritt. Wenn Harrelmans das besser kann, soll er rüberkommen.«

»Ich werde es ihm bestellen.«

A 5 legte auf. Bubrow warf den Hörer weg, als sei er heiß geworden, und steckte sich eine Zigarette an. Orlowskij muß ein Schwachkopf sein, dachte er. Ussatjuk würde nie drängen. Er kennt genau die Probleme, die nacheinander gelöst werden müssen. Zunächst das größte: Überall Vertrauen gewinnen! Es ist das Öl, das die Türen lautlos öffnen läßt.

Zweimal hatte ihm Irene im Bett zu erklären versucht, was sie bei »Bio-Agrar« tat. Er hatte sich dumm gestellt. Außerdem erzählte Irene nur das, was er längst wußte. In zehn Monaten hatte er sich durch Spezialisten in die Bakterienforschung einarbeiten lassen. Das hatte noch keinen Forscher aus ihm gemacht, aber er war in der Lage, zu unterscheiden, was man allgemein wußte und was neu und gefährlich war.

»Ich will Ewingk fragen, ob du an einem Versuch teilnehmen darfst«, hatte Irene gesagt. »Als Zuschauer.«

Und Bubrow hatte lustlos geantwortet: »Ja, das wäre schön. Aber ich verstehe ja doch nichts davon. Es wäre nur interessant, zu sehen, wo und wie mein Liebling arbeitet.«

Irene Walther sprach mit Dr. Ewingk darüber.

»Sie wissen, das ist unmöglich«, sagte Ewingk abweisend.
»Unsere Geheimnisstufe ist nicht I, sondern Super I. Nicht
einmal meine Frau weiß genau, was ich tue, und wir sind
über 25 Jahre verheiratet. Sie glaubt, wir suchen Mittel gegen Kartoffelkäfer, Blattläuse und Mehltau. Ich habe nie
dementiert.«
»Ich komme mir Boris gegenüber schäbig vor.«
»Wieso denn das?«
»Es ist ein Mangel an Vertrauen, den er nicht verdient hat.
Was hat er alles auf sich genommen, um zu mir zu kom-
men . . .«
»Das sind zwei ganz verschiedene Schuhe, Irene. Bei unserer Arbeit ist die Grenze zwischen privat und Berufsge-
heimnis ganz scharf gezogen. Das hat mit Vertrauensbruch gar nichts zu tun. Was Sie wissen, gehört dem Staat
und seiner Verteidigung, nicht einem Ehemann oder einer
Ehefrau.«
»Die Rattenversuche sind doch kein Geheimnisbruch.«
»Er wird fragen: Wieso husten sie plötzlich und spucken
blutig ihre Lungen aus? Wie wollen Sie das erklären?«
»Ein neues Mittel gegen Ratten.«
»Nein!« Dr. Ewingk schüttelte den Kopf. »Ich bin dagegen. Was hinter unseren Türen passiert, geht keinen etwas
an! Irene, Sie können Boris auch auf andere Weise zeigen,
wie sehr Sie ihn lieben. Sie müssen ihm nicht vorführen,
daß wir lungenzersetzende Bakterien züchten. Ich glaube,
das interessiert ihn auch gar nicht. Er ist glücklich, am
Staudamm-Projekt beteiligt zu sein.«
Irene Walther sagte: »Danke, Dr. Ewingk!« und ging zurück in den Versuchskeller III. Dort turnten hinter dicken,
bruchsicheren und gasfest in Rahmen eingelassenen Glasscheiben neun Meerkatzen auf knorrigen Ästen oder an
pendelnden Stricken. Ein Einfüllstutzen, durch dicke
Gummimanschetten abgeschlossen, unterbrach die große
Scheibe. Scheinwerfer erleuchteten den gläsernen Käfig.
Irene blieb vor den Meerkatzen stehen und beobachtete

ihr fröhliches Spiel. Allen war ein Minisender einge-
pflanzt worden, der Herzfrequenz, Blutdruck und Hirn-
strommessungen zu einem Empfänger sendete, der alle
Impulse aufzeichnete. Die elektronischen Schreiber glitten über das Meßpapier.
Morgen wird ihr Zerfall beginnen, dachte Irene. Mit Husten fängt es an, wie eine Erkältung. Dann rasselt es in der
Brust, wie bei einer Bronchitis. Kurz darauf zeigen sich
dramatische Formen einer Pneumonie, bis man zusieht,
wie die Lungen zerfallen und stückweise ausgehustet werden. Ein Blutsturz ist das Ende.
Amtliche Bezeichnung dieses teuflischen Todes: R-PB
428/IV.
Das IV bedeutet die höchste Gefahrenstufe. Eine Unvor-
sichtigkeit im Labor – und die Folgen wären überhaupt
nicht abzusehen. Man durfte gar nicht daran denken.
Aber auch nicht denken, was geschehen würde, wenn man
Bomben mit R-PB 428/IV füllte und über bewohnten Gebieten detonieren ließ. Die Sprengwirkung war gleich
Null – aber der lautlose Tod würde überall sein. Eine
funktionsfähige Welt blieb zurück – aber ohne Menschen.
Eine Vision, für die keine Phantasie mehr ausreichte.
Man sollte das Boris wirklich nicht sagen, dachte Irene
Walther. Sofort würde er fragen: Warum tust du das?
Warum bist du keine Ärztin wie tausend andere? Warum
forschst du nach millionenfachem Tod, statt den Tod auf-
zuhalten mit deiner ärztlichen Kunst? Wie kannst du als
Frau so etwas tun?! Vernichten, statt zu retten? Irina, ich
habe plötzlich Angst vor dir!
Und was könnte sie antworten? Nichts! Als sie mit 28 Jahren in das Forschungsteam von Dr. Ewingk kam und ver-
eidigt wurde, war sie stolz gewesen, weil ihr Professor sie
dafür empfohlen hatte. »Sie werden nirgendwo eine größere Verantwortung bekommen«, hatte er gesagt. »Verantwortung vor der Menschheit und sich selbst.«
Wie konnte man das Boris klarmachen?

Sie verließ den Versuchskeller III, fuhr mit dem Lift nach oben und beendete für heute ihre Arbeit.

Während sie zum Parkplatz ging, dachte sie darüber nach, wie sie Boris mit einer einfachen Erklärung zufriedenstellen könnte.

Jenseits der Ausfahrt aus dem Betriebsgelände der »Bio-Agrar«, deren Tor sich nur elektronisch öffnen ließ und Tag und Nacht unter Fernsehkontrolle stand, wartete ein elegant gekleideter Mann und winkte mit beiden Armen, als Irene auf die Straße einschwenkte.

Einen Augenblick zögerte sie, wollte impulsmäßig Gas geben, dann bremste sie doch und hielt den Wagen ein paar Meter weiter an. Er soll nicht denken, daß ich Angst vor ihm habe, dachte sie kampflustig. Jetzt kneife ich nicht mehr! Mein Leben hat sich grundlegend verändert.

Hanns Heroldt hatte sich nicht verändert. Die braunen Haare waren künstlich aufgelockt, er war sonnengebräunt, trug einen englischen Maßanzug und darüber einen Paletot, lose um die Schulter gelegt, denn immerhin war es kalt, es hatte wieder geschneit und dann gefroren.

»Wie schön!« rief er, als Irene vor ihm stand und ihren Bisammantel enger um sich schlug. »Du erkennst mich noch? Das hebt meinen Stolz gewaltig.«

»Was willst du?« fragte sie abweisend.

»Das fragt man, wenn man so lange wie wir zusammen war?«

»Über diese Zeit ist genug gesagt worden. Ich bedaure sie. Ist das alles, was du hören wolltest?«

»Ich wollte dich wiedersehen.« Heroldt grinste unverschämt. »Du bist ja nun eine kleine Berühmtheit. Deinetwegen werden Flugzeuge entführt. Sogar die Russen machst du kopflos. Und mir willst du das nicht verzeihen?«

Er hielt sie am Ärmel fest.

»Irene . . .«

»Laß mich los, sage ich dir!«

»Bist du noch mit dem Iwan zusammen?«

»Wir werden heiraten.«

»Das ist doch ein Witz! Der ist doch nur in den Westen geflüchtet, weil hier die Töpfe und Pfannen voll sind! Bei 80 Prozent der Ausreißer ist das der Grund, nur spricht davon keiner, weil es nicht in die politische Landschaft paßt. Überhaupt: einen Linien-Jet zu entführen! Der Kerl hat doch eine Riesenmacke!«

»Er ist mir lieber als du im Dutzend! Er ist der anständigste Mensch der Welt.«

»Womit hat er das bewiesen?«

»Man weiß das, wenn man ihn kennt.«

»Okay! Okay! Ich will keinen Psychologie-Unterricht. Ich will nur daran erinnern, daß wir vier Jahre lang glücklich miteinander waren.«

»Weil ich blind war. Aber immerhin hat unser Verhältnis ein Gutes hervorgebracht: Ich bin sehend geworden!«

»Das höre ich gern, Hasi.«

»Laß den Blödsinn!«

Hanns Heroldt pustete in die Hände. Er trug keine Handschuhe.

»Ich konnte dich nie vergessen, Irene. Ich weiß, du lachst mich aus, wenn ich dir sage, daß du meine einzige Liebe bist! Siehst du, jetzt grinst du! Aber ich schwöre es! Du bist es! Ich habe dir damals nach Sotschi geschrieben . . .«

»Den Brief habe ich ungelesen zerrissen.«

»Das war ein Fehler. In ihm stand alles, was ich dir nie gesagt habe. Vielleicht wäre alles anders geworden, wenn du den Brief gelesen hättest. Dann hätte es nie diesen Russen gegeben.«

»Er war schon da!« sagte Irene abweisend. »Du kommst zu spät, Hanns.«

»Ich wollte dich sprechen, um dir zu sagen, daß ich die Leitung einer pharmazeutischen Großhandlung in Tunis übernommen habe. Eine weiße Villa am Meer können wir bewohnen, mit Personal, soviel du willst! Gehalt auf Dollarbasis. Ich lege dir 1001 Nacht zu Füßen . . .«

»Das ist typisch für dich!« Sie schlug den Pelzkragen hoch. Ein scharfer, eisiger Wind war aufgekommen. Der verharschte Schnee glitzerte in der Abendsonne. »Für dich ist alles käuflich, auch die Frau! Nach Liebe fragst du nicht.«

»Irene! Du verstehst mich völlig falsch! Ich wollte dir nur klarmachen, daß sich auch mein Leben verändert hat.«

»Zu spät, Hanns!«

»Es ist nie zu spät! Wenn du mich noch liebst.«

»Ich liebe dich nicht! Damit erübrigen sich alle weiteren Überlegungen.«

»Wegen dieses Iwans?«

»Ja, wegen Boris Alexandrowitsch.«

»Ich habe den Großhandel in Tunis nur deinetwegen übernommen!«

»Du wirst schnell eine andere Frau finden, die in deiner weißen Villa am Meer die liebevolle Fatima spielt.«

»Dein Spott ist gemein, Irene.« Hanns Heroldt wurde es zu kalt; er sehnte sich nach seinem geheizten Wagen. »Aber ich gebe nicht auf.«

»Was heißt das?« Plötzlich spürte sie, wie kritisch die Unterredung wurde.

»Ich kämpfe um dich!«

»Du liest zuviel Konsalik-Romane!«

Er ging zurück zu seinem Jaguar und wandte sich an der Tür noch einmal um. Irene hielt seinem Blick stand, mit zur Seite gelegtem Kopf. Diesen Mann habe ich vier Jahre lang geliebt, dachte sie. Einen erfolgreichen Schwätzer!

»Ich meine es ehrlich!« sagte er laut. »Ich gebe dich noch nicht auf.«

»Es hat doch keinen Sinn!« rief sie zurück.

»Für mich doch. Du lieber Himmel, begreife es doch: Ich liebe dich! Es ist mir unerträglich, daß dich ein Russe umarmt!«

Wortlos wandte sie sich ab, ging zu ihrem Golf und fuhr schnell davon.

Hanns Heroldt blickte den Schlußlichtern nach. Dann stieg er in seinen Jaguar. Diesen Iwan kaufe ich mir, dachte er. Man hört und sieht es ja immer wieder: Der Russe versteht nur die Sprache der Stärke! – Damit kann ich ihn bedienen, diesen Boris Alexandrowitsch.

Die Begegnung mit Hanns Heroldt war für Irene der letzte Anstoß, Boris ihr Vertrauen zu beweisen. Gewiß, Dr. Ewingk war dagegen, er war ein Mann mit Grundsätzen. Seit 25 Jahren war er verheiratet, Familienvater mit drei erwachsenen Kindern, ein fast emotionsloser, kühler Realist. Wie anders verhält sich da eine Frau, die endlich erfahren hat, was Liebe ist.

Innerhalb von vier Tagen brachte Irene Walther aus dem Haus der »Bio-Agrar« die folgenden Gegenstände mit nach Hause: einen kleinen, hermetisch abzuschließenden Glaskasten, eben groß genug, um drei Ratten darin unterzubringen, eine kleine versiegelte Flasche mit einer wasserhellen Flüssigkeit, einen transportablen Verdampfer, dazu Gummihandschuhe, zwei Atemmasken, zwei Kunststoffanzüge und ein paar gläserne Gefäße und Röhrchen.

Da niemand sie kontrollierte – das wäre absurd gewesen –, war es leicht, die Dinge am Abend mitzunehmen. Nach vier Tagen hatte sie alles für einen Versuch in der Steinebacher Wohnung, nur die Ratten brachte sie nicht mit. Sie kaufte sie in München in einer medizinischen Tierhandlung, von der viele Institute ihr »Experimentiergut« bezogen.

Boris Alexandrowitsch registrierte alles, ohne sich jedoch etwas anmerken zu lassen. Und je mehr Irene heranbrachte und in der begehbaren Speisekammer aufbewahrte, um so nachdenklicher wurde er. Was Irene ihm vorführen wollte, war nur der Anfang. Dennoch kam er jetzt dem erstrebten Ziel ein wenig näher. Hatte sie einmal einen Zipfel des Geheimnisses gelüftet, dann war es kein großes Problem mehr, alles Wünschenswerte von ihr zu erfahren: die Forschungsberichte, die Ergebnisse der Bakterienzüchtung, die möglichen Gegenmaßnahmen. Für die Sowjetunion war dieses Wissen von lebenswichtiger Bedeutung.

Mach Liebe, Genosse – nur so erfährst du alles . . .

Das war es, was Bubrow jetzt wie ein Stachel im Fleisch stak. Liebe auf Befehl . . . Als er den brisanten Auftrag angenommen hatte, wußte er nicht, wer Dr. Irene Walther war. Die Fotos, die man in Sotschi von ihr gemacht hatte – Oberst Ussatjuk hatte sie ihm vorgelegt –, zeigten eine hübsche junge Frau mit ernstem Gesicht, einen schönen Körper und hinter einer Sonnenbrille versteckte Augen. Solche Frauen gab es viele, und Bubrow hatte auf die Frage Ussatjuk: »Wäre das Ihr Geschmack, Boris Alexandrowitsch?« geantwortet: »Sicherlich, bevor ich Einsiedler werde . . .«

Diese Antwort war ganz im Sinne Ussatjuks, der lachend einen grusinischen Kognak spendierte.

Nun war alles ganz anders. Aus einer befohlenen Kopulation war echte Liebe geworden. Er hatte erst gar nicht versucht, sich dagegen zu wehren. Waren die Zaubertage in Sotschi vielleicht nicht viel mehr als ein angenehmer Dienst im Auftrag vom KBG und GRU gewesen, so hatte er doch spätestens bei Irenes Abflug gespürt, daß er sie vermissen würde und daß er sich – gefährlich für einen Mann in seiner Situation! – so an sie gewöhnt hatte, daß sie ihm fehlen mußte, sobald er sie nicht mehr an seiner Seite hatte.

Von einer solchen Entwicklung hatte Ussatjuk nichts geahnt, als er überlegte, wie man Bubrow möglichst auffällig (denn eben das machte ihn unauffällig) in den Westen schleusen könnte. Sein Vorschlag, eine Linienmaschine zu entführen, war so grandios und verrückt, daß man die Erlaubnis der Kremlführung hatte einholen müssen. Es mußte ja alles echt aussehen, und dazu gehörte auch der Protest des sowjetischen Bootschafters in Bonn, der auch wirklich echt war, weil man selbst ihm die Hintergründe nicht erklärt hatte.

Als Bubrow dann den großen Coup landete und von Prag nach München flog, war er mit vollem Herzen dabei und freute sich auch auf das Wiedersehen mit Irina. Ihre Briefe hatte er wie Küsse empfunden – so »idiotisch«, wie er selbstkritisch sagte, war er bereits geworden.

Nun lebten sie seit Monaten zusammen, und es war Bubrow einfach unerträglich, ja unmöglich, daran zu denken, daß er einmal, nach Erreichen seines Zieles, Irene verlassen würde, so wie man ein Taschenmesser zusammenklappt und wegsteckt, nachdem man einen Faden durchgeschnitten hat.

In Moskau wartete man gespannt auf Ergebnisse. Man war geduldig, das gehört zu solchen großen Aufträgen, aber auch russische Geduld nimmt mal ein Ende. Für Bubrow wurde sein Auftrag zum Alptraum. Denn um ihn auszuführen, mußte er Irenes Liebe, ihre Ahnungslosigkeit, ihr unbedingtes Vertrauen verraten.

Ich bin ein Russe, hatte sich Bubrow in den vergangenen Monaten oft vorgesagt. Ich bin ein Kommunist. Es geht um den großen Kampf der unterschiedlichen Gesellschaftsordnungen. Es geht um die Weltrevolution im Leninschen Sinne. Um die Vernichtung des Kapitalismus und der Bourgeoisie. Es geht um das Überleben der Sowjetunion. Gnade uns Gott, wenn man über uns Bakterienbomben abwirft! Man hört sie nicht, man riecht sie nicht – und Millionen sterben dahin.

Boris Alexandrowitsch, du *mußt* deinem Auftrag treu bleiben!

Ein paarmal spielte er mit dem Gedanken, sein Gewissen

mit der Absicht zu beruhigen, Irenes Forschungsergebnisse zwar an Moskau zu übermitteln, danach aber, wenn der Auftrag erfüllt war, den Dienst beim KGB zu quittieren und als nunmehr »echter« Emigrant in München weiterzuleben.

Doch diese Überlegungen waren Utopie. Er wußte nur zu gut, daß man die Arbeit beim sowjetischen Geheimdienst nicht einfach aufgeben konnte wie eine normale Stellung. Man kann nicht kündigen. Schon der Gedanke an Aussteigen ist Verrat.

Es war ein Samstagabend, als Irene Walther alles zum Experiment vorbereitet hatte. Zu ihrer Wohnung gehörte auch ein Hobbyraum im Keller, in dem bisher nur ein Tischtennistisch und ein Bandmassagegerät gestanden hatten. Auf der Tischplatte hatte sie nun ihre geheimen Schätze aufgebaut: in dem Glaskäfig sprangen drei braungraue widerliche Ratten umeinander und stießen mit den Köpfen gegen die Scheibe.

Bubrow, der den maßlos Erstaunten, ja Angewiderten spielte, blieb an der Kellertür stehen. Mit ausgestreckter Hand zeigte er auf den Glaskasten.

»Ratten! Vor nichts ekele ich mich – außer vor Ratten! Irinaschka, was soll das? Du hast mir nie erzählt, daß du mit solch widerlichen Tieren arbeitest.«

»Zur Zeit arbeite ich mit Meerkatzen und Affen, aber die konnte ich ja nicht hierherbringen. Was du sehen sollst, kannst du auch an Ratten sehen.«

»Ich will gar nichts sehen«, sagte Bubrow voller Ekel.

Irene verriegelte die Tür, ging zu den an Nägeln hängenden Kunststoffanzügen und Atemmasken, zog eine Plastikhaube über ihr Haar und nickte Bubrow zu.

»Komm! Ohne Schutzanzug ist das unmöglich.«

»Mit so gefährlichen Dingen lebst du jeden Tag?« Bubrow blieb an der Tür stehen. »Irina, ich möchte, daß du dir etwas anderes suchst. Ich habe ja keine ruhige Minute mehr . . .« Er sagte das so tief besorgt und ängstlich, daß sie lächeln mußte. Wäre sie ihm näher gewesen, hätte sie ihn geküßt.

»Diese Experimente finden unter größten Sicherheitsmaßnahmen statt«, sagte sie. »Was ich hier mitgebracht habe, ist nur eine sehr abgeschwächte Version. Komm, zieh den Schutzanzug an. Keine Angst. Du wirst dich wundern, was ich dir vorführe.«

Sie brachte ihm den Plastikanzug, küßte ihn auf die Nasenspitze und half ihm, in das glatte Zeug zu steigen.

»Jetzt noch die Atemmaske, dann sehe ich wie ein Marsmensch aus«, sagte Bubrow.

»Aber auch auf dem Mars gibt es nicht das, was du gleich sehen wirst.« Sie streifte die Gummihandschuhe über. »Keiner hat es. Nur wir!«

Mit klopfendem Herzen – es dröhnte ihm bis in die Schläfen – trat Bubrow an den Glaskasten mit den drei Ratten.

Bubrow ging der Ruf voraus, einer der eiskalten, durch nichts zu erschütternden Agenten des KGB zu sein, einer jener Männer, auf die Ussatjuk so stolz war, als seien es seine Söhne.

Im gewissen Sinne waren sie es auch. Sie waren durch seine Schule gegangen, sie hatten gelernt, keine Nerven zu haben, sie waren, wenn es kritisch wurde, nur noch Maschinen, die völlig gefühllos ihren Auftrag erfüllten. Aus der Masse der anderen KGB- oder GRU-Agenten hoben sie sich heraus durch Kaltblütigkeit, Intelligenz und einen persönlichen Mut, der ahnen ließ, daß ihnen das eigene Leben, wenn sie es für das Vaterland einsetzen konnten, völlig gleichgültig war. Entsprechend gering schätzten sie das Leben ihrer Gegner ein. Der Gegenspieler war etwas, das man vernichten mußte. Welche Mittel angewendet wurden, das entschied die jeweilige Situation. Auch die Giftpistole, der Forster zum Opfer gefallen war, war ein solches Mittel, sie gehörte sozusagen zur Grundausstattung.

Boris Alexandrowitsch Bubrow hatte wirklich Wasser-bau-Ingenieur studiert, ehe er vom KGB eingesetzt wurde. Ein anständiger, unverfänglicher Beruf öffnet viele Türen. So hatte Bubrow schon in Südafrika operiert, in Angola und Moçambique, in Algerien und im Scheichtum Batar, er hatte sich in den USA umgesehen und in Holland, in Cuba und in Argentinien. Ussatjuk schickte ihn überall dorthin, wo nach sowjetischer Ansicht eine kritische Lage entstanden war und wo ein guter Mann, auch allein auf sich gestellt, viel erreichen kann. Getötet hatte er bisher noch nicht; jedoch gab es in seinem Umfeld immer wieder Opfer, deren Tod nie aufgeklärt wurde. Töten wäre auch nicht Bubrows Art gewesen. Er hatte eine Abneigung ge-gen diese primitive Weise, Probleme zu lösen. Ussatjuk nannte ihn deshalb: Mein humanes Teufelchen.

Als Bubrow den Auftrag »Franz-Josef« übernahm, hatte Ussatjuk zu ihm gesagt: »Diesmal kann es sehr heiß wer-den, Genosse. Die B-Forschung in der Bundesrepublik ge-hört zu den am meisten gehüteten Geheimnissen des We-stens. Selbst die Presse schweigt, weil sie keine Informa-tionen kriegt und auch nicht an die Personen heran-kommt, die damit zu tun haben. Keiner kennt sie, alle leben bestens getarnt in bürgerlichen Berufen: Ärzte, Che-miker, Physiker, Agrarwissenschaftler, Biologen, Klimato-logen . . . Da den richtigen zu finden, ist ein Glücksfall. So einen Glücksfall haben wir jetzt: Dr. Irene Walther! Ärztin und Biologin. Angestellt in der Firma ›Bio-Agrar‹. Erfor-schung gesundheitsschädlicher, umweltfreundlicher Wachstums- und Veredelungsprozesse. Welch ein Witz! Genau das Gegenteil ist der Fall. Sie suchen nach Bakte-rien und Viren, mit denen sich der lautlose Massentod er-zeugen läßt.«

Ussatjuk hatte empört geschnauft, ehe er weitersprach: »Ein Zufall hat uns auf die richtige Spur gesetzt. Ein klei-ner Betriebsunfall muß da passiert sein, anscheinend ist ein Behälter undicht geworden. Jedenfalls wurde eine Woche lang das ganze Gelände der Firma von Spezialtrupps entseucht, es wurde hermetisch abgeriegelt, alle Mitarbeiter kamen in Quarantäne. Macht man so etwas, wenn man Erdbeeren veredelt?! Wir haben die Bio-Agrar dann beobachtet und festgestellt, daß diese Dr. Irene Walther ein Typ ist, der genau zu Ihnen paßt, mein lieber Boris Alexandrowitsch. Und jetzt kommt sie sogar nach Sotschi, die Visumabteilung unserer Botschaft in Bonn hat es gemeldet. Genosse Bubrow, nur Sie allein können jetzt die Panzerschränke der deutschen Forschung aufbrechen. Der Weg dahin führt über Irene Walther und ihr Bett.« Ussatjuk hatte mit den Augen gerollt und mit der Zunge geschnalzt. »Wie ich Sie beneide, Boris Alexandrowitsch! Sie haben keine Suska, mit der Sie dreiundzwanzig Jahre verheiratet sind!«

So hatte alles begonnen. Und nun stand er in einem Keller, vermummt mit Kunststoff und Kopfschutz, Atemmaske und Gummihandschuhen, und beobachtete, wie Irene Walther in den Deckel des Glaskastens, in dem ein kleines Loch ausgespart war, einen elastischen Gummipfropfen einsetzte. Von einer Seite wurde über einen kleinen Gummischlauch genau dosierter Sauerstoff in das gläserne Gefängnis geleitet. Die drei Ratten fühlten sich wohl, sie sprangen umeinander, richteten sich an den Glaswänden hoch und starrten Boris aus ihren schwarzen, runden Augen an.

Irene zog die Atemmaske von ihrem Gesicht, Boris tat das gleiche.

»Ist was?« fragte er.

»Noch eine Erklärung, Liebling.« Sie war sehr ernst. »Was ich nun in den Kasten spritze, ist ein Konzentrat. Diese konzentrierte Form ist in der Praxis nicht zu gebrauchen. Aber da der normale Vorgang sich innerhalb von drei bis neun Tagen abspielt und du doch sehr schnell sehen sollst, um was es sich handelt, muß ich das Konzentrat nehmen.«

»Und was passiert?« fragte Bubrow.

»Die Ratten werden sterben.«

»Muß das sein? Ich hasse Ratten, wir hatten in unserem Haus immer Fallen, ich bin sozusagen mit toten Ratten aufgewachsen – aber ich habe noch nie eine Ratte sterben sehen. Stellt ihr ein Rattengift her? Also das ist es!« Bubrow winkte ab. »Das will ich nicht sehen! Ich glaub's dir auch so.«

»Es ist etwas anderes«, sagte sie stockend.

»Ein Gas?«

»So ähnlich.«

»Aha!«

»Eine Flüssigkeit, die sich bei Berührung mit Sauerstoff in Gas auflöst.«

»Das ist doch nicht neu.« Bubrow sah sie an, als wolle sie sich über ihn lustig machen. »Flüssiggas! Das habe ich in der Tasche! In meinem Feuerzeug! Um das zu füllen, brauche ich keinen Schutzanzug!«

Er spielte den Naiven so gut, daß Irene überzeugt war, dieser Mann würde nicht hinter ihr Geheimnis kommen. Er würde von dem, was er sah, beeindruckt sein, wie ein Junge, der eine besonders schöne Modelleisenbahn bewundert. Er würde entsetzt sein über das Sterben der Ratten – aber über die Verwendung als Kriegskampfstoff brauchte man ja nicht zu reden.

»Maske auf!« sagte Irene und nickte ihm lächelnd zu. Boris stülpte die Atemmaske über sein Gesicht. Durch die Kunststoffgläser sah er, wie Irene eine lange, dünne Injektionsnadel durch einen luftdichten Gummideckel in ein Glas stieß und drei Kubikzentimeter einer wasserhellen Flüssigkeit in den Glaskolben der Spritze aufzog.

Sofort nach dem Aufziehen riß sie die Nadel wieder aus der Flasche und bedeckte die Spritze mit einem präparierten Wattebausch. Dr. Ewingk hätte bei diesem Anblick das Entsetzen gepackt, und auch Irene war nicht wohl zumute, als sie die Nadel frei im Raum hatte. Im Labor geschah das alles in großen, voll abgedichteten Glaskästen, in die man die Hände, durch Gummimanschetten umhüllt, hineinstecken konnte. Nichts geschah dort außerhalb des gesicherten Raumes. Die wenigen Sekunden, in denen Irene jetzt frei mit der Spritze hantierte, konnten genügen, eine Katastrophe auszulösen. Millionen Bakterien konnten frei werden.

Mit einer schnellen Bewegung stieß sie die Nadel in den elastischen Gummipfropfen des Glasdeckels und spritzte die Flüssigkeit in den Rattenkasten. Als sie sich mit dem Sauerstoff verband, entstand ein hauchfeiner Nebel. Er verflüchtigte sich jedoch in Sekundenschnelle, und nichts zeigte mehr an, daß Luft und Medikament sich zu einer tödlichen neuen Essenz verbunden hatten.

Die drei Ratten schienen nichts zu spüren. Sie rasten weiterhin umeinander, stellten sich an den Wänden hoch und kratzten am Glas. Boris ging in die Hocke und beobachtete die Tiere eingehend. Irene hatte die Spritze in einen Plastiküberzug gehüllt, der innen mit einer Flüssigkeit benäßt war. In diesem kleinen Plastiksäckchen ließ sie die Spritze verschwinden und verschloß es schnell mit einem Spezialklebeband. Um ganz sicherzugehen, legte sie den Sack in eine Chromschachtel, die sich luftdicht verschließen ließ. Dann ergriff sie eine Art Zerstäuber und versprühte im ganzen Kellerraum einen feinen, im Licht der Lampen glitzernden Nebel.

Boris hob unmerklich die Schultern. Das alles war so unwirklich, so makaber, daß ihn fröstelte. Er wußte, daß um ihn herum tausendfacher Tod frei geworden sein konnte – und doch: wenn man Irene mit ihrem Zerstäuber hantieren sah, konnte man eher denken, sie wolle nur die Raumluft mit einem angenehmen Duft verbessern.

Trotz der ungeheuren Konzentration des Mittels zeigten die Ratten keine Wirkung. Das ist ganz natürlich, dachte Bubrow. Es handelt sich ja um kein Giftgas, um kein chemisches Mittel, sondern um einen biologischen Vorgang:

Eine Krankheit wird entwickelt! Drei bis neun Tage, sagte Irene ... Das ist ja das Hinterhältige an dieser neuen Waffe; man weiß oder ahnt in den verseuchten Landstrichen über Tage hinweg nicht, daß das Todesurteil über die Bevölkerung bereits gesprochen ist. Wenn die ersten Anzeichen auftreten, ist es zu spät. In einem Labor kann der einzelne sich schützen. Aber wie kann man hunderttausend Infizierte retten?

Entsetzt sah Boris, wie Irene ihre Atemmaske abnahm und die Haare schüttelte. Auch er riß sie herunter, roch einen leicht fauligen Duft, der von dem Spray herkommen mußte, und wagte nicht, tief durchzuatmen.

»Du – du bist verdammt leichtsinnig«, sagte er mit belegter Stimme.

»Nach menschlichem Ermessen kann uns nichts passieren, Liebling.«

»Das ist kein guter Trost. Irren ist menschlich.«

»Wir haben jetzt ungefähr drei Stunden Zeit. Mit der Luft eingeatmet und in Körpertemperatur aufgeheizt, müßte dieses Konzentrat schnell zur Reife gelangen. Es sind unglaublich schnell zerstörende Bakterien. Je wärmer ihr Lebensfeld, um so eiliger geht es. Wir experimentieren jetzt mit einer Sorte, die sich selbst in sibirischer Kälte entwickelt.«

Das war neu. Bubrow blickte gleichgültig weg, aber sein Herz schlug schneller.

»In Sibirien haben wir ganz besondere Ratten«, sagte er betont naiv. »Bei meinen Kanalbauten habe ich das gesehen. Über normale Rattengifte lachen die nur. Die fressen so etwas als Dessert. Man muß sie erschießen oder mit Schaufeln und Knüppeln totschlagen.«

»Es geht doch nicht um Ratten, Boris.«

»Um was sonst?«

Sie sah ihn lange nachdenklich an. Bubrow vermied es, ihr voll in die Augen zu blicken. Er tastete über seinen Plastikanzug und schien gefunden zu haben, was er suchte.

»Darf man rauchen?« fragte er. »Oder explodiert die be-
sprühte Luft?«

»Du kannst rauchen, Boris.«

»Danke.« Er holte eine Zigarette heraus, steckte sie an und
war froh, wieder tief atmen zu können.

»Glaubst du an Gott?« fragte sie plötzlich.

»Nein.«

»Wenn du schwören müßtest – auf was schwörst du
dann?«

»Auf die Ewigkeit meiner russischen Heimat.«

»Und sonst?«

»Ich brauchte noch nie zu schwören. Doch, als Soldat!
Aber da ging es um die Verteidigung der Heimat. Natürlich kann man privat auf alles schwören. Aufs Augenlicht
– oder seine Potenz . . .«

»Mir ist nicht zum Lachen zumute, Boris. Ich möchte, daß
du mir beim Liebsten, was du hast, schwörst.«

»Das bist du!« sagte er sofort. Sie lächelte schwach. Die
Ratten begannen, unruhig zu werden, stießen mit den
Köpfen gegen die Glaswände und zuckten mit den Kör-
pern.

»Versprich mir, daß du zu keinem über das, was du jetzt
siehst, sprechen wirst.«

»Das ist doch selbstverständlich. Zu wem auch?«

»Etwa zu Dr. Ewingk. Ich verliere sofort meine Stellung
und werde verhaftet.«

»Verhaftet? Weil du vor mir Ratten tötest? Man kann den
Tierschutz auch zu weit treiben.«

»Boris! Ich – ich gebe mich ganz in deine Hand.«

»Da befindest du dich schon längst.«

»Wenn du mich verrätst, bleibt mir nur noch, mich umzu-
bringen.«

»Irinaschka!«

»Das ist nicht so dahergesagt! Mir bleibt dann wirklich
kein Ausweg mehr!«

Er legte den Arm um ihre Schulter und zog sie an sich. Er

spürte durch die Plastikanzüge, wie sie zitterte. »Du lieber Himmel, hast du plötzlich Angst?«

»Ja, ich habe Angst.« Sie legte den Kopf an seine Schulter, nahm ihm die Zigarette aus der Hand, machte drei lange Züge und gab sie ihm zurück. »Ich bin verloren, wenn du über das sprechen würdest, was du hier siehst. Deshalb sollst du schwören.«

»Ich habe nichts, was mir heilig ist«, sagte er ehrlich. »Was soll da ein Schwur? Du mußt mir einfach glauben, daß ich dich nie im Stich lasse. Nie! Was auch kommt! Das ist überhaupt das Wichtigste, Irinaschka: Du mußt mir immer glauben! Auch wenn es schwerfällt. Wer weiß denn, was uns das Leben noch alles bringt?«

»Da wir es gemeinsam leben, stehen wir es auch gemeinsam durch.« Sie nickte mehrmals. »Ja. Ich glaube dir! Und – und es war nötig, dir das alles zu zeigen. Es darf keine Geheimnisse zwischen uns geben.«

Was Oberst Ussatjuk nie für möglich gehalten hätte: Bei Bubrow stellten sich Skrupel ein. Er sagte zu sich: Ich bin ein infames Riesenschwein! Ein Saukerl! Der Schuft aller Schufte! Aber was soll ich jetzt tun? Soll ich ihr sagen, wer ich bin? In dieser Stunde, in der sie mir so grenzenlos vertraut? Soll ich sagen: Halt ein, Irinaschka! Ich heiße zwar Bubrow, bin Wasserbau-Ingenieur, aber damit hört die Wahrheit auch auf! Ich bin einer der besten Männer vom KGB, so gut, daß mich sogar die GRU einsetzt, was sonst unmöglich ist, weil es sich um zwei ganz verschiedene Organisationen handelt. Vom KGB sprechen sie immer, aber die GRU – wer kennt sie schon? Und dabei sind sie die Schärfsten, die Besseren, die Gnadenlosen. Das ist wie in den USA: FBI und CIA. Nur, daß das KGB noch eine Auslandsabteilung hat und überall in der Welt mitmischt. Dort wirkt das KGB oft wie ein Nebel, der die Tätigkeit von GRU schützend umhüllt. Oh, Irinaschka, wie kann ich dir das gestehen, ohne dich für immer zu verlieren? Du hast es richtig gesehen: Nach diesen Stunden hier unten im Keller bleibt dir bei Verrat nur noch der Tod! Was soll ich tun?

Er küßte sie, wühlte mit den Händen in ihren Haaren und kam sich erbärmlich vor. Wenn Ussatjuk ahnen könnte, welche Empfindungen ihn bewegten – er würde ihn sofort nach Moskau zurückrufen, wenn nötig mit Gewalt.

Die Ratten waren jetzt träger geworden. Sie rannten nicht mehr, sie wälzten sich mühsam voran. Ab und zu verhielten sie und krümmten sich konvulsivisch. Boris starrte gespannt auf die Tiere.

»Sie husten . . .« sagte Irene Walther leise.

»Ratten husten?«

»Sie sind Lungenatmer, also husten sie auch. Bald werden sie Blut spucken.«

»*Was* tun sie?«

»Die eingeatmeten Bakterien fressen ihre Lungen auf.«

»Oh, mein Gott!« sagte Boris erschüttert.

»Du glaubst doch nicht an Gott!«

»Aber an den Teufel . . .« Bubrow starrte auf die Ratten. Sie krümmten sich, schnappten nach Luft, stießen mit den Köpfen gegen die Scheiben. Das ist ungeheuerlich, dachte Bubrow. Das ist die Hölle! Davon haben auch Ussatjuk und Butajew keine Ahnung. Davon träumen sie nicht einmal! Dieses Teufelszeug aus einem explodierenden Bomben- oder Granatensprengstoff – verstreut über eine Großstadt, über ein Land –, das übertrifft die schaurigsten Untergangsvisionen der Menschheit! In drei bis neun Tagen zerfressen Bakterien die Lungengewebe! Vor einer Bombe kann man sich verkriechen, nach einer Atombombendetonation kann man in meterdicken Betonwänden unter der Erde überleben. Aber diesen lautlosen, schleichenden Tod atmet man ahnungslos ein, vielleicht an einem schönen Sommerabend, bei klarer, reiner Luft. Wie sagte Irene: Je wärmer es ist, um so schneller arbeiten die Bakterien. Und dann hustet man plötzlich, in der Brust beginnt es zu brennen wie bei einer Bronchitis, die Luftröhre kriecht es hinauf, man reißt den Mund auf, aber die Lungen versagen den Dienst – und schon reißen die Lungengewebe, der Krampfhusten treibt sie in die Mundhöhle, man spuckt sein Leben aus mit jedem qualvollen, zerfetzenden Hustenstoß. Hunderttausende, Millionen, die ganze Menschheit verblutet sich aus dem Mund ...

Was sind dagegen Dantes Höllenvisionen!?

Die Ratten lagen jetzt auf der Seite, zuckten, krümmten sich und spuckten Blutklumpen aus. Selbst Bubrow, sonst kaum zu erschüttern, würgte fast vor Ekel.

Irene Walther stand auf. »Soll ich den Kasten abdecken?« fragte sie. »Ich werfe ein Tuch drüber.«

»Bitte!« Bubrow atmete hastiger, ihm war, als spüre er selbst die Auflösung seiner Lungen. Er wartete, bis Irene über den Glaskasten eine alte Tischdecke gelegt hatte und wieder neben ihm saß. »Was nun?« fragte er.

»Sie sterben.«

»Keiner kann sie retten?«

»Bei dieser Konzentration unmöglich.«

»Und bei einer normalen?«

»Da haben wir ein Gegenmittel entwickelt, das aber nur im Anfangsstadium hilft. Wenn die Lungen einmal zerfressen sind, ist es zu spät.«

»War der Spray, den du vorhin benutzt hast, dieses Gegenmittel?«

»Ja. Aber er war stark abgeschwächt, sonst hätten wir als Nichtkranke es gar nicht ertragen. Das Gegenmittel hätte uns vergiftet.«

»Du führst ein wahrhaft beruhigendes Leben«, sagte Bubrow. »Diese Vorführung hat mich in Panik versetzt, die werde ich wohl erst los, wenn du wieder in meinen Armen liegst. Irinaschka, gib diesen Beruf auf! Werde wieder Ärztin. Komm, wir ziehen weg von hier! Weit weg. Nach Hamburg, an den Rhein, irgendwohin, wo wir uns ein neues Leben aufbauen können. Wo uns keiner kennt. Nur weg aus dieser heimlichen Hölle, ich bitte dich!«

»Im Augenblick ist das unmöglich, Boris.«

»Es ist niemals unmöglich, woanders neu anzufangen. Ich habe es bewiesen! Ich bin aus dem abgesperrten Rußland hinausgekommen! Laß uns weggehen, es ist für alle besser.«

»Erst muß ich meine Versuchsreihen abschließen. Ich kann nicht mittendrin aufhören.«

»Du kannst!«

»Was soll ich Dr. Ewingk sagen? Welchen Grund?«

»Du bist eine Frau, sag ihm das. Du hast nicht mehr die Nerven, ein solches Vernichtungspotential zu entwickeln. Du kannst einfach nicht mehr. Er wird das einsehen.«

»Ewingk? Nie! Er hat einmal gesagt, ich sei unter seinen Männern der männlichste.«

»Ich habe nie bemerkt, daß er blind ist.«

»Er meint, ich überträfe alle an Ausdauer.«

»Das wiederum könnte ich bestätigen.«

»Jetzt wirst du geschmacklos, Boris!«

»Es ist nur Galgenhumor, Irinaschka!« Boris atmete tief. »Mir steht das Grauen bis zum Hals. Ich ahne, daß ihr mit dem Zeug nicht nur Ratten vertilgen wollt. Die westliche Welt soll damit unbesiegbar werden. Laß die anderen ihre Knallkörper werfen – *wir* kommen lautlos und todsicher daher. Ist es so?«

»Was soll ich darauf antworten?« Sie strich sich die Haare aus der Stirn und lehnte den Kopf an die Wand. »Ich bin wirklich mit den Nerven fertig.«

»Wir werden eine Lösung finden«, sagte Bubrow ernst.

»So geht es nicht mehr weiter. Auf die Dauer zerbrechen wir beide daran.«

Vor allem ich, dachte er und fühlte wieder das Frösteln in seinem Körper. Moskau will etwas hören und sehen. Wie kann ich an Butajew weitergeben, was Irina erforscht hat?! Soll ich mitschuldig werden am Untergang der Welt?

Mit seinem Kontaktmann A 5 verkehrte Bubrow entweder per Telefon oder über einen sogenannten »toten Briefkasten«, ein Versteck, in dem man Nachrichten hinterlegt, die dann von den V-Männern regelmäßig abgeholt werden. Auf diese Weise wird ein persönlicher Kontakt weitgehend vermieden; nur wenn es ganz dringend oder wichtig wird, trifft man sich, etwa im Menschengewimmel eines Kaufhauses, vielleicht in der Lebensmittelabteilung, wo es nicht auffällt, wenn man an einem Imbißstand steht und zufällig mit dem Nachbarn ins Gespräch kommt. Meistens fängt man mit Fußball an; Meldungen und Informationen werden eingeflochten.

Obwohl Bubrow erkannt hatte, daß man ihn seit Wochen nicht mehr beobachtete, schon gar nicht seit er bei der Landeswasserbehörde angestellt war, vermied er eine direkte Zusammenkunft mit Peter Hämmerling. Hämmerling verkleidete sich auch nicht mehr als Handwerker; das Auftauchen des CIA-Mannes James C. Forster zu Silvester hatte bewiesen, daß die Amerikaner weniger sorglos als die Deutschen waren und Bubrow mißtrauten. Es war am besten, Bubrow »abzuschotten«. Die Meldungen, die Boris Alexandrowitsch über A 5 nach Moskau schickte, erzeugten bei Ussatjuk und General Butajew Befremden.

»Sie haben immer behauptet, Bubrow sei Ihr bester Mann, Sulfi Iwanowitsch«, sagte Butajew mit saurer Miene. »Ist Ihre Abteilung wirklich so schlecht?«

»Ich stehe zu meinem Wort, Victor Borissowitsch.« Ussatjuk blätterte in den wenigen Meldungen, die aus München gekommen waren. »Wenn wir bei diesem Einsatz etwas erreichen, dann nur mit Bubrow. Immerhin ist das, was wir bereits haben, sehr interessant.«

»Ich kann nicht erkennen, was das sein soll.«

»Diese verdammte Lungenbakterie, von der Bubrow in der letzten Mitteilung spricht . . .«

»Das ist allenfalls ein Tip, aber keine genaue Information. Wo sind die Formeln, wo Fotokopien des Forschungstagebuches, wo Einzelheiten?« Butajew kaute auf dem Papp-mundstück seiner Papyrossa. Er war nervös. Bubrows Meldung über die Entwicklung einer lautlosen B-Bombe, die die Bevölkerung ganzer Landstriche innerhalb von neun Tagen auslöscht, war alarmierend, aber nicht neu. Auch Sowjetrußland hatte solche teuflischen Waffen in dicken Betonbunkern unter der Erde lagern. Virenbomben und Nervengas-Granaten, an deren Einsatz man nur mit Schaudern denken konnte. Was Butajew beschäftigte, war die Frage, ob die Westdeutschen ein Gegenmittel entwik-kelt hatten. Denn was nützte ein von Toten bedecktes er-obertes Land, wenn der Sieger dann selbst die Bakterien einatmet und nach spätestens neun Tagen ebenfalls ver-nichtet ist? Selbst einen Atomkrieg könnte man allenfalls überleben. Aber eine von Bakterien völlig verseuchte Erde?!

»Sie sollten Boris Alexandrowitsch etwas Feuer unter den Hintern machen«, sagte Butajew knurrig. »Befürchten Sie nicht, Sulfi Iwanowitsch, daß Bubrow die Liebe zu ernst nimmt?«

»Da habe ich gar keine Sorgen, Victor Borissowitsch.« Us-satjuk schüttelte den Kopf.

»Weshalb sind Sie da so sicher? Ich kenne Bubrow nur aus Ihren Erzählungen. Liegt er etwa andersherum?«

»Oh, Himmel, nein! Er ist ein Frauenheld.«

»Na also!«

»Die Irene Walther ist ein Auftrag für ihn, weiter nichts.«

»Ich erinnere mich da an meine Kindertage«, sagte Gene-ral Butajew säuerlich und entnahm der langen Schachtel eine neue Papyrossa. »Ich mochte nie Spinat. Kam Spinat auf den Tisch, wurde ich krank, wurde mir übel, hatte ich keinen Hunger – aber es half nichts, ich mußte ihn essen. Mit äußerster Qual. Und heute? Wenn ich Spinat rieche, hüpft mein Herz. Spinat mit Zwiebeln und Muskat und ei-nem Hauch Knoblauch, da wird bei mir der Himmel wol-kenlos. So ändert sich das im Laufe der Zeit.« Butajew setzte eine philosophische Miene auf. »Wer kann garantieren, daß Bubrow nicht auch Spaß an der befohlenen Liebe bekommt? Bisher nur Pflicht, wird's bald zur Wonne!«

»Bubrow ist ein Patriot!«

»Vaterlandsliebe schließt doch die Liebe von Mann und Frau nicht aus.«

»Bei Bubrow doch. Würde er versagen – weil er Auftrag und Herz nicht mehr auseinanderhalten kann, dann gäbe es für ihn keine Möglichkeit mehr, nach Rußland zurückzukommen. Was ihn hier erwarten würde, weiß doch jeder in unserem Beruf.« Ussatjuk nickte mehrmals, als spende er sich selbst Beifall. »Das macht mich so sicher, Victor Borissowitsch. Bubrow liebt seine Heimat über alles. Über alles – ich bitte, das wörtlich zu nehmen. Er tauscht sie nicht gegen eine Frau ein. Niemals!«

»Aber was er bis jetzt gebracht hat, ist mehr als dürftig.«

»Wir wissen jetzt, daß Dr. Irene Walther genau das tut, was wir vermutet haben. Das ist ein großer Erfolg. Und wir wissen, daß sie mithilft, eine neue B-Bombe zu entwickeln. Das ist ein weiterer Erfolg. Wir kennen – in groben Umrissen nur, zugegeben! – die Wirkung dieser Bombe. Zersetzung der Lungen. Das ist der größte Erfolg. Was können wir in dieser relativ kurzen Zeit mehr erwarten? Boris Alexandrowitsch wird auch noch die Details liefern. Er ist auf der Spur. Ein einsamer Wolf, der den Blutgeruch aufgenommen hat.«

»Und dann frißt er das Lämmchen und wird satt und faul.« General Butajew strich sich mit beiden Händen über sein weißes, kurzgeschnittenes Haar. »Es ist immer ein Spiel mit vielen Unbekannten, wenn eine Frau die Hauptrolle übernimmt. Denken Sie an Caesar und Cleopatra.«

»Bubrow ist kein Caesar!« Ussatjuk lachte vor sich hin. »Aber wenn es Sie beruhigt, Genosse General: Ich werde Bubrow eine schnellere Gangart vorschreiben.«

Zwei Tage darauf klingelte im Zimmer 28 des Planungsstabs VI bei der Landeswasserbehörde das Telefon. Bubrow, der gerade über einer Berechnung saß, hob unwillig ab. Die Zentrale, ein Fräulein Hupf, meldete ein Gespräch mit einem Dr. Zimmermann. Bubrow kannte keinen Mann dieses Namens, aber er zuckte zusammen, als der Gesprächspartner ihn mit: »Guten Morgen, Franz-Josef!« begrüßte.

Bubrow lehnte sich zurück. Es war fast, als spüre er aus Moskau einen kalten Wind.

»Womit kann ich Ihnen helfen, Dr. Zimmermann?« fragte er. »Handelt es sich um Ihren Vorschlag A 5?«

»Ja.«

»Also Peter Hämmerling.« Was nun kam, wußte Bubrow im voraus.

»Haben Sie unsere Anregung geprüft?« fragte Dr. Zimmermann.

»Natürlich.«

»Und Sie haben einen Verbesserungsvorschlag?«

Bubrow nickte. Das war es. Verbesserung! Moskau war unzufrieden. Man vermißte die Details.

»Wir stehen noch im Entwicklungsstadium«, sagte er gepreßt. »Große Projekte kann man nicht aus einer Wundertüte schütteln.«

»Das hören wir nun schon sehr lange.« A 5, nur Zwischenträger und nichts weiter als eine Stimme Moskaus, wurde privat. »Mich geht es persönlich nichts an. Nur – ich mag Sie. Und es wäre schade, wenn alles, was so gut angelaufen ist, über kurz oder lang im Eimer endete. Denken Sie mal darüber nach.«

»Ich denke nur noch daran, Dr. Zimmermann.«

»Was kann ich meinem Vorstand sagen?«

»Ich werde mich bemühen.«

»Nichts Konkretes?«

»Nein.«

»Sehr schade . . .«

»Wenn die Herren es besser wissen, sollen sie herkommen und es mir vormachen! Ich lerne gern.«

Peter Hämmerling legte auf. Bubrow saß noch eine ganze Weile regungslos an seinem Tisch und starrte aus dem Fenster.

Ich könnte es, dachte er. Ussatjuk schätzt die Lage ganz richtig ein. Ich könnte von Irene mehr erfahren. Sie würde das Labortagebuch mitbringen, und ich könnte es fotokopieren oder auf Mikrofilm aufnehmen. Ich könnte sie bitten, das Experiment zu wiederholen, und dann versuchen, eine Probe dieses satanischen Präparates auf die Seite zu schaffen und nach Moskau zu schicken. Der Weg ist unkompliziert: Von A 5 nach Brüssel zu Mijnher Harrelmans. Von Brüssel mit Kurier nach Moskau. Ich könnte so vieles . . . Aber ich will nicht mehr!

Er erhob sich, räumte seinen Schreibtisch auf und meldete sich bei seinem Abteilungsleiter telefonisch ab; er habe rasende Kopfschmerzen, er merke jetzt, daß er sehr föhnempfindlich sei. Welcher Münchner hätte dafür kein Verständnis? Ein Föhngeschädigter ist immer entschuldigt.

Wie stets fuhr Bubrow mit der S-Bahn hinaus nach Steinebach am Wörthsee, ging zu Fuß zur Wohnung – es waren nur knapp zehn Minuten – und kaufte unterwegs im Supermarkt zwei gute Flaschen Wein, eine Keksmischung und allerlei zum Knabbern.

In der Wohnung schloß er sich ein und begann systematisch alle Schränke und Schubladen, überhaupt alles, was sich als Versteck eignete, zu durchsuchen. Irene war erst in drei Stunden zu erwarten, überdies hatte er den Innenriegel vor die Tür geschoben.

Er fand nichts Wichtiges. In Irenes Schreibsekretär lagen ein paar Notizen, die sich mit ihren Forschungen beschäftigten, aber sie sagten nichts aus. Ein Stapel Briefe lag in einer anderen Schublade. Absender: Hanns Heroldt.

Bubrow las den Brief, der zuoberst lag: eine einzige Klage, weshalb Irene nicht mehr mit sich reden ließ. Und dann war viel von Liebe die Rede. Bubrow widerstand der Versuchung, noch mehr Briefe von Hanns Heroldt zu lesen, und legte den Stapel an den alten Platz zurück. Irene hatte von Heroldt nur beiläufig gesprochen, wie von einem flüchtigen Bekannten. Doch schon dieser eine Brief bewies, daß dieser Mann in ihrem Leben eine maßgebende Rolle gespielt haben mußte.

Bubrow spürte einen gewissen Druck auf seiner Brust. Er ärgerte sich darüber, denn Eifersucht auf Vergangenes ist das Dümmste, was einem Menschen einfallen kann. Er schob die Lade zu und suchte mit dem Instinkt eines Jagdhundes weiter.

Endlich fand er Irenes Tagebuch. Sie hatte es dort versteckt, wo keiner es suchen würde: in ihrem Bett, zwischen Matratze und Federrahmen auf dem Matratzenschoner. Ihre Logik war zwingend: Welcher Mann macht schon so gründlich die Betten, daß er die Matratzen hochhebt?

Bubrow blätterte schnell in dem Buch. Die Aufzeichnungen begannen ein halbes Jahr vor Sotschi, beschäftigten sich gründlich mit Hanns Heroldt, der, so wie sie ihn schilderte, eine widerliche Type sein mußte – und wechselten völlig den Stil, als die Tage in Sotschi verewigt wurden. Mit klopfendem Herzen las Bubrow, was Irene über ihn schrieb: Es war ein Hymnus auf ihn – voller Liebe und Vertrauen.

»So wie ich ihn liebe, hat, glaube ich, noch nie eine Frau einen Mann geliebt . . .« schrieb sie, und Bubrow wußte, daß sie überzeugt davon war. Er hätte darunter schreiben können: Ich auch. Und es wäre – jetzt – keine Lüge mehr gewesen.

Er saß auf der Bettkante, das Kinn angezogen, und blätterte weiter. Drei Seiten kamen, die ihn schneller atmen ließen: Irene Walther berichtete über ihre fast abgeschlossenen Experimente mit Affen.

»Die Erkrankung zeigt zuerst das Bild einer fibrinösen

Pneumonie nach Infektion mit Klebsiella pneumoniae. Die Grundlage unseres Präparates ist auch tatsächlich diese von Friedländer 1883 entdeckte Kapselbakterie, die wir weiter hochzüchten konnten, vor allem ihr Eindringen in die Blutbahn. Zudem gelang uns eine Kombination mit dem Erreger der plasmazellulären Pneumonie, den Pneumocystis carinii, die bisher weder auf einem Nährboden züchtbar waren noch sich auf Versuchstiere übertragen ließen. Sie befielen immer nur Säuglinge und Kleinkinder, Letalität über 50%! Unter der zweiten Hinzumischung von Ektotoxinen gelang uns eine solch hochtragende Bakterienkultur, daß ihre Verwendung als Kriegskampfstoff möglich wurde. Im Tierexperiment bei Großtieren betrug die längste Überlebensdauer neun Tage. Bereits nach zwei Tagen zeigte sich ein rostbrauner Auswurf, der schon am vierten Tag in ein rein blutiges Sputum überging, voll mit Erregern. Schnellste Leukopenie! Der darauffolgende radikale Zerfall der Lungen war für uns zunächst ein Phänomen, weil es dafür keinerlei Parallelen in der Medizin gibt. Wir haben eine völlig neue, entsetzliche, unkontrollierbare Krankheit entwickelt, die zum bisher schnellsten Exitus führt. Es gibt – außer bei Gas- und Pilzvergiftungen, wie überhaupt bei toxischen Erkrankungen – keine vergleichbar schnelle Letalität im Infektionsbereich. Ich glaube, wir haben eine höllische Substanz zustande gebracht . . .«

So ging es über drei Seiten weiter mit Beispielen, Berechnungen, Beobachtungen und Erklärungen, wie es überhaupt möglich war, diesen tödlichen Bakterien-Cocktail zu brauen.

Bubrow las es mit einer Faszination, die ihn gleichzeitig erregt und traurig machte. Erregt, weil er hier den Schlüssel gefunden hatte zur heimtückischsten Waffe, die sich denken läßt – traurig, weil es gerade Irene sein mußte, die maßgeblich an dieser Entdeckung beteiligt war. Erregt vor allem aber war er als Russe, dessen Pflicht es war, diesen lautlosen Tod von seinem Land abzuwenden. Darüber gab es kein Nachdenken mehr! Wenn Menschenhirne eine solche Vernichtungsmöglichkeit ersannen, dann war jeder aufgerufen, ihre Anwendung mit allen Mitteln zu verhindern. Hier wie überall auf der Welt! Um die Menschheit zu retten, mußte man auch skrupellos sein, wenn es die Lage erforderte.

Mit seiner Mikrokamera fotografierte Bubrow diese drei Seiten aus Irenes Tagebuch. Dann versteckte er es wieder unter der Matratze, spulte den Film zurück, nahm ihn aus der Kamera und steckte die winzige Rolle in eine strahlensichere Bleikapsel. Diese Kapsel trug er in den Keller, schob sie in eine Mauerritze und schmierte den Spalt mit einem Schnellbinder zu. Mit dem Daumen glättete er die Spachtelmasse. Nur für ihn war das Versteck noch erkennbar.

Am Abend hörte Bubrow das Geräusch von Irenes Golf. Sie fuhr in die Garage, er schloß die Tür auf und breitete die Arme aus, als sie die Treppe heraufkam. Sie sah, wie immer, wundervoll aus, mit windzerzausten Haaren und blanken Augen.

»Mein Liebling!« sagte Bubrow und konnte nicht verhindern, daß seine Stimme ein wenig belegt war. Ein Engel, der für den Tod arbeitet, dachte er. »Endlich bist du da! Du kommst eine Stunde später als sonst?«

»Wir hatten Besuch vom Ministerium.«

Sie sagte nicht, daß die infizierten Affen in die letzte Phase gekommen waren und die Herren mit betretener Miene das schreckliche Sterben hinter den Glasscheiben beobachtet hatten. »Möge es nie wieder Krieg geben!« hatte Dr. Ewingk hinterher gesagt. »Nie wieder!«

Aber leider befand sich kein Staatschef unter den Beobachtern.

An einem regnerischen Abend traf, von New York kommend, in Frankfurt ein mittelgroßer Mann ein, der mit seinen weißblonden Haaren eine auffallende Erscheinung war. Zwei Herren in dunkelgrauen Mänteln nahmen ihn hinter der Zollsperre in Empfang und schüttelten ihm die Hände.

»Wie war's, Ronny?« fragte der eine.

»Ist Washington noch immer gut für'n Mädchenpensionat?« fragte der andere.

»Ich soll euch Widerlinge grüßen von Blondie Zyx!« lachte der Ankömmling. »Ihr kleiner Howard ist jetzt drei Jahre alt. Nach ihren Berechnungen kommt nur ihr als Vater in Frage. Ehrlich: Wer von euch war's?«

Sie brüllten vor Lachen, schlugen sich auf die Schultern und benahmen sich wie College-Boys nach einem gewonnenen Football-Match. Mit dem Neuen in ihrer Mitte verließen sie untergehakt den Flughafen, stiegen in einen riesigen Pontiac und fuhren hinüber zur US-Air-Basis, wo ein Kurierflugzeug auf sie wartete.

Ronald Cohagen war in Deutschland eingetroffen.

Cohagen, Major bei der CIA, hatte den unschätzbaren Vorteil, daß keiner ihn kannte. Gemeint ist damit, daß er bisher weder dem KGB noch der GRU, noch dem israelischen Geheimdienst, schon gar nicht dem BND und auch nicht dem »Deuxième bureau« Frankreichs begegnet war und in der Liga der Geheimagenten keine Rolle spielte. Er hatte in Vietnam als Leutnant gekämpft, war als Hauptmann entlassen worden und dann zu einer Farm im fernen Wisconsin entschwunden. In Wahrheit nahm ihn die CIA unter seine Fittiche. Er wurde Major und hielt sich weiter im Schatten verborgen. Daß gewisse Dinge, die in Laos und Kambodscha passierten, seine Handschrift trugen, wußten nur ein paar schweigsame Männer in der CIA-Spitze. In Beirut hieß er Sven Thorboerg und kam aus Südschweden, und als er sich im Krisengebiet von Mittelamerika aufhielt, kannte man ihn nur als Ludwig Meermann aus Solingen, Repräsentant einer Besteckfabrik, die aber auch Äxte, Beile und Macheten verkaufte.

Als Unbekannte den armen James C. Forster mit einer Giftpistole ins neue Jahr befördert und auf die Bank im verschneiten Hotelgarten gesetzt hatten, bekam auch Ronald Cohagen die Meldung in die Hand. Er hatte in der Zentrale einen Schreibtischposten übernommen – Anlaufstelle für Berichte aus Deutschland – und las die Vernehmungsprotokolle sehr genau durch. Was seine Kollegen da meldeten, war gar nicht nach seinem Sinn: Forsters Tod hatte keinen Zusammenhang mit seiner Aufgabe, den unter so sensationellen Umständen geflüchteten Russen Boris Alexandrowitsch Bubrow zu beschatten!? Cohagen erinnerte sich an diese Flucht. Er war gerade in Pretoria gewesen, als alle Welt von der Flugzeugentführung sprach. Der Luftpirat aus Liebe . . .

»Das ist doch alles Scheiße!« hatte Cohagen damals bei der Lektüre der Zeitungen zu sich selbst gesagt. »Wenn sich das wirklich so verhält, dann ist dieser Russe ein Rindvieh! Aber so sieht er gar nicht aus. Überhaupt nicht! Das ist kein Typ, der Flugzeuge klaut, um damit in ein Weiberbett zu fliegen.«

Nun war Forster getötet worden, und wieder stieß er auf den Namen Bubrow.

Nur Zufall? Absurdes Lebenstheater?

Cohagen glaubte nicht daran. Forsters Tod war ganz nach östlicher Art, und ein Sowjetrusse war unmittelbar in der Nähe. Wieso hatte Forsters Tod nichts mit ihm zu tun? Weil der russische Glamour-Boy ein so lieber, netter, unbescholtener, treuherziger Junge war?

Cohagen telefonierte damals mit seinem Abteilungsleiter Oberst Phil Boone, aber der, sonst ein überaus mißtrauischer Mann, winkte ab: »Ronny, glauben Sie wirklich, daß wir das nicht schon längst überprüft hätten?! Das war doch das allererste! Der Iwan ist so sauber wie mein Unterhemd.«

»So überzeugend klingt das nun auch wieder nicht«, antwortete Cohagen trocken.

Boone hatte Humor, außerdem kannte er Cohagen zur Genüge. Er lachte und betrachtete damit das Gespräch als beendet. Nicht so Cohagen. Dieser Bubrow wollte ihm nicht aus dem Kopf gehen. Als er zurück nach Washington kam, ließ er sich das Dossier über Bubrow vorlegen und las es gründlich durch.

Nach dem Ergebnis der Ermittlungen mußte man Phil Boone zustimmen: Bubrow war ein weißes Lämmchen! Auch die Nachforschungen, die V-Männer in der Sowjetunion eingeholt hatten, ergaben nichts. Absolut nichts. Boris Alexandrowitsch war ein Namenloser unter Millionen, zumindest was seine politische Tätigkeit betraf. Er war Ingenieur, ein tüchtiger Fachmann für Wasserbau; es gelang sogar, eine Fotokopie seiner Zeugnisse zu beschaffen. Die CIA hatte keinen Anlaß, auch nur das geringste Mißtrauen zu haben.

»Mir ist der Junge *zu* sauber«, sagte Cohagen zu Phil Boone, als er das Dossier zurückgab. »Zu poliert!«

»Sie haben ein Sowjet-Trauma, Ronny!« Boone lachte väterlich und klopfte Cohagen auf die Schulter. »Forsters Tod hatte einen anderen Grund: Er war einer Organisation auf der Spur, die sich ›Elementare Zelle‹ nennt und Anschläge auf amerikanische Truppendepots plant. Allerdings haben die Mörder den Falschen erwischt. Forster hatte in dieser Angelegenheit nur eine ganz unbedeutende Funktion.«

»Und warum wollte er zu Silvester in Bubrows Zimmer eine Wanze montieren?«

»Er war wie Sie, Ronny! Ihn juckte dieser Bubrow irgendwo. Was er damals tat, geschah auf eigene Initiative. Von uns hatte er dazu keinen Auftrag!«

»Und genau bei diesem Gedanken werde ich unruhig. Sir, ich möchte nach München.«

»Auf eigene Faust?«

»Ich möchte Sie überzeugen, daß dahinter ein Auftrag steckt. Forster war doch kein Idiot!«

Phil Boone brauchte eine Woche, um alle maßgeblichen Herren der CIA davon zu überzeugen, daß es zweckmäßig wäre, Ronald Cohagen nach Old Germany zu schicken. Er würde als Repräsentant eines Waschmittel-Konzerns auftreten, um den Markt für ein neues Schnellwaschmittel zu erkunden, das kaum chemische Rückstände hatte und daher auch für die Wasserwissenschaft von größtem Interesse wäre. Ein Superbio-Pulver. Auf diese Weise könnte er ganz zwanglos mit Bubrow bekannt werden, der zwar Talsperren baute, aber immerhin mit Wasser zu tun hatte.

»Geschafft!« sagte Boone. »Ronny, Sie können nach Deutschland. Sie haben sich den herrlichsten Job an Land gezogen: Sie suchen nichts! Es ist geradezu genial, wie Sie dieses Windei aufbauen! Sie haben ein halbes Jahr Zeit. Einen fröhlichen Urlaub bei Eisbein, Sauerkraut, Bier und deutschen Fräuleins wünsche ich Ihnen!«

Ronald Cohagen sah seinen Auftrag anders. Gleich nach seiner Ankunft in München ließ er sich vom dortigen CIA-Büro, das als harmlose Transporteinheit in einer GI-Kaserne untergebracht war, alle verfügbaren Fotos von Bubrow zeigen. Dann rief er von seinem Hotelzimmer die Amerikanische Botschaft in Bonn-Plittersdorf an, verlangte Oberstleutnant Paddington und sagte fröhlich: »Hier bin ich, Dan!«

Paddington, Statthalter der CIA in Deutschland, offiziell registriert als Mitarbeiter der umfangreichen Handelsabteilung, starrte entgeistert seinen Telefonhörer an.

»*Wer* ist da?« fragte er.

»Ronny Cohagen.«

»Wo?«

»In München.«

»Steht in München ein Putsch bevor?« fragte Paddington sauer.

»Witzbold!« Cohagen lachte jungenhaft. »Ich wollte mich nur melden, damit du nicht erstaunt bist, wenn in München Ungewöhnliches geschieht.«

»Das kann man, wenn du anwesend bist, immer erwarten!
Wieso hat uns deine Zentrale nicht vorgewarnt?«
»Weil ich nichts als ein harmloser Bürger bin. Ich vertrete
das Wundermittel ›Wasch-Atom‹. In zehn Minuten bei
dreißig Grad ein weißes Hemd!«
»Aha!« Paddington sah an die Decke. Wenn Cohagen auftauchte, war irgendwo etwas faul, superfaul sogar. »Da
wir offiziell nichts wissen, gibt es dich offiziell nicht, und
du hast von uns keine Hilfe zu erwarten.«
»Und wenn Boone mich anmeldet?«
»Nehmen wir dich selbstverständlich unter unsere Flü-
gel.«
»Das wäre das Schrecklichste, was mir passieren könnte!«
Cohagen wurde ernst. »Dan, deshalb rufe ich an. Laßt
mich allein! Mischt bloß nicht mit! Wenn mein Gefühl
nicht trügt, sind zwei Mann in dieser Angelegenheit
schon zuviel! Ich wollte dir auch nichts anderes sagen, als
daß ich hier bin. Bye, bye!«
Ronny Cohagen legte auf und betrachtete wieder die Fotos
des Russen: Bubrow bei der Landung des gekaperten
Flugzeuges, auf der Gangway, bei der Begrüßung, bei seiner ersten Erklärung. Bubrow mit Dr. Irene Walther, bei
einem Opernbesuch, am Tegernsee, beim Skilaufen in
Garmisch. Bubrow in der S-Bahn, wie er zu seiner Arbeitsstelle fährt, beim Mittagessen in einem bayerischen Lokal.
Bubrow an einer Biertheke mit Maßkrug und heißem Leberkäs'. Er schien sich in Deutschland wohl zu fühlen.
Ein harmloser Neubürger.
Was Cohagen nicht wußte: Neben Bubrow an der Biertheke lehnte A 5.

Es fiel Irene auf, daß Boris an diesem Abend zerstreut und
sehr bedrückt schien. Allerdings hatte er zu ihrer Überraschung das Abendessen gekocht, richtigen kaukasischen

Schaschlik mit Zwiebelgemüse und einer besonderen Pfeffersoße; es schmeckte köstlich und weckte Erinnerungen an ihren Ausflug nach Krasnaja Poljana, wo sie sich an dem herrlichen roten Kaukasuswein fast betrunken hätte. Aber er war einsilbig, während sie aßen, und lächelte fast traurig, wenn sie seine Kochkünste lobte.

»Was hast du?« fragte sie, als sie den etwas zu süßen und noch warmen Pudding löffelte. »Du bist früher nach Hause gekommen?«

»Ja.« Bubrow versuchte wieder ein Lächeln. »Ich wollte kochen.«

»Das war doch nicht der Grund.«

»Nein. Ich hatte verrückte Kopfschmerzen. Der Föhn! Das habe ich wenigstens meinem Chef gesagt.«

»Aber du hast keine Kopfschmerzen?« Sie legte den Löffel hin. »Boris, Liebling, was bedrückt dich?«

»Das kannst du noch fragen?« Er ergriff ihre Hände und zog sie zu sich. »Wäre es möglich, daß du Urlaub nimmst?«

»Jetzt?«

»Sofort.«

»Warum?«

»Ich möchte mit dir verreisen. Irgendwohin – weit weg von München. Für ein paar Wochen.«

»Das ist völlig ausgeschlossen.« Sie sah ihn verwundert an. »Wir haben einen genauen Urlaubsplan, Boris. Und ein paar Wochen? Mehr als vier Wochen bekomme ich nicht. Achtundzwanzig Arbeitstage, das steht in meinem Vertrag. Nur bei Krankheit –«

»Dann werde auf der Stelle krank, Irinaschka!«

Sie schüttelte ratlos den Kopf. »Wie stellst du dir das vor? Dazu brauche ich ein ärztliches Attest. Und selbst wenn ich das bekomme – Kranke können doch nicht herumreisen!«

»Du kannst dir als Ärztin doch eine Krankheit aussuchen, die es nötig macht, zu verreisen.« Er küßte ihre Handflächen und legte ihre Hände an seine Wange. »Oder du meldest dich krank, wir fahren weg, weit weg, und du kommst einfach nicht wieder. Wäre das kein Grund, dich sofort zu entlassen? Dann bist du endlich weg von diesen grauenhaften Versuchen.«

»Das also bedrückt dich?« Sie nagte an der Unterlippe und blickte an Bubrows Kopf vorbei gegen die Wand. Ich hätte es ihm nicht vorführen dürfen, dachte sie. Ich hätte wissen müssen, wie sensibel er ist, wie er darauf reagiert, wie es ihn belastet. Ich habe ihm mein grenzenloses Vertrauen geschenkt – aber dieses Vertrauen drückt ihn nun nieder.

»Ich sehe immer die drei blutspuckenden Ratten vor mir«, sagte er dumpf. »Du lebst doch in einem freien Land. Wenigstens behauptet ihr das immer. Jeder Mensch kann bei euch über sich selbst bestimmen, kann entscheiden, was er will, was er tut, was man mit ihm tun darf. Niemand kann dich festhalten, wenn du gehen willst. Du hast das Recht, ja oder nein zu sagen. Das ist um so wunderbarer, wenn man aus einem Land kommt, wo es das alles nicht gibt. Irinaschka – warum sagst du nicht: Nein!?«

»Wir haben schon oft und lange darüber gesprochen, Boris . . .«

»Müssen wir in Deutschland leben?«

Sie sah ihn erschrocken und ratlos an. Zum erstenmal hörte sie das von ihm. Sie hatte nie daran gedacht, woanders zu leben als in München.

»Du fühlst dich in Deutschland nicht wohl?« fragte sie stockend. »Du fängst an zu bereuen, daß du gekommen bist?«

»Irinaschka!« Er küßte wieder ihre Hände. »Ich liebe dich. Wo du auch bist – ich liebe dich. Und eben weil ich dich so liebe, ist alles so bedrückend!«

»Bedrückend?«

»Wie soll ich dir das erklären?« Bubrow schloß die Augen. Ja, wie kann ich es ihr sagen, dachte er. Die volle Wahrheit? Sie würde an ihr zugrunde gehen. Wie könnte ich ihr beweisen, daß aus Ussatjuks Auftrag, »über ihr Bett« an das Geheimnis ihrer Forschungen zu gelangen, Liebe, leidenschaftliche Liebe geworden ist? Wer glaubt mir die Wandlung des Boris A. Bubrow?

Er dachte an den in der Mauerritze versteckten Mikrofilm und damit an seine Pflicht, die Ergebnisse dieser entsetzlichen Forschung weiterzugeben, um seine Heimat zu retten. Aber er wußte, daß diese Verpflichtung, die er eingegangen war, allein nicht ausreichte, um den Vertrauensbruch zu rechtfertigen. Er war ein sowjetischer Spion, der ihr vorgespielt hatte, er habe aus Liebe zu ihr ein Flugzeug entführt. Daß in Wahrheit alles ganz anders war – diese Erkenntnis mußte sie vernichten.

»Ich fühle mich in Deutschland nicht mehr sicher«, sagte er.

»Boris!« Sie zuckte heftig zusammen und hob wie fröstelnd die Schultern. »Wie kannst du so etwas sagen? Hast du denn etwas bemerkt? Verfolgt man dich? Hat man dich bedroht? Hat die Sowjetische Botschaft –«

»Die Botschaft hat damit gar nichts zu tun.«

»Euer Geheimdienst?«

»Auch er nicht!« Bubrow schüttelte den Kopf. »Ich habe aber das bestimmte Gefühl, daß etwas passieren wird. Bald.«

»Soll ich die Polizei verständigen?«

»Auf ein Gefühl hin? Die lachen uns aus! Wir müssen uns allein helfen, Irinaschka.« Er stand auf, kam um den Tisch herum und zog ihren Kopf an seine Brust. Sie zitterte und schlang den Arm um seine Hüfte. »Du bist Ärztin! Du kannst überall arbeiten. Und ich habe zwei kräftige Hände, die alles tun werden, was Geld bringt. Laß uns weggehen, Liebling!«

»Wohin?« Ihre Stimme war ganz klein. »Mein Gott, wohin denn?«

»Nach Amerika.«

»Ausgerechnet Amerika! Das ist nicht der goldene Westen, wie ihr im Osten immer glaubt.«

»Aber dort wäre ich sicher, Irinaschka.«

»Wenn dich die Russen wirklich bestrafen wollen, ist auch Amerika nur eine Tür weiter. Du müßtest schon auf einen anderen Stern ausweichen.« Sie blickte an ihm hoch, seine Gesichtszüge wirkten verkrampft. Er weiß mehr, als er sagt, dachte sie erschrocken. Irgend etwas ist in den letzten Tagen vorgefallen, worüber er nicht offen sprechen will! Hat Moskau sich am Ende doch heimlich gemeldet und ihn bedroht?

»Es ist wirklich nichts passiert?« fragte sie und spürte, wie ein Krampf ihre Kehle einschnürte.

»Nein. Noch nicht.«

»Keine Warnung?«

»Nein. Aber darauf warte ich.«

»Und von wem sollte sie kommen?«

»Das weiß ich nicht«, log er. Dann aber sagte er doch die Wahrheit: »Je länger sie still sind, um so kritischer wird es.« Je länger *ich* still bin, dachte er. Aber das kann ich ihr nicht sagen.

»Du hast plötzlich Angst?«

»Angst? Soll man das so nennen?« Bubrow schüttelte den Kopf.

»Ich möchte nur, daß wir irgendwo sicher leben und daß die Vergangenheit hinter uns liegt. So weit, daß sie uns nicht einholen kann. Du könntest Ärztin irgendwo in einem kleinen Ort des amerikanischen Mittelwestens sein, wir könnten uns eine kleine Farm kaufen, die ich bewirtschafte – ein Leben in einem weiten, friedlichen Raum. Wir sollten das überlegen, Irinaschka. Schnell und gründlich überlegen.«

Er löste sich aus ihrem Arm, ging zu der kleinen, in einen Bücherschrank eingebauten Hausbar, holte zwei Gläser und eine Flasche Kognak und lächelte Irene etwas angestrengt zu. »War mein Schaschlik nicht hervorragend?«

»Wann heiraten wir?« fragte sie, während sie ihr Glas entgegennahm.

»Wenn du dich von diesen schrecklichen Bakterien getrennt hast.« Er stierte in sein Glas, schien plötzlich völlig verändert. »Ich kann mit diesen Ungeheuern nicht leben! Ich weiß, ich weiß, sie kleben nicht an dir. Aber der Gedanke, daß du von ihnen kommst, daß du stundenlang mit ihnen experimentiert hast – der wird mir immer unerträglicher! Verzeih mir, Irinaschka, aber ich kann nicht anders.«

Sie glaubte ihm, wie sie ihm immer alles glaubte. Sie trank ihren Kognak und stellte das Glas ziemlich hart auf den Tisch zurück. »Ich will es versuchen«, sagte sie.

»Was?«

»Aus dem Vertrag herauszukommen.«

»Oh, mein Liebling!«

»Ich will mit Dr. Ewingk sprechen. Er wird mich zwar nicht verstehen –«

»Darum laß uns einfach weggehen! Wir sind einfach nicht mehr da.«

»Das würde eine weltweite Fahndung auslösen. Boris, ich habe einen Eid geleistet! So etwas bricht man nicht, ohne seine Selbstachtung zu verlieren. Du kannst das nicht verstehen, du bist nie in einer solchen Lage gewesen.«

»Doch!« Er sah sie mit einem strahlenden, jungenhaften Lächeln an. »Ich habe geschworen, dich nie zu verraten, nie zu erzählen, was du mir im Keller vorgeführt hast.«

»Und würdest es doch tun?«

»Nein!« Es ging ihm ohne Mühe von den Lippen. »Niemals.«

»Und ich soll es tun?«

»Sprich mit Dr. Ewingk darüber«, sagte er und füllte die Gläser nach. »Daß wir darüber überhaupt sprechen, ist schon der Beginn eines neuen Weges. Irinaschka: Muß es München sein?«

»Nein.«

»Wie glücklich machst du mich!« Seine Augen wurden glänzend, als halte er Tränen zurück. »Es gibt so viele schöne Winkel auf dieser Welt.«

Ronald Cohagen gehörte nicht zu den Menschen, die schnell ungeduldig werden; schließlich hatte er in Asien Erfahrungen sammeln können und gelernt, daß besonnenes Warten eher zum Erfolg führt als blindwütiges Vorpreschen.

Bubrow hatte er nach vierzehn Tagen hinreichend beobachtet, um alles bestätigt zu finden, was in der CIA-Akte über ihn zu lesen war: Ein harmloser Bursche, der nur einmal durchgedreht hatte, als er aus Liebe zu einer Frau ein Düsenflugzeug entführte. Es war sogar anzunehmen, daß er das längst selber nicht mehr verstand und bei der Erinnerung feuchte Hände bekam.

Cohagen besuchte nun Bubrows Dienststelle, sprach mit dem Leiter der Behörde für Gewässerschutz und erklärte ihm das neue amerikanische Waschmittel, das in Kürze auf den Markt kommen sollte. Der Behördenleiter hörte interessiert zu, wenngleich er sich fragte, was ihn das alles angehe, denn über die Zulassung von Waschmitteln hatten andere Institute zu entscheiden. Aber Cohagen konnte spannend und anschaulich erzählen, wobei ihm sein hervorragendes Deutsch zu Hilfe kam; er verbreitete sich über Gewässerschutz im allgemeinen, kam auf amerikanische Staudammprojekte zu sprechen und ließ sich des langen und breiten über Staudammbauten in erdbebengefährdeten Gebieten aus.

Bei diesem Besuch lernte er auch Boris Alexandrowitsch Bubrow kennen. Der Behördenleiter hatte es sich nicht nehmen lassen, seinen Gast durch den Betrieb zu führen, und dabei stellte er ihm Bubrow als einen Fachmann vor, der Spezialist sei für die Entwicklung neuer Mauerverankerungen in extremen Gesteinswänden. Cohagen sprach mit Bubrow zehn Sätze und ging dann weiter. Von den Detailzeichnungen auf Bubrows Konstruktionsbrett verstand er nichts, aber er sah doch auf einen Blick, daß es hervorragende Arbeit war. Er hatte nichts anderes erwartet; wenn Moskau einen Mann herüberschickt, dann muß es ein Topmann sein in dem Beruf, in dem er auftritt. Da hatte es noch nie Pannen gegeben, fachlich waren diese Leute unangreifbar – es waren immer nur die kleinen Fehler am Rande, die sie entlarvten.

Am Abend telefonierte Cohagen von seinem CIA-Büro in der Kaserne mit Oberst Boone in Washington.

»Na, schon wund gelaufen?« fragte Boone spöttisch. »Oder haben Sie hinter dem Kaninchen den bösen grauen Wolf entdeckt, Ronny?«

»Bubrow ist ein Phänomen!« sagte Cohagen mit Überzeugung.

»Das müssen Sie mir erklären.«

»Entweder er ist wirklich der Trottel, der aus Liebe Düsenjets kapert, dann paßt seine ungeheuer präzise Arbeit als Ingenieur nicht in das Bild. Oder er ist Moskaus Topmann, dann gebührt ihm der Oskar in Brillanten für seine Darstellung eines Biedermannes. Hollywood müßte ihm Millionen zahlen.«

»Und was ist er nun?« fragte Phil Boone trocken.

»Waren Sie schon mal in Las Vegas, Sir?« fragte Ronny Cohagen zurück.

»Natürlich.«

»Wissen Sie schon immer im voraus, was der einarmige Bandit ausspuckt? Ich meine, bevor die Rollen stillstehen?«

»Blöde Frage. Wer weiß das schon?«

»Sehen Sie, so geht es jetzt mir. Ich lasse mich überraschen.«

»Ronny, warum haben Sie angerufen?« fragte Boone. »Macht die deutsche Luft philosophisch?«

Cohagen konnte sich gut vorstellen, wie Boone in seinem Sessel lag, die Beine auf der Schreibtischplatte, und eine seiner schrecklichen, beißenden Zigarren rauchte, die er sich aus Mexiko besorgen ließ. »Wie weit kann ich gehen, Sir?« fragte er dienstlich.

»Eine derart dumme Frage haben *Sie* noch nie gestellt, Ronny!« Boone räusperte sich. »Wollen Sie Bubrow – äh – ausschalten? Das wäre Ihr Risiko!«

»Ich denke an Dollars, Sir.«

»Da ist Washington immer sehr schwerhörig.« Boone sog an seiner Zigarre, Cohagen hörte es deutlich. »Ist Bubrow denn bestechlich?«

»Ich habe die exzellente Idee, ihn abzuwerben. Ist er harmlos, dann greift er zu, wenn unsere Wasserbaubehörde ihm eine gute Stellung als Ingenieur anbietet. Sie muß aber – in Dollar ausgedrückt – attraktiv sein. Wir sollten uns mit den maßgeblichen Beamten mal in Verbindung setzen. Ich muß mit einem konkreten Angebot kommen. Sagt Bubrow aber nein, aus irgendwelchen Gründen, dann habe ich eine Ecke aus seinem Panzer herausgebrochen. Das weiß er und muß handeln. Und dann passieren die kleinen Dinge, die alles in die Luft gehen lassen.«

»Ronny, ich glaube, mit solchen Tricks blamieren Sie sich diesmal gewaltig!«

»Möglich, Sir.« Cohagen lachte trocken. »Die Akten der CIA sind löcherig wie ein Emmentaler Käse. Dr. Irene Walther, Bubrows große Liebe, ist Ärztin.«

»Das steht in den Akten, Ronny.«

»Auch, wo sie arbeitet?«

»Wo soll eine Ärztin schon arbeiten?«

»Irene Walther arbeitet nur bedingt als Ärztin. Sie ist an einem Forschungsprojekt beteiligt.«

»Kluges Mädchen.«

»Und wie! – Sie beschäftigt sich mit der B-Waffe . . .«

»Du lieber Himmel!« Es klang wie ein Aufschrei.

»Das sage ich auch!« meinte Cohagen und legte auf.

Ussatjuk begann ungeduldig zu werden.

Nach Bubrows ersten, faden Meldungen traf beim KGB nichts mehr ein. Der Fruchtimporteur Harrelmans in Brüssel wußte nur zu berichten, daß auch A 5 in München völlig leerlief und »Franz-Josef« sich ausgesprochen rüde benahm, wenn man ihn anrief. Einmal habe er sogar gesagt, man solle ihn am Arsch lecken. Ein persönlicher Kontakt sei unmöglich geworden; Franz-Josef gebe keine Gelegenheit mehr dazu. Er esse jetzt in der Kantine, gehe abends nur mit Irene Walther aus, fahre auch nicht mehr mit der S-Bahn, sondern habe sich ein schönes Moped zugelegt. A 5 habe einmal versucht, ihn mit seinem Wagen abzudrängen, um auf diese Weise einen harmlosen Unfall zu provozieren – aber man kenne ja Bubrow! Wie ein Artist sei er ausgewichen und über eine Wiese entkommen. Das war auf der Straße von Wessling nach Steinebach.

Bei diesen Berichten bekam Ussatjuk einen roten Kopf, spürte ein Jucken unter den Haarwurzeln und dachte an die Lobeshymnen auf Bubrow, die er überall gesungen hatte, vor allem bei den Generälen Butajew und Nasarow. Er verstand die Welt nicht mehr.

Entschuldigungen gab es nicht. Beim KGB schon gar nicht. Mißerfolge mußten ertragen werden, sie blieben bei dieser Tätigkeit nicht aus, aber ein totales Versagen, wie es sich bei Boris Alexandrowitsch herausstellte, war nicht mehr duldbar. Ussatjuk entschloß sich, seine russische Geduld aufzugeben und Bubrow die Faust in die Rippen zu stoßen. Zunächst nur die Faust, als Warnung. Welcher Art die weiteren Folgen sein würden, darüber brauchte man gerade mit Bubrow nicht zu sprechen. Auch er wußte von Versagern, die in den Weiten Sibiriens verschwunden und irgendwo beim Eisenbahnbau oder in Holzfällerkolonnen wieder aufgetaucht waren.

Harrelmans in Brüssel bekam den Befehl, sich intensiv um Boris Alexandrowitsch zu kümmern.

Intensiv hieß in diesem Fall: Keine Kontakte mehr über

Anlaufstellen, sondern direkt. Direkt aber hieß Konfrontation.

Ein paar Tage lang war Ussatjuk ungenießbar. Die Kollegen gingen ihm aus dem Weg, zu Hause malträtierte er seine Frau mit ungerechtfertigten Schimpfkanonaden, gab sein Essen dem Hund »Skoll«, kippte den Tee zum Fenster hinaus und benahm sich wie ein Tyrann.

Bubrow war für ihn so etwas wie ein Ziehkind. Er hatte ihn beim Militär entdeckt, als Boris Alexandrowitsch eine Sabotage an den Fallschirmen seiner Truppe entlarven konnte, er hatte ihn gefördert, ihn in die besten KGB-Ausbildungslager gesteckt und dafür gesorgt, daß er auf Staatskosten studieren konnte. Sein erster Auslandsauftrag – im Jemen – war ein voller Erfolg gewesen, man sprach in Moskau mit Hochachtung von ihm. Und nun dieses Versagen! Es griff Ussatjuk ans Herz. Aber welcher Vater kämpft nicht um seinen verlorenen Sohn?

Einen Tag nachdem Harrelmans in Brüssel neue Anweisungen bekommen hatte, traf es Ussatjuk wie ein Schlag, als der verschlüsselte Funkspruch eintraf. A 5 hatte verlauten lassen, »Franz-Josef« habe eine Sendung angekündigt. Das Datum stehe noch nicht fest, aber das Material sei einmalig.

»Ich wußte es!« sagte Ussatjuk glücklich. Er trank ein Gläschen, küßte am Abend seine Frau auf die Wange, was sie erstaunte, und kniff ihr in den runden Hintern, was sie nun gar nicht mehr verstand; er legte eine Schallplatte mit Wiener Walzern auf und benahm sich, als habe er eine neue, junge, blonde Sekretärin bekommen.

»Ein Boris Alexandrowitsch läßt mich nicht im Stich!« sagte er auch zu General Butajew, dessen GRU zur Zeit vierzehn Fachleute in den USA operieren ließ, um nähere Angaben über die amerikanische Neutronen-Bombe zu bekommen. Das Prinzip dieser Bombe war zwar klar, aber man wußte nicht, wie weit die Forschung der USA schon war und ob überhaupt schon einsatzfähige Prototypen in den unterirdischen Bunkern lagerten. Was nun die B-Bombe betraf, waren sich die Experten im Kreml darüber einig, daß die in Deutschland heimlich entwickelte Waffe – auch wenn sie sich erst im Laborstadium befand – eine neue große Gefahr für die Sowjetunion bedeutete und den Westen noch stärker machen würde. Die eigene B- und C-Waffenentwicklung verlief zwar zufriedenstellend und baute ein Arsenal höllischer Vernichtungsmittel auf, aber was sich da im Westen zusammenbraute, war doch äußerst beunruhigend.

Ussatjuk beschloß, noch acht Tage zu warten, bis er Mijnher Harrelmans in Brüssel massiv auf Bubrow ansetzen würde. Nach der ersten Euphorie kehrte das Mißtrauen wie ein schleichendes Gift zurück. Was hatte Bubrow denn eigentlich verlauten lassen? Im Grunde nichts. Er avisierte eine Sendung, die er »einmalig« nannte. Das konnte alles bedeuten: den Triumph – oder die Katastrophe.

An einem dieser Tage, in denen Ussatjuks Unruhe wuchs, traf Ronald Cohagen in einer Autowerkstatt auf Boris A. Bubrow. Natürlich rein zufällig; Cohagen brachte seinen Ford zur Inspektion, Bubrow wartete auf die Reparatur eines Schadens, den der Kfz-Meister eine Sauerei nannte. Jemand hatte Bubrow in den Tank seines abgestellten Mopeds Zucker geschüttet. Nun waren die Zuleitungen verstopft.

»Das sind typische Halbstarkenstreiche!« sagte der Meister. »Wenn ich so einen Bengel mal erwischen könnte, dem würde ich Pfeffer in den Arsch blasen!«

Bubrow konnte sich nicht an Cohagen erinnern, aber der sorgte dafür, daß er gesprächiger wurde. »So klein ist die Welt!« sagte er freudig und reichte Boris die Hand. »Sie wissen nicht, wo Sie mich unterbringen sollen? Wir sind uns kurz in Ihrer Dienststelle begegnet. Ihr Behördenleiter führte mich herum, und wir kamen auch in Ihr Büro.

Drei Minuten lang erklärten Sie mir eine Zeichnung – ich habe kein Wort verstanden.« Cohagen lachte entwaffnend. »Es ging um irgendwelche Verankerungen. Sie erinnern sich?«

»Nein«, sagte Bubrow ehrlich. »Aber wenn Sie mir das so genau schildern, wird es so gewesen sein. Ich arbeite an einem Staumauerprojekt.«

»Das war es!« Cohagen lehnte sich neben Bubrow an die Werkstattwand und bot ihm eine Zigarette an. Dabei nickte er zu einem großen Mercedes hinüber. »Ihr Wagen?«

»Bin ich Millionär oder Schwarzarbeiter? Ich bin Behördenangestellter.« Bubrow lachte nun auch, ließ sich Feuer geben und zeigte auf sein Moped. »Das ist mein Luxusfahrzeug.«

»Gehen wir hinaus!« Cohagen verbarg die Zigarette in der hohlen Hand. »Hier ist Rauchen streng verboten.«

Sie gingen vor die Werkhalle und stellten sich dort an einen völlig zertrümmerten Opel, der auf einen Sachverständigen der Versicherung wartete. Vor drei Tagen hatte sich der Wagen um einen Baum gewickelt.

»Ich komme aus der Waschmittelbranche«, sagte Cohagen, als sie allein waren. »Ein interessantes Gebiet. Übrigens: Ewald Reinberg, mein Name. Lustig, was? Reinberg und dann Waschmittel. Wir wollen ein neues biologisches Mittel auf den Markt bringen. Fünf Jahre hat man daran in den USA gearbeitet. Jetzt ist es produktionsreif.«

»Sie vertreten eine amerikanische Firma?« fragte Bubrow.

»Ja. Wir sitzen in Boston.«

Ronald Cohagen war sehr zufrieden. Bubrows Frage, so uninteressiert sie auch klang, hatte eine Tür aufgetan. Er spürte das, es juckte auf seiner Haut: Er hat angebissen! Bubrow würde sich jetzt vortasten, und Cohagen war gespannt, wie er das machen würde.

Er wurde enttäuscht. Bubrow schien keinerlei Interesse an amerikanischer Waschmittelforschung zu haben. Das Gespräch drohte zu versanden, ehe es noch richtig begonnen hatte.

»Waren Sie schon mal in den USA?« fragte Cohagen, obwohl die Frage dumm war, aber man mußte im Fluß bleiben.

»Nein. Ich hatte noch keine Gelegenheit.«

»Aber sie möchten sicherlich einmal hinüber? Amerika ist faszinierend. Vom Hochgebirge bis zur Wüste – alles vorhanden! Und alles im Superformat – eben Amerika!« Cohagen lachte laut. »Ich habe auch nur einen kleinen Teil gesehen, aber ich sage immer: Wer die Staaten nicht kennt, weiß nicht, was freies Leben bedeutet.«

Das war ein Schuß. Freies Leben – das mußte Bubrow in die Seele treffen. Cohagen sah ihn an wie ein Boxer, der die Wirkung seines Schlages kontrolliert. Aber Bubrow blieb unbeteiligt.

»Wenn ich genug gespart habe«, sagte er gelangweilt, »mache ich mal zwei Wochen Urlaub in Amerika.«

»Zwei Wochen? Das ist, als wollten Sie einen Menschen nach einer Kopfschuppe beurteilen!«

»Mehr ist nicht drin, Herr Reinberg. Und zuerst kommt Mallorca dran oder Ibiza, oder Rhodos. Das ist näher und billiger.« Bubrow sog an seiner Zigarette und schnippte die Asche weg. »Ist das Leben in Amerika nicht sehr gefährlich?«

Aha, dachte Cohagen und atmete auf. Er kommt. Er kommt! Junge, schleich dich ruhig an mich an, ich mache dir Platz.

»Nicht so wie in den Kriminalromanen. Die Großstädte, na ja. Dreißig Tote pro Tag sind in New York normal. Dreißig Ermordete, meine ich. Aber auf dem Land? Paradiesisch still! Es gibt Gegenden, da ist das Leben eine reine Wonne. Die New-England-Staaten zum Beispiel. Oder die Prärie. Oder die Rockies. – Da hat man manchmal das Gefühl, die Welt sei eben erst geschaffen worden, einschließlich Fernsehen, Telefon, Kühlschrank und

Coca-Cola. Da kümmert sich keiner um Sie, da sind Sie der König Ihres kleinen Reiches. Das ist eben Freiheit!«

»Sie sollten statt Waschmittel lieber USA-Reisen verkaufen«, sagte Bubrow und lächelte Cohagen an. »Sie machen jedem Zuhörer Appetit.«

An diesem Tag kontrollierte Peter Hämmerling, die A 5, vier »tote Briefkästen« nach der angekündigten Nachricht von Bubrow.

Es war sein Pech, daß er zufällig von einem Förster beobachtet wurde, der erstaunt sah, wie A 5 die Höhlung unter einer Baumwurzel freilegte, hineinblickte und sie dann wieder mit Laub verdeckte.

Man kann es einem Dorfpolizisten nicht verübeln, wenn er von den Gepflogenheiten der internationalen Spionage wenig oder gar keine Ahnung hat. Einiges erfährt er aus Romanen, sieht es im Fernsehen oder Kino, und ab und zu bringen auch Zeitungen und Illustrierte abenteuerliche Berichte über abgesprungene oder enttarnte Agenten. Aber das alles erinnert an die Geschehnisse in alten blutigen Heldensagen und hat mit der Realität nicht allzuviel zu tun.

So hatte auch Aloys Pettinger, Obermeister der Polizei, nur ein mildes Lächeln, als Förster Wilm Hartmann ihm beim Stammtisch von dem komischen Kerl erzählte, der sich unter einer Baumwurzel zu schaffen gemacht hatte.

»Na, und was ist?« fragte Pettinger. »Hast nachgesehen?«

»Ja. Nichts!«

»Was regst dich dann auf?«

»Daß er eine Höhle freilegt – und da ist nichts!«

»Vielleicht wollt' er nur scheißen, und du hast ihn gestört!« sagte Obermeister Pettinger. »Als ordentlicher Mensch hat er eben erst mal ein Loch gemacht.«

»Das Loch war schon da.«

»Noch besser. Er hat das Loch gesehen und sich gedacht: Da laß di nieder ...«

»Es sah aus, als suche er etwas.«

»Im Wald?«

»Das ist es eben, Aloys! Was sucht einer im Wald? Da muß etwas faul sein. Er hat die Höhle freigescharrt, hineingeguckt und wieder zugescharrt. Er muß das Loch genau kennen. Er wollte irgendwas in dem Loch finden!« Obermeister Pettinger hob seinen Bierkrug an den Mund, schluckte kräftig, setzte ab und strich den Schaum von der Oberlippe. »Woran denkst du?« fragte er.

»Es könnte ein Hehler sein, der heiße Ware erwartet.«

»Hehler haben keine Verstecke im Wald. Das wäre ja saublöd! Hehler wohnen in normalen Wohnungen und sehen aus wie Biedermänner. Wie sah dein Bursche aus?«

»Mittelgroß, schlank. Trug einen grauen Lodenmantel und eine Strickmütze. Haarfarbe deshalb unbekannt.«

»Damit kann man gar nichts anfangen.« Pettinger starrte in den Maßkrug und überlegte scharf. Daß es sich um einen »toten Briefkasten« handeln könnte, kam ihm nicht in den Sinn. Wie sollte er auch darauf kommen? Die Vorstellung, daß sich im Unteracher Forst Agenten tummelten, war absurd. »Man kann überhaupt nichts anfangen«, wiederholte er nach einigem Nachdenken. »Man könnte allenfalls den Baum im Auge behalten. Wenn der Kerl wiederkommt – das wäre ein Grund, ihn sich näher anzusehen. Aber der kommt nicht wieder, Wilm.«

Trotzdem fuhr Aloys Pettinger am nächsten Morgen in den Wald und ließ sich von Förster Hartmann den Baum zeigen. Sie schoben das Laub weg, starrten in die kleine Höhle und sahen sich an.

»Die ist bewohnt!« sagte Hartmann.

»Muß aber 'n besonders kleiner Zwerg sein.« Pettinger grinste. »Bewohnt?«

»Ich meine: sie hat irgendeinen Zweck. Sie ist richtig saubergehalten.«

»Vielleicht irgend 'ne perverse Sache?« Pettinger richtete sich auf, blickte sich um und schüttelte den Kopf. »Zu nah an der Straße. Ich weiß nicht, ob ich das weitermelden soll.« Er schwieg, bis Hartmann die Höhlung wieder mit Blättern und Humus zugedeckt hatte. »Die könnten mich für blöd halten. Ich könnt' nur sagen, daß du mich dazu gedrängt hast.«

»Einverstanden, Aloys.«

Die Meldung von Aloys Pettinger nahm also ihren Dienstweg. Da sie weder von Einbruch noch von Mord, Entführung oder Terroristen handelte, las man sie nur flüchtig, lächelte darüber und heftete sie ab.

Ein Förster sieht Gespenster im Unteracher Forst. Der Mann wird wohl nach Pilzen gesucht haben. Vielleicht war's ein Pilzforscher, ein Mykologe. Der findet Pilze zu jeder Jahreszeit, auch an Baumstämmen. Man wurde erst munter, als der Förster Hartmann anrief und aufgeregt meldete, der Fremde sei wieder am Baum erschienen und habe die kleine Höhle kontrolliert.

Damit war offensichtlich, daß er etwas erwartete.

Auch jetzt dachte noch niemand an Agenten. Für die Polizei war lediglich klar, daß der Verdächtige heiße Ware erwartete. »Sore«, vielleicht Brillanten oder Schmuck, Kunstwerke oder Münzen, vielleicht auch einen Geldanteil. Auf jeden Fall was Verbotenes. Neu war, daß man solche Transaktionen im Wald vornahm.

Die Kripo in München wurde verständigt. Bei der Frühbesprechung fragte man die einzelnen Kommissariate ab. Von einer Entführung war nichts bekannt. Vier Fälle von Erpressungen waren akut, aber keiner verlangte eine Geldübergabe im Wald. Allerdings wußte niemand, wie hoch die Dunkelziffer nicht angezeigter Erpressungen war. Sicher ziemlich hoch. Und Diebesgut aus Einbrüchen, das man in der Höhlung verstecken konnte? Man dachte an den jüngsten Einbruch bei einem Briefmarkenhändler. Aber wer, der was von Marken und ihrer Pflege verstand, würde sie in einer feuchten Wurzelhöhle verstecken?

»Nehmen wir an, es ist eine Erpressung.« Das war das Fazit der Besprechung. Der Leitende Kriminaldirektor sah den Leiter des zuständigen Kommissariats an.

»Da der Mann schon zweimal an der Stelle war, ist anzunehmen, daß er auch ein drittes Mal kommt. Wenn er nichts aus der Höhle nimmt, dann nicht tätig werden, sondern weiter observieren! Wer weiß, welch dicke Minna dahintersitzt.«

Von diesem Morgen an lagen ständig zwei Polizeibeamte auf der Lauer. Förster Hartmann hatte in einem dichten Gebüsch eine Art Unterstand konstruiert, der von keiner Seite aus eingesehen werden konnte. Die Polizisten standen bis zur Brust in einer Art Schützenloch, rundum vom Strauchwerk geschützt. Vor ihnen lagen ihre Maschinenpistolen, eine Kamera, ein Fernglas und ein Batterie-Megaphon, um deutlich ein »Halt! Stehenbleiben!« hinauszuschmettern. Es konnte gar nichts schiefgehen, wenn der Mann wieder an der Wurzelhöhle auftauchte.

Schon am nächsten Tag kam er.

Eigentlich hatte Peter Hämmerling nicht kommen wollen, aber Mijnher Harrelmans in Brüssel drängte, rief jeden Tag an und behauptete, Franz-Josef habe eine wichtige Meldung versprochen. »Unser Geschäftsfreund wartet dringend darauf«, sagte der freundliche Fruchtimporteur. »Er wird ungeduldig.«

»Ich auch! Warum gibt Franz-Josef keine Nachricht an mich?«

»Es wird ihm zu heiß sein.«

»Mit mir kann man immer und überall reden. Aber er will nicht. Irgend etwas stimmt da nicht. Ich fürchte, diese Irene Walther hat ihn fest im Griff; sie muß im Bett eine Wucht sein! Franz-Josef ist einfach demoralisiert.«

»Wenn er nicht nur im Bett seine Pflicht erfüllt, soll es uns gleich sein!« Harrelmans lachte fett. »Kontrollieren Sie jeden Tag die Treffs!«

So geschah es, daß Hämmerling gegen Mittag wieder in das Waldstück kam. Er hatte schon drei »tote Briefkästen« kontrolliert und überall einen kleinen Zettel hinterlassen: »Franz-Josef, melde dich endlich! Tante Emmy wird ungeduldig.«

Seinen Wagen hatte er nicht auf der Straße abgestellt, sondern auf einem Querweg, so wie es Spaziergänger tun, die aus der Stadt in die Wälder fahren, um eine kleine Wanderung in ozonreicher Luft zu unternehmen. Allerdings war das Wetter nicht sehr verlockend. Der Frühling trieb zwar das junge, helle Grün aus den Baumknospen, aber es regnete ununterbrochen und war kalt und windig. Nur sehr idealistisch gesinnte Naturfreunde gehen da spazieren.

Die beiden wachhabenden Polizisten standen in ihrem Versteck, hatten eine Zeltplane über ihre Köpfe gelegt und waren das, was man sauer nennt. Bei einem solchen Sauwetter in einem Gebüsch zu hocken und sich durchregnen zu lassen – gehörte das noch zu den Pflichten eines Polizeibeamten? Außerdem: Wenn man logisch dachte, war zu erwarten, daß dieses Wetter auch den Unbekannten hindern würde, das rätselhafte Versteck zu besuchen.

Um die Mittagszeit, als die Polizisten gerade ihr Butterbrot auspackten und aus einer Thermosflasche dampfenden Kaffee in Plastikbecher gossen, kam Peter Hämmerling des Weges. Er trug einen Regenmantel, einen Lodenhut und schützte sich auch noch mit einem dunkelgrauen Regenschirm. Die Hosenbeine hatte er wegen der Nässe zweimal umgeschlagen; er trug blaugraue Wollstrümpfe und schwarze, dicksohlige Lederschuhe.

Die beiden Polizisten sahen sich an und legten die Butterbrote weg.

War das der Mann?

Er sah aus wie ein harmloser Spaziergänger. Aber wer geht bei einem solchen Wetter gemächlich im Wald herum? Und hatte man schon einen schweren Jungen gesehen, der einen Regenschirm benutzt?

Die Polizisten blinzelten sich zu. Abwarten, Kamerad! Wenn er zum Versteck geht – nichts wie ran! Geht er vorbei, war's doch nur ein Naturfreund.

Peter Hämmerling griff in die Tasche seines Regenmantels, zog den Zettel mit der Nachricht heraus, faltete ihn in der Mitte und klemmte ihn zwischen die Lippen. Bei der Baumwurzel ging er in die Hocke, hielt mit der linken Hand den Schirm über sich und schob mit der rechten den nassen Belag aus Blättern und Humus von der Höhlung.

Der Tatbestand war klar. Die beiden Polizisten wurden aktiv. Der eine riß das Megaphon an den Mund und brüllte: »Halt! Stehenbleiben! Hände hoch! Polizei!«

Der andere hechtete durch das Gebüsch, die MP in der Hand, verfing sich jedoch mit dem linken Fuß in der weggeschleuderten Zeltplane und schlug lang hin.

Hämmerling war beim ersten Ton hochgefahren, der Zettel fiel aus seinen Lippen, entgeistert starrte er auf den über den Waldboden rutschenden Polizisten, sah dann den zweiten Beamten durch das Gebüsch brechen und erkannte sofort, daß Flucht unmöglich war.

»Stehenbleiben!« brüllte der Beamte mit dem Megaphon noch einmal, obwohl Hämmerling sich nicht rührte. Sein gestürzter Kollege war aufgesprungen, sagte laut »Scheiße!« und hielt die MPi in Bauchhöhe vor sich hin.

»Kommen Sie her!« sagte er scharf. »Ganz langsam! Strecken Sie die Hände vor!«

»Und mein Schirm?«

»Die freie Hand genügt.«

Hämmerling kam drei Schritte näher. Dann blieb er abwartend stehen und überdachte seine Lage. Die Instruktionen für solche Fälle waren klar: Falsche Aussagen, Schweigen, Versuch, herauszufinden, was die Gegenseite wußte. Im günstigsten Falle Gegenwehr – wenn sie sinnvoll war.

War sie jetzt sinnvoll?

Die Polizisten bauten sich vor Hämmerling auf. Das Regenwasser lief an ihnen herunter wie ein Wasserfall. Fast hatte Hämmerling Mitleid mit ihnen. Er hielt seinen Regenschirm auch über sie und nickte ihnen freundlich zu.

»Wir teilen ihn uns«, sagte er kameradschaftlich.

Polizisten verwirrt so etwas. Es paßt nicht in das Bild eines Täters.

»Was machen Sie hier?« fragte der Beamte mit dem Megaphon. Er hatte einen Stern mehr auf den Schulterstücken und übernahm das Verhör.

»Ich gehe spazieren.«

»Das haben wir uns gedacht.«

»Dann ist ja alles klar. Ich weiß nur nicht, warum man Spaziergänger anbrüllt und mit der Maschinenpistole bedroht.«

»In diesem Regen gehen Sie spazieren?«

»Ich liebe Regen. Wenn es in den hohen Bäumen rauscht, wenn die Tropfen so schwer aus dem Geäst fallen, wenn der Boden weich und elastisch wird – oh, es ist wunderbar, dann durch den Wald zu gehen. Man muß allerdings entsprechend angezogen sein.«

»Das können Sie Ihrer Oma erzählen!«

»Meine Oma war auch ein großer Naturfreund. Mit 81 hat sie noch gecampt. In einem Zelt! Auf einer Luftmatratze. Und woran ist sie gestorben? Nicht an einer Lungenentzündung. O nein, auf einem gebohnerten Boden ist sie ausgerutscht und hat sich den Halswirbel gebrochen!«

»Name?«

»Sophie Hallerbach.«

»*Ihr* Name!« brüllte der Polizist.

»Jens-Maria Budde.« Hämmerling lächelte schwach. »Das Maria stört mich immer, aber man kann sich als Täufling nicht wehren . . .«

»Ihren Ausweis, bitte.«

»Wenn ich ihn bei mir habe. Sofort! Im allgemeinen rechne ich nicht damit, bei einem Spaziergang nach dem Personalausweis gefragt zu werden. Oder ist geplant, daß jetzt auch Spaziergänger eine Nummer tragen müssen wie die Autos? Möglich ist in diesem Staat alles! Reitpferde müssen ja auch schon ein Nummernschild haben. Warum nicht auch Waldgänger?« Hämmerling hob seinen Schirm. »Kommen Sie näher, meine Herren. Sie werden ja naß. Wenn wir zusammenrücken, ist der Schirm groß genug.«

Die Polizisten rückten auf. Hämmerling schielte auf die Maschinenpistole. Zu seiner Zufriedenheit sah er, daß sie noch nicht entsichert war. Sie schußbereit zu machen, war zwar Sekundensache, aber eben diese Sekunden brauchte man!

Auf das Megaphon, das der andere Polizist auf dem Rücken hielt, prasselte der Regen. Der Blechtrichter wirkte wie ein Trommelfell.

»Was mißfällt Ihnen an mir?« fragte Hämmerling. »Daß ich im Regen spazierengehe? Es gibt Schwimmer, die hakken im Winter das Eis auf und schwimmen in Seen und Flüssen. Wie unnormal müssen die erst sein in den Augen der Polizei?!«

»Was wollten Sie an der Baumwurzel?«

»Da sind meistens Pilze.«

»Nicht um diese Jahreszeit.«

»Ich habe gedacht, bei der andauernden Feuchtigkeit könnten welche herauskommen.«

Das war ein unwiderlegbares Argument. Der Polizist mit einem Stern mehr zog das Kinn an.

»Ihren Ausweis!«

Hämmerling nickte. Er klopfte seine Jacke unter dem triefenden Regenmantel ab und benahm sich sehr ungeschickt. »Wer hält, bitte, meinen Schirm?« fragte er. »Ich komme sonst nicht dran.«

Der Polizist mit der MPi erbot sich, den Schirm zu halten. Hämmerling atmete auf. So schnell konnte der die Waffe jetzt nicht mehr klarmachen. Schrecksekunde, Schirm wegwerfen, Griff zur MPi – vier Sekunden würde er brauchen – das waren zwei Sekunden zuviel!

Hämmerling tat, als wolle er seinen Mantel aufknöpfen, um an die Brieftasche zu gelangen. Plötzlich aber schossen seine Hände empor, griffen links und rechts an die Köpfe der Polizeibeamten und stießen sie mit großer Wucht gegeneinander. Gleichzeitig stieß er sein Knie dem Mann mit dem Megaphon in den Unterleib, während ein Fausthieb voll das Kinn des Schirmträgers traf.

Der Polizist, den der Hodentritt erwischt hatte, stand keuchend, nach vorn gebeugt und die Hände auf den Unterleib gedrückt, unfähig, etwas zu tun. Der wahnsinnige Schmerz lähmte ihn. Hämmerling trat an ihn heran, hieb ihm die Handkante in den Nacken und erlöste ihn so für eine lange Zeit von seinen Qualen.

Ruhig bückte er sich, nahm seinen Schirm vom Waldboden, betrachtete die beiden besinnungslosen Polizisten und rannte dann zu seinem Wagen. Er hatte Präzisionsarbeit geleistet.

Und doch beging er einen schweren Fehler: Er vergaß den Zettel . . .

Nach dieser Niederlage der Polizei, alarmiert vor allem vom profihaften Widerstand des Verdächtigen, der damit bewiesen hatte, daß er durchaus kein harmloser Spaziergänger war, schaltete sich nunmehr die Kriminalpolizei ein. Eine sofort angeordnete Ringfahndung nahm sich zwar sehr attraktiv aus, war aber nur vergeudete Zeit, denn als die beiden niedergeschlagenen Polizisten endlich mit ihrem Dienstwagen bei der Wache eingetroffen waren und Alarm auslösen konnten, saß Peter Hämmerling längst in seinem Zimmer und berichtete den Vorfall nach Brüssel.

»Mir ist ein Rätsel, wieso dort Polizei gewartet hat«, sagte er, schwer atmend und noch in seinen völlig durchnäßten Kleidern. »Ich bin in keiner Lage beobachtet worden. Aber ein Zufall war es auch nicht. Die Polizei kannte den Treff. Woher, frage ich? Das ist alles sehr rätselhaft.«

»Sie bleiben erst einmal im Hintergrund«, sagte Harrelmans in Brüssel erstaunlich ruhig. »Glauben Sie, daß man Sie erkannt hat?«

»Mich kennt doch keiner!«

»Könnte man von Ihnen, aufgrund der Beschreibung, die die beiden Polizisten von Ihnen gegeben haben dürften, ein Phantombild anfertigen?«

»Kaum. Ich hatte den Hut tief in die Stirn gezogen. Es regnete Klötze.«

»Was regnete es?« fragte Harrelmans. Wie sollte ein Russe wissen, was das bedeutet?

»Es regnete gewaltig. Uns lief das Wasser nur so herab. Da sieht man anders als normal aus.«

»Vernichten Sie Hut, Mantel, Anzug. Alles, was Sie trugen.«

»Selbstverständlich.« Hämmerling blickte nachdenklich gegen die Wand. Dort hing ein Farbbild ›Abend über Ischia‹. Ein Kitschbild für den, der nicht weiß, wie unwahrscheinlich kitschig ein Sonnenuntergang über dem Meer sein kann. Die Natur ist über jede Kunstkritik erhaben. »Um auf das Phantombild zurückzukommen: Wäre es nicht ratsam, ein paar Wochen in Urlaub zu fahren? Zum Beispiel nach Ischia?«

»Man sollte das überlegen. Ich frage an.«

»Wer nicht da ist, kann nicht erkannt werden«, sagte Hämmerling weise. »Nach ein paar Wochen hat keiner mehr das Bild im Kopf. Im Augenblick kann ich mich ja doch nicht um Franz-Josef kümmern.«

»Auf gar keinen Fall!« Harrelmans schien nachzudenken. »Also gut, fahren Sie«, sagte er dann. »Aber ich muß Sie jederzeit erreichen können.«

»Ich melde mich aus den Thermalbädern der Caesaren.«

»Und keine Weibergeschichten! Bloß das nicht in dieser Situation!«

»Ischia ohne Mädchen würde selbst ein Eunuche nicht ertragen!«

»Sie haben es zu verantworten!« sagte Harrelmans düster. »Wir haben schon Pannen genug in dieser verflixten Sache.«

Während Hämmerling mit Brüssel telefonierte, hatte die Kriminalpolizei die Spurensicherung aufgenommen. Die Abdrücke in dem durchweichten Waldboden erbrachten nichts; alles floß zusammen. Die einzigen markanten Spuren hatten das Megaphon und die MPi hinterlassen, als sie sich mit den zu Boden stürzenden Beamten in die aufgeweichte Erde gebohrt hatten.

Natürlich fand man auch die Reifenspuren auf dem Seitenweg, wo Hämmerlings Auto geparkt hatte. Sie waren undeutlich, aber man goß sie trotzdem aus. Vielleicht ließ sich am Profil doch noch die Reifenmarke erkennen. Der Wagen hatte auch Öl verloren. Man schaufelte die ölglänzende Erde in einen Plastiksack. Möglich, daß das Labor die Marke feststellen konnte. Auch die leiseste Hoffnung bleibt eine Hoffnung.

Bei der Personenbeschreibung wurde es dramatisch. Jeder der beiden Polizisten hatte den Täter anders in Erinnerung. So etwas dürfte bei Polizeibeamten nicht vorkommen, sie sind geschult, auf jede Kleinigkeit zu achten und genaue Beschreibungen abzugeben. Nichts hat ihnen zu entgehen, von der Nasenwarze bis zum Senkfuß. Und da die beiden Beamten, nach eigener Aussage, ganz nahe bei dem Täter gestanden und den Schutz seines Regenschirmes genossen hatten, war es nicht zu begreifen, daß jeder den Täter anders gesehen haben wollte.

Mit dem Hut begann es. Er war grau, er war braun . . . die Augen waren blau, die Augen waren braun . . . er war ungefähr 1,74 groß, er konnte aber auch 1,80 sein. Er hatte ein rundes Gesicht, er hatte ein ausgesprochen schmales Gesicht. Er sprach Hochdeutsch, er sprach mit einem leicht bayrischen Zungenschlag. Er war dreißig Jahre alt, er konnte auch vierzig sein. Einig war man sich nur, daß er intelligent war und ein eiskalter Hund. Die Szene, wie er einen Beamten den Regenschirm halten ließ, um ungehindert zuschlagen zu können, war hollywoodreif.

Der untersuchende Kommissar, an Kummer gewöhnt, stellte sich nach diesen Angaben von dem Täter ein Bild zusammen, das aus einem Zerrspiegelkabinett stammen konnte.

»Damit können wir ihn nie identifizieren«, sagte er zu seinem Hauptwachtmeister, der mit dem Plastiksack voller Ölerde in den Einsatzwagen, einen VW-Bus, zurückkehrte. »Es ist alles sehr schnell gegangen, und außerdem stehen die Kollegen noch unter Schockwirkung. Michels, würden Sie auf äußere Kleinigkeiten achten, wenn Ihnen jemand in die Eier tritt?«

»Ich glaube kaum.« Michels grinste. »Ich hätte genug mit mir zu tun.«

»Wir haben also zwei Täterbeschreibungen. Wenden wir einen Trick an: Wir lassen beide zeichnen und behaupten, es waren zwei! So bekommen wir mit Anstand beide Bilder unters Volk.«

Sie schritten noch einmal den Tatort ab, und es war Michels, der den durchnäßten, schmutzigen Zettel hinter einem Baum entdeckte. Die Schrift war noch gut zu lesen. Sie war mit einem wasserfesten Kugelschreiber geschrieben. »Franz-Josef, melde dich endlich. Tante Emmy wird ungeduldig.«

»Das ist'n Ding!« sagte der Kommissar und steckte den Zettel vorsichtig in eine Klarsichthülle. »Wer ist Franz-Josef?«

»Auf keinen Fall der König von Bayern.«

»Und Tante Emmy? Wenn das der Täter verloren hat, haben wir zweierlei in der Hand: Seine Schrift und zwei Namen! Und wir haben ein Motiv: Er wollte hier eine Nachricht – diese Nachricht – hinterlassen. Die Wurzelhöhle ist einwandfrei ein Versteck. ›Franz-Josef, melde dich endlich! Tante Emmy wird ungeduldig.‹ – Das klingt verdammt nach Erpressung.«

»Oder es ist ein Code-Wort...« sagte Michels.

»Mann! Das wäre auch etwas!« Der Kommissar sah seinen Hauptwachtmeister erstaunt an. »Wie kommen Sie darauf?«

»Ich lese abends gern FBI-Romane«, sagte Michels fast verschämt.

»O Himmel!«

»Ich weiß. Oft sind sie saublöd, aber manchmal... ›Franz-Josef, melde dich endlich‹... Der Text ist so komisch. So was legt man doch nicht im Wald unter eine Wurzel.«

»Und schlägt dazu zwei Polizisten krankenhausreif.« Der Kommissar betrachtete noch einmal den Zettel in der Plastikhülle. »Wenn die Nachricht zu dem Täter gehört, Michels, das kann unter Umständen ein ganz dickes Ei werden! Das soll nun mal der Leitende entscheiden.«

In München erzeugten die Ermittlungen des 1. Kommissariats in Verbindung mit dem mysteriösen Zettel tiefe Nachdenklichkeit, der eine rege Aktivität folgte. Der Leitende Kriminaldirektor war der Ansicht, der Text sei typisch für eine konspirative Tätigkeit, das Verhalten des Täters durchaus logisch.

Der Fall wurde an das Dezernat 14, das politische Dezernat, beim Polizeipräsidenten in München übergeben und als WE-Meldung sofort weitergereicht an das Landesamt für Verfassungsschutz, an das Landeskriminalamt Bayern, Abteilung VIII, an das Bundeskriminalamt, Abteilung St., in Bad Godesberg und an die Münchener Kriminaldirektion II, da man auch ein einfaches Erpressungsdelikt für möglich hielt.

»Der Text ist typisch!« wiederholte der Leitende Kriminaldirektor bei einer Besprechung. »Er hat genau den Ton einer Nachrichtenübermittlung, wie wir ihn bei Agententätigkeit gewöhnt sind. Ich bin gespannt, ob Franz-Josef und Tante Emmy schon aktenkundig sind.«

Sie waren es nicht. Es waren neue Namen. Von allen nun

beteiligten Ämtern kam eine Null-Meldung. Ein völlig unbekanntes Team arbeitete im Raum München.

Der »tote Briefkasten« war nun uninteressant geworden. Von dort würden keine neuen Erkenntnisse mehr kommen. Die große Chance, Sender und Empfänger der Nachrichten zu observieren und damit in den Kreis dieser Agentengruppe vorzudringen, war vertan.

»Wer denkt denn auch an so was?!« sagte der Reviervorsteher gekränkt, als der Polizeipräsident ihm versteckt, aber deutlich genug zu verstehen gab, daß er einen großen Bock geschossen hatte. »Ich kann doch nicht jeden Mann, der sich im Wald bückt, als Spion verfolgen! Die haben jetzt gut reden in München . . .«

Das Dezernat 14 ließ nach den Polizistenbeschreibungen zwei Zeichnungen anfertigen und an die anderen Ämter schicken. Man sah Observantenfotos durch, ein kluger Computer wurde befragt, auch er mußte passen. Auf keinen bekannten Agenten trafen die Zeichnungen zu.

Ein neuer Mann. Wo ansetzen, wo nachfragen, wo forschen? Die V-Männer und Doppelagenten, die vom Bundesamt für Verfassungsschutz in Köln in der Gegenspionage eingesetzt waren, meldeten ebenfalls: Völlig unbekannt.

»Das kann ein ganz kleiner Fisch, kann aber auch ein Riesending sein!« sagte der Leiter des Dezernats 14, nachdem alle negativen Ermittlungen zusammengefaßt waren. »Ich glaube nicht an eine einfache Erpressersache. Dazu war der Bursche viel zu clever. Soviel Kaltblütigkeit – da juckt es mir immer unter der Haut.«

Peter Hämmerling setzte sich zunächst ab. Er flog nach Ischia, bezog dort in einem mittleren Hotel ein Zimmer mit Meerblick und Balkon und war überzeugt, daß man hier auf ein Phantombild in deutschen Zeitungen nicht achten würde, falls dergleichen überhaupt publiziert wurde.

Er meldete seine Ankunft nach Brüssel und erfuhr von Mijnher Harrelmans, daß der gesamte deutsche Spionageabwehrapparat in Bewegung geraten sei.

»Du lieber Himmel!« Hämmerling war ehrlich betroffen. »Wieso denn das? Es lagen doch gar keine Anzeichen dafür vor.«

»Sie haben einen Zettel vergessen«, sagte Harrelmans tadelnd. »Mit einer Aufforderung an Franz-Josef.«

»Oh, Scheiße!«

»Ein gutes Wort! Mein Informant war auch entsetzt. Ein Glück, daß nur drei Menschen wissen, wer Franz-Josef ist.«

»Was soll ich tun?« fragte Hämmerling ziemlich kleinlaut. Ein Versagen in diesem Metier ist immer kritisch. In Moskau gilt nur der Erfolg.

»Bleiben Sie vorerst in Italien«, sagte Harrelmans ziemlich kühl. »Sie hören noch von mir. Haben Sie genug Geld?«

»Ja.«

»Das ist gut. Von mir hätten Sie auch keins mehr bekommen.«

Mit bebenden Händen legte Hämmerling auf. Der letzte Satz hatte voll getroffen. Er spürte, wie die Poren seine Angst ausschwitzten.

Einen Augenblick dachte er daran, Bubrow anzurufen und ihn zu warnen, aber dazu war es vielleicht schon zu spät. Wie er Harrelmans kannte, hatte dieser bereits ein Netz um Bubrow gezogen und neue, auch ihm unbekannte Männer um ihn herum postiert. Sogar die Telefonleitung konnte angezapft sein, und bei der Baubehörde wollte Hämmerling auf keinen Fall mehr anrufen. War auch nur der leiseste Verdacht auf Bubrow gefallen, wurde er bereits überwacht. Hämmerling hatte kein Interesse, die Spur nach Ischia zu verlängern.

In diesen Tagen sagte Bubrow beiläufig zu Irene, als sie am Sonnabend nach langer Zeit wieder einmal in einem Schwabinger Feinschmeckerlokal saßen:

»Ich habe da einen interessanten Mann kennengelernt. Waschmittelvertreter oder Firmenbeauftragter oder dergleichen in einem amerikanischen Konzern. Ein reiner Zufall. In meinen Benzintank hatten Lausebengel Zucker geschüttet, und in der Werkstatt kamen wir ins Gespräch. Er hat einen Ford, gut gepflegt, ich könnte ihn billig kaufen. Ich habe eine Probefahrt gemacht, während ich auf die Reparatur warten mußte.«

»Möchtest du gern ein Auto, Liebling?« fragte sie.

»Es war nur so eine Idee.« Bubrow löffelte sein Dessert, heiße Kiwis auf Vanilleeis mit Cointreau, und stocherte in der großen Glasschale herum. »Er hat auch von Amerika erzählt. Er ist oft drüben, beruflich, und hat eine Menge Bekannte dort. Ein Onkel von ihm leitet ein Projekt in Maine. Die Regulierung des Brassua Lake. Eine hochinteressante Sache.«

Sie sah ihn an, aber er wich ihrem Blick aus. Mit Dr. Ewingk hatte sie über Boris' Probleme noch nicht gesprochen. Von dem heimlichen Experiment zu erzählen, war völlig unmöglich. So freundschaftlich, ja fast väterlich Dr. Ewingk sich Irene Walther verbunden fühlte – in diesem Falle hätte er sofort die einzig mögliche Konsequenz gezogen.

Die Forschungen der »Bio-Agrar« fielen in die höchste Geheimhaltungsstufe.

»Glaubst du, daß man dich in die USA einwandern läßt?« fragte sie.

»Warum nicht?«

»Als Russe?«

»Gerade als Russe. Wo lebt Solschenizyn heute? In Vermont! Und Sinjawski? Auch in Amerika! Früher war Frankreich das Gelobte Land für russische Auswanderer, heute ist es Amerika.«

»Wir können nicht einfach sagen: Gut, wir wandern aus! Du willst Flüsse regulieren, und ich will Kranke heilen. Sie warten nicht auf uns in den USA, Boris.«

»Vielleicht doch«, sagte er nachdenklich. »Irininka, hast du Vertrauen zu mir?«

»Wie ein Grashalm zu den Sonnenstrahlen.« Sie griff über den Tisch und legte ihre Hand auf seine unruhig trommelnden Finger. »Aber du bist zu vertrauensselig, Boris. Wer ist dieser Waschmittelvertreter?«

»Er heißt Ewald Reinberg.«

»Also ein Deutscher?«

»Ich nehme es an.«

»Weiß er, wer du bist?«

»Nein. Ich habe gesagt, ich hieße Bernd Alexander. Mein etwas hartes Deutsch käme daher, daß meine Eltern aus Riga stammten. Aber das interessierte ihn gar nicht. Er – er möchte *dich* kennenlernen.«

»Mich? Warum?«

»Ich habe von dir erzählt.«

»Was hast du erzählt?« Ihr Herz begann plötzlich zu zucken.

»Daß du Ärztin bist.«

»Und weiter?«

»Weiter nichts.«

Sie atmete auf, aß stumm ihre Nachspeise und war froh, daß auch Bubrow sich um sein Eis mit Kiwis kümmerte.

»Habt ihr euch verabredet?« fragte sie schließlich.

»Nein. Aber ich habe seine Telefonnummer. Ich soll ihn einmal anrufen. Nach 18 Uhr.«

»Willst du?«

»Ich weiß nicht.« Er schob sein Dessertglas von sich. »Immerhin wäre es der erste Kontakt nach Amerika, wenn alles stimmt, was er mir erzählt hat.«

»Weißt du, wie lang der Weg ist, bis wir die Erlaubnis zur Einwanderung bekommen? Ein Berg von Papier, Vorschriften, Verordnungen, Untersuchungen! Vor allem für dich. Du bist kein Solschenizyn, kein Mann, der als Dissident ausgewiesen wurde. Du bist kein politischer Flüchtling, du wirst nicht vom KGB verfolgt, du bist nur ein ganz lieber, dummer Mann, der um meinetwillen ein Flugzeug entführt hat, und den ich liebe wie nichts auf der Welt. Das reicht aber nicht aus, um die Auswanderung in die USA zu begründen.«

Bei dem Wort KGB hatte Bubrow kurz aufgeblickt, aber sein Gesichtsausdruck blieb versonnen.

»Mir wird schon etwas einfallen«, sagte er. »Ich muß nur sicher wissen, daß auch du nach Amerika willst.«

»Ich will nicht.« Sie schüttelte den Kopf. Bubrow starrte sie betroffen an. Doch dann sprach sie weiter: »Aber ich gehe dahin, wo du hingehst. Wir zwei sind eins. Ich verlasse dich nie.«

»Ich müßte der glücklichste Mensch unter dem Himmel sein!« sagte Bubrow dumpf. »Verdammt, und ich werde es auch sein!«

Er dachte an Brüssel, an diesen Harrelmans vom Fruchtimport, und glaubte, jetzt zu wissen, was er zu tun hatte.

Mit einer Boeing der SABENA traf Harrelmans in München ein und stieg in einem Luxushotel der Innenstadt ab. Er bekam ein schönes Zimmer im englischen Stil mit Blick auf den Stachus, das Karlstor und die Kaufingerstraße, ließ sich einen kleinen Imbiß aus Lachs mit Kaviar und Toast bringen, mixte mit Hilfe der Minibar in seinem Zimmer einen deftigen Cocktail und erfreute sich am Anblick des brodelnden Treibens zu seinen Füßen.

Nach einer Stunde rief er beim Landeswasserbauamt an, gab sich als Mitarbeiter einer Reißbrettfirma zu erkennen und ließ sich mit Bubrow verbinden.

»Ich habe Ihnen ein gutes Angebot zu machen«, sagte er ohne Einleitung. »Wo können wir das besprechen?«

»Wer sind Sie?« fragte Bubrow zurück.

»Ich vertrete eine Brüsseler Bürobedarfsfirma. Wir haben gehört, daß Sie ein besonderes Zeichenbrett suchen. Es kann geliefert werden.«

Bubrow blähte die Nasenflügel und schloß die Augen bis zu einem Schlitz. Die Zentrale Mitteleuropa war gekommen. Moskau handelte. Ussatjuk hatte die Schonfrist für abgelaufen erklärt. Bubrow hatte es erwartet, aber doch geglaubt, das Unvermeidliche so lange hinausschieben zu können, bis seine Kontakte nach Amerika enger waren und er sich ohne Aufsehen absetzen konnte. Ussatjuks Ungeduld veränderte nun alles.

»Sie haben Vorschläge zu machen?« fragte er ruhig zurück.

»Wir haben konkrete Unterlagen.«

»Wo können wir uns treffen?«

»Die Lebensmittelabteilung bei ›Hertie‹ ist sehr gut. Es gibt dort ein Pilsener Urquell vom Faß.«

»In einer Stunde kann ich dort sein.«

»Ich freue mich auf dieses Geschäft.« Harrelmans legte auf, braute sich noch einen Cocktail und studierte in einer Münchener Boulevardzeitung die Anzeigen der Fotomodelle, Saunaclubs und Privatbars. Wenn schon eine Nacht in München, dann hinein ins volle Menschenleben! Abwechslung poliert die Nerven.

Er entschied sich für die unscheinbare Kleinanzeige: »Blond und feurig. Tel . . .« und strich sie mit einem Kugelschreiber an. Kenner wissen, daß diese kleinen Anzeigen die besten Adressen sind. Es sind noch hungrige Spielerinnen.

Genau eine Stunde später stand Harrelmans am Pilsener-Urquell-Ausschank und wartete auf Bubrow. Er hatte sich sein Bild eingeprägt; die Fotos aller ihm zugeteilten oder von ihm zu leitenden Agenten lagen im Safe einer Bank, und natürlich war der Mieter nicht unter dem Namen Harrelmans bekannt; er hieß Verdeumen.

In dem Köfferchen, das die Unterlagen enthielt, war ein raffinierter Mechanismus angebracht. Wer den Kofferdeckel ohne den vorgegebenen Code öffnete, zündete eine Sprengladung und eine Art Brandsatz, der sofort alles in Flammen aufgehen ließ. Zudem waren alle Unterlagen auf präpariertem Papier geschrieben, das bei Berührung mit Feuer wie Zunder reagierte. Es gab keine verwertbaren Rückstände.

Harrelmans erkannte Bubrow sofort, als dieser langsam durch die Lebensmittelabteilung ging, hier und da stehenblieb, an der Schinkentheke ein Viertelpfund Schwarzgeräuchertes kaufte und aus den Weinregalen eine Flasche französischen Rosé aus der Provence wählte.

Dann kaufte er noch kräftiges ostfriesisches Katenbrot und drei Laugenbrezeln. Harrelmans fand, daß Bubrow übertrieb.

Mit Tüten bepackt, stellte Bubrow sich an die Theke, verlangte ein Bier und packte eine Laugenbrezel aus. Er brach sie durch, wartete, bis das Getränk kam, und biß dann hinein. Es knackte laut.

»Guten Appetit!« sagte Harrelmans in einem Deutsch mit französischem Akzent. Bubrow, der ihn noch nie gesehen hatte, sah ihn freundlich an.

»Danke.«

»Ich kenne dieses Gebäck nicht. Ich bin fremd hier. Lohnt es sich, das mal zu probieren?«

»Sicherlich. Eine Spezialität. Man sollte in anderen Ländern immer die Spezialitäten probieren. Zum Beispiel in Antwerpen die Pommes frites.«

»In Brüssel auch«, sagte Harrelmans zufrieden.

Man hatte sich gefunden. Bubrow nahm einen langen Schluck Bier und biß wieder in die Brezel. »Ich kenne Brüssel nicht.« Er sah über den Glasrand Harrelmans scharf an. »Aber ich hatte mal einen Freund, der hieß Orlowskij –«

»Michail Jefimowitsch . . .« Harrelmans lächelte. »Nein,

wie klein die Welt ist! Der hatte wieder einen Freund, der hieß Franz-Josef.«

Das letzte Mißtrauen war ausgeräumt. Bubrow brach ein neues Stück Brezel ab und drehte es zwischen den Fingern.

Sie standen an der Theke, am äußersten Ende der Wand, niemand beachtete sie, niemand konnte sie hören. Die hatten den Rücken frei und überblickten das Kommen und Gehen an den Verkaufsständen. Vor Überraschungen jeder Art waren sie sicher.

»Ich höre, Michail Jefimowitsch!« sagte Bubrow ruhig. Er hatte sich den Oberst des KGB anders vorgestellt. Der ihm da gegenüberstand, war ein jovialer, etwas dicklicher, schwarzhaariger Mensch mit den ewig roten Bäckchen eines Diabeteskranken. Aber der freundliche Eindruck verlor sich sofort, wenn man in Orlowskijs kalte, schwarze Augen blickte. Es war der Blick eines Panthers.

»Lassen Sie lieber *mich* etwas hören«, sagte Orlowskij und grinste. »Auch Sulfi Iwanowitsch ist ein Ohrenmensch.«

»Es ist im gegenwärtigen Stadium noch unmöglich, in die Räume der ›Bio-Agrar‹ hineinzukommen«, sagte Bubrow ohne Rücksicht. Orlowskij zog erstaunt und betroffen die Brauen hoch. Mußte man so deutlich reden?! »Das berühmte Fort Knox hat auch noch keiner von uns betreten!«

»Sie sollen auch kein Gold sammeln, sondern Bakterien, Boris Alexandrowitsch. Außerdem steht in Fort Knox kein Bett mit einer bezaubernden Frau, die alles für einen tut, wenn man sie nur streichelt . . .«

»Ich möchte Sie bitten, nicht so abfällig von Irininka zu sprechen!« sagte Bubrow hart.

»Oha!« Orlowskij starrte ihn an. »Hat Sulfi Iwanowitsch sich geirrt?! Sie haben sich wirklich verliebt? Boris Alexandrowitsch, widersprechen Sie ganz schnell, denn das wäre ja eine Katastrophe! Sie haben die Aufgabe übernommen, mit Geist und Unterleib zu arbeiten, aber nicht mit der Seele! Genosse Bubrow – ich hoffe, ich darf Sie noch so nennen? –, man hat Sie ausgesandt, um das Vaterland vor einer tödlichen Bedrohung zu schützen!«

»Ich liebe Irina.«

»Gut, ich nehm's zur Kenntnis. Aber in erster Linie sind Sie Sowjetrusse! Unser bester Mann, Boris! Ussatjuks Stolz!«

»Auch wir haben B- und C-Waffen, Michail Jefimowitsch. Wir haben den ›Gelben Regen‹, Hochkonzentrate von Mykotoxinen der Trichothezin-Gruppe, den wir ausstreuen und der innerhalb von Minuten, im schlechtesten Falle von Stunden zum Tod führt. Der Mensch ertrinkt da gewissermaßen in seinem eigenen Blut!«

»Aber wir kennen diese deutsche Bakterien-Bombe nicht, diese neuen Züchtungen, die Lungenkiller! Boris – muß man darüber noch diskutieren?! Sie haben einen Befehl!«

»Und ich habe einen Mikrofilm.«

Orlowskij holte tief Luft. Sein Gesicht wurde bläulich.

»*Was* haben Sie, Bubrow?«

»Ich habe die Tagebuchaufzeichnungen von Frau Dr. Walther fotografiert.«

»Vorzüglich! Und was steht drin?« Orlowskijs Stimme wurde nun etwas schrill. »Sotschi, Donnerstag, den soundsovielten. Herrliche Nacht mit Boris. Und so weiter.« Orlowskij schluckte erregt. »Ussatjuk wird zur Rakete, wenn er das liest! Oder bieten Sie uns mehr, Boris Alexandrowitsch?«

»Einen genauen Bericht über die Bakterienforschungen mit dem Schlüssel der Kombinationen. Zufrieden?«

»Oh, du Himmel von Kasan! Das haben Sie auf Film?«

»Ich sagte es. Keine Details aus dem Labor – aber der große Überblick. Die Basis-Information.«

»Sie sind also doch unser großer Bubrow!« sagte Orlowskij fast stolz. »Ich verstehe jetzt auch, daß Sie A 5 dieses Material nicht übergeben wollten. Nun bin ich da. Kann ich es haben?«

»Nein.« Bubrow sah Orlowskij voll an. »Nein! Nicht so. Ich stelle Bedingungen.«

»Sie sind total verrückt, Boris Alexandrowitsch«, stammelte Orlowskij geradezu ergriffen. »*Sie* stellen Ussatjuk Bedingungen?! Hat man so etwas schon gesehen?! Hält die Rettung seiner Heimat in der Hand und stellt Bedingungen! Bitte, ich höre, ich höre!«

Orlowskij sprach jetzt russisch, so erregt war er. Das durfte dem Chef für Westeuropa des KGB eigentlich nicht passieren – aber was sich Bubrow da erlaubte, übertraf alles, was er bisher in seinem bestimmt nicht langweiligen Beruf erlebt hatte. »Ich ahne, was Sie wollen, Boris Alexandrowitsch. Sie wollen Ihre Liebe zu Irina legalisiert haben!«

»Mehr als das, Michail Jefimowitsch.«

»Noch mehr? Soll Ussatjuk an Ihrer Stelle die Kinder machen?!«

»In diesem Stil rede ich nicht weiter«, sagte Bubrow. Er trank sein Bier aus und bestellte ein neues. Dann knabberte er an dem Rest seiner Laugenbrezel und freute sich, daß Orlowskij vor Zorn und Ungeduld beinahe platzte.

»Noch einmal: Wieso stellen Sie Bedingungen?«

»Ich lebe im Westen und bin dekadent geworden.«

»Sie sind ein verlogener Stiefelpisser!« Orlowskij war außer sich, und wenn er sich aufregte, verfiel er in die Sprache seiner bäuerlichen Vorfahren am Dnjestr. Das war bekannt, auch Bubrow hatte davon gehört und nahm ihm deshalb die Beleidigung nicht übel. »Sie waren schon ungezählte Male im Westen!«

»Aber nie bei einer Irina.«

»Also doch! Das Weib hat Sie hypnotisiert. Eine Idiotie! Aber weiter! Wie geht es nun weiter?«

»Ich übergebe Ihnen den Mikrofilm.« Er machte eine kleine Pause. »Und das ist dann meine letzte Arbeit für Tante Emmy.«

Orlowskij sah Bubrow an, als habe ihm dieser zwischen die Augen gespuckt. Die letzte Arbeit? Das hieß: Aussteigen!

War so etwas möglich? War so etwas denkbar? Ein Mann wie Bubrow sagt einfach: Meine letzte Arbeit! Allein das KGB bestimmt, wann man sich zur Ruhe setzen darf und was man im verdienten Ruhestand zu tun hat, wohin man zieht und wie man wohnt. Ein Mann wie Bubrow gehört dem Sowjetstaat, und das weiß er, damit hat er bisher zufrieden gelebt, ja, war glücklich, der von Ussatjuk verhätschelte große Bubrow zu sein. Und nun steht er da, ein Glas Pilsener Urquell in der Hand, brezelkauend und so provokativ lächelnd, daß man ihm in die Zähne schlagen möchte, und sagt so einfach daher: Ich steige aus!

»Sie sind krank, Boris Alexandrowitsch«, sagte Orlowskij heiser. »Ich werde es Sulfi Iwanowitsch sofort mitteilen. Ruhe haben Sie nötig, viel Ruhe. In einem Sanatorium werden Sie sich erholen.«

»Ruhe in Sibirien? Krankenhaus mit Türen ohne Klinken? Vielleicht ein Nervensanatorium, wo ich viele ehemals bekannte Persönlichkeiten treffe? Sogar Generäle?«

»Ich bin erschüttert!« Orlowskij umklammerte mit beiden Händen sein Bierglas. »Sie sind wirklich dekadent geworden!«

»Ich habe endlich meine Freiheit, die Dinge beim Namen zu nennen.«

»Wo sind die Filme?« fragte Orlowskij. Er hatte sichtlich keine Lust mehr, die Debatte fortzusetzen.

»Nur *ein* Film, Genosse Oberst.«

»Wann bekomme ich ihn?«

»Im Austausch mit meiner Freiheit. Ich möchte auf ganz undramatische Art frei werden. Verstehen Sie, Michail Jefimowitsch?«

»Wie können Sie drohen, Bubrow? Das Herz schmerzt mir, wenn ich so etwas höre!« Orlowskij beugte sich vor und dämpfte die Stimme noch mehr. »Boris Alexandrowitsch, Sie haben hier doch keine Zukunft! Kehren Sie zurück in die Heimat, und wir vergessen alles, was wir geredet haben.«

»Warum reden wir aneinander vorbei?« Bubrow zerbrach die zweite Laugenbrezel zwischen seinen Händen und verstreute die Bruchstücke über die Theke. Es war der einzige Hinweis auf seine Nervosität. Dieses Gespräch veränderte sein Leben. Er verleugnete den Sowjetbürger Bubrow, um staatenlos und heimatlos zu werden. In dieser Stunde vernichtete er sich selbst, voll Hoffnung, daß es ihm gelingen würde, ein neuer Mensch zu werden. »Ich gehöre nicht mehr zu Ihnen.«

»Das ist unmöglich!«

»Ich mache es Ihnen vor, Michail Jefimowitsch.«

»Sie glauben, es zu können. Für uns bleiben Sie für immer das, was Sie sind. Nur das Umfeld kann sich ändern. Waren Sie bisher ein stiller Held, so sind Sie jetzt ein unverschämter Verräter!«

»So ist's gut!« Bubrow nickte. »Endlich haben wir den richtigen Ton gefunden. Wie man mit Verrätern umspringt, braucht mir keiner zu erklären.«

»Das erleichtert vieles.«

Bubrow trank sein Bier aus und schob, wie angeekelt, das Glas von sich weg.

»Ich schicke Ihnen den Film ins Hotel«, sagte er. »Wie lange bleiben Sie in München, Michail Jefimowitsch?«

»Das liegt nur an Ihnen, Bubrow. Sollten Sie doch noch vernünftig werden –«

»Ich habe nie klarer gedacht.« Er atmete tief durch. »Dieser Film ist ein Beweis meiner Liebe zu meiner Heimat, zu meinem Volk. Ich gebe ihn her, um mein Rußland vor der Vernichtung zu retten. Das ist meine Pflicht. Meine letzte.«

»Darüber sprechen wir noch, Boris Alexandrowitsch.«

»Nein. Es waren schon zuviel Worte. Leben Sie wohl, Michail Jefimowitsch. Wo wohnen Sie?«

Orlowskij nannte den Namen des Hotels. Als Bubrow sich abwandte, hielt er ihn am Ärmel fest. »Borja –«, sagte er fast zärtlich. »Eine Frau kann nie die Heimat ersetzen. Ein Frauenschoß ist nicht Mütterchen Rußland.«

Wortlos schob Bubrow die Hand Orlowskijs weg und ging den breiten Gang zwischen den Verkaufsständen hinunter. Er blickte sich nicht mehr um. Er sah nicht wie ein Sieger aus, mit seinen nach vorn gebeugten Schultern – eher wie ein alter müder Mann.

Orlowskij grunzte leise vor sich hin, putzte sich die Nase und war sich klar, daß dies nicht die letzte Begegnung mit Bubrow gewesen war.

Die Untersuchungsergebnisse lagen vor, aber sie brachten keine Erkenntnisse. Kriminalistisch waren sie nahezu uninteressant.

Die Beamten des federführenden Dezernats 14 beim Polizeipräsidium München waren über ihre WE-Meldung nicht sehr glücklich. Das Landesamt für Verfassungsschutz, das BKS, Abteilung St., in Bad Godesberg und das Landeskriminalamt, Abteilung VIII, die sich nun auch um diesen Fall kümmern mußten, waren sich zwar einig, daß der Text der gefundenen Nachricht ganz im Stile nachrichtendienstlicher Mitteilungen verfaßt war, aber man sah auch ein, daß mit diesen beiden Zeilen herzlich wenig anzufangen war. Der Übereifer der Polizei hatte eine sehr heiße Spur völlig zerstört. Statt zu verhaften, hätte man in aller Stille observieren sollen, um diesen anscheinend neuen Agentenring ins Visier zu bekommen.

Aber auch die Münchener Kriminaldirektion II, Fachkommissariat Erpressung, sprach ein Wort mit und trug zur Diskussion mit der Meinung bei, daß es sich um nichts anderes als eine simple Erpressung handeln könne. Die Höhle unter der Baumwurzel wäre dann nichts als ein vereinbarter Übergabeort für das Lösegeld. Wer womit erpreßt worden sei, das könne man nun kaum noch klären, nachdem die Polizeibeamten Opfer dieses hinterhältigen Überfalls geworden waren. Der Überfall wiederum – schwere Körperverletzung – fiel in die Zuständigkeit des 1. Kommissariats.

Die Laborbefunde waren trostlos.

Das Papier, auf dem die Mitteilung geschrieben war, entstammte der Produktion der Fabrik »Südpapier« in Regensburg und war tonnenweise in den Fachgeschäften vertreten. Es war normales Schreibpapier, holzfrei, 80 Gramm, ohne Wasserzeichen, ein normales, nicht teures Papier. Beschrieben war es mit einem blauen Kugelschreiber, Spitze halbfein, die Marke ließ sich nicht feststellen. Es konnte sich um einen dieser billigen Wegwerfschreiber mit fest eingebauter Mine handeln.

Die Handschrift war verstellt, das war sicher. Die Druckbuchstaben waren bewußt kindlich gemalt, mit einer kleinen Neigung nach links. In »Franz-Josef« war das J in lateinischer Schrift geschrieben, also nicht als Blockbuchstabe. Anscheinend kannte der Schreiber nicht das richtige J.

Fingerabdrücke waren natürlich nicht zu finden, lediglich am Rand des Papiers eine schmale Fettleiste. Unter dem Mikroskop erkannte man verschwommen Hautlinien. »Es sieht aus«, hieß es in dem Laborbefund, »als habe der Schreiber den Zettel kurzfristig zwischen die Lippen gepreßt.«

Die beiden überfallenen Polizisten, die noch im Krankenhaus lagen, der eine mit dick geschwollenem Nacken, der andere mit aufgetriebenen Genitalien, konnten sich nicht daran erinnern, daß der Täter einen Zettel zwischen den Lippen hatte. Das war auch unmöglich, denn Hämmerling hatte ja mit dem Rücken zu ihnen vor der Höhlung gehockt, als er durch das Megaphon angebrüllt worden war und vor Schreck den Zettel fallen gelassen hatte.

Trotzdem verpaßte man den beiden Polizisten in ihrer traurigen Lage noch einen Rüffel wegen Unaufmerksamkeit, den der Kriminalkollege, der sie befragte, in die höflichen Worte kleidete: »Ihr solltet Gemüsebauern werden. Bei soviel Tomaten, die ihr auf den Augen habt . . .«
Es trifft immer die Kleinen.

Das Phantombild, das man von Peter Hämmerling gezeichnet hatte – vielmehr zwei, eins mit rundem, eins mit schmalem Gesicht, da auch hier keine Einigkeit möglich war –, hatte man zweimal im Fernsehen und einmal in den Tageszeitungen gezeigt. Der gesuchte Unbekannte wurde als Trickdieb bezeichnet. Daß man für einen Dieb, und sei er noch so trickreich, keine bundesweite Fahndung auszulösen pflegt, fiel der Bevölkerung nicht ein. Nicht einmal die Presse merkte es; auf solche Feinheiten sprach sie nicht an.

Natürlich brachte auch dieses Phantombild nichts, abgesehen von ein paar törichten Anrufen. Man hatte den Unbekannten gleichzeitig auf Borkum und in Baden-Baden gesehen, in Winterberg im Sauerland und in Stuttgart. Heiterkeit erzeugte eine Zuschrift aus Witten an der Ruhr. Ein Fräulein Hermi Schlicker schrieb: »Das kann sich nur um Karl Westerbusch handeln, genannt Kalle. Seit drei Monaten ist der Kerl verschwunden, nachdem er mir ein Kind gemacht hat! Einen Hut trug der aber nie, das war ihm zu blöd. Karl hat braune lockige Haare. Gucken Sie mal nach: Auf der linken Hinterbacke hat er einen Brandfleck. Da hat er sich mal auf 'ne Lötlampe gesetzt.«

»Beschissen bis zum Kragenknopf!« sagte der Leiter D 14 und legte den Laborbericht und die anderen Schriftstücke in eine WE-Mappe. »Jetzt können wir nur noch auf den Kollegen Zufall hoffen. Was wäre die ganze Kriminalistik ohne ihn!«

Durchaus kein Zufall war es, daß Waschmittelfachmann Ewald Reinberg am Morgen nach dem Treff Bubrows mit Orlowskij am Bierausschank von »Hertie« in der Dienststelle anrief. Bubrow, der eine schlaflose Nacht hinter sich hatte, war wie befreit, als er Reinbergs Stimme hörte.

Stundenlang hatte er wachgelegen, in die Dunkelheit gestarrt und mit sich gerungen, ob er die schlafende Irene wecken und ihr die volle Wahrheit sagen sollte. Und wie so oft in den letzten Wochen, hatte er davor zurückgeschreckt. Wie soll eine Frau wie Irene es seelisch verkraften, wenn der geliebte Mann zu ihr sagt: »Es war alles genau geplant, bis ins kleinste durchgespielt, auch alle denkbaren Pannen waren einkalkuliert – eine generalstabsmäßig vorbereitete Aktion: Der Sturz vom Maulesel in der Teeplantage von Dagomys, die Tage und Nächte der Liebe in Sotschi, der herzzerreißende Abschied, die Flugzeugentführung, die Bitte um Asyl ... Das alles waren Meisterstücke des KGB-Agenten Bubrow. Dann jedoch erfolgte die Wandlung, wurde aus Saulus der Paulus, wurde aus dem eiskalten Spezialisten der ehrlich Liebende, der nun verzweifelt versucht, sein früheres Leben abzustreifen, indem er aussteigt aus diesem Kampf im dunkeln; ein Mann, der frei und glücklich leben will, wie Millionen anderer liebender Männer.

Wie kann sie das glauben?

Eine Menge Möglichkeiten erwog er – aber was er auch in Betracht zog –, es endete immer mit einer Katastrophe. Ganz sicher war nur eins: Das KGB in Moskau würde den Absprung eines seiner besten Männer nicht still hinnehmen. Wer Sulfi Iwanowitsch Ussatjuk kannte – und Bubrow kannte ihn nur zu gut! –, der wußte, was er über kurz oder lang von ihm zu erwarten hatte. Ussatjuk übereilte nichts. Er konnte noch nach Jahrzehnten zuschlagen, wenn niemand sich mehr daran erinnerte, daß es einmal einen Bubrow gegeben hatte. Moskau vergaß nichts und verzieh nichts.

Die Welt war nicht groß genug, als daß einer Ussatjuks Rache entgehen könnte.

Beim Frühstück hatte Bubrow gesagt:

»Irininka, sprich mit Dr. Ewingk, ob du Urlaub bekommen kannst.«

»Das habe ich bereits getan. Es geht frühestens in neun Wochen.«

Zu spät, dachte er, viel zu spät. Ich kann Orlowskij nicht neun Wochen hinhalten. Es muß jetzt sein, in den nächsten drei, vier Tagen. Ich habe keine Zeit mehr.

»Warum nicht eher?«

»Die Schulferien kommen. Da haben die Familienväter das Vorrecht.« Sie lächelte angriffslustig, ahnte nicht, wie es um Bubrow stand. »Das ist sozial gedacht, Boris. Dafür müßtest gerade du Verständnis haben. Keine Ausnahmen auf Kosten des Gemeinwohls.«

»Ich habe eine ungeheuer kluge Frau«, sagte Bubrow. »Also in neun Wochen . . .«

Keine neun Tage, dachte er. Ein grausamer Kampf wird es werden. Nicht gegen Ussatjuk, der ist noch weit – aber gegen mich selbst. Boris Alexandrowitsch, du mußt dein Vaterland für immer verlassen. Endgültig. Und du wirst einen wahnwitzigen Preis für deine Freiheit bezahlen müssen.

Und nun rief Ewald Reinberg an! Am richtigen Tag.

»Ich habe mir gedacht, wir könnten mal gut essen gehen«, sagte Reinberg fröhlich. »Wir haben doch hier in München ein russisches Spezialitäten-Restaurant.«

»Bitte nicht!« Bubrow starrte auf sein großes Reißbrett.

»Dann etwas anderes. Türkisch! Na, wie ist's damit? Ich habe Haxen mit Knödeln und Steaks mit Ketchup satt! Heute mittag, abgemacht?«

»Ja«, sagte Bubrow.

»Ich hole Sie um 13 Uhr ab? Einverstanden?«

»Einverstanden.«

Reinberg legte auf, wurde wieder Cohagen und rief in Bonn-Plitterdorf seine Botschaft an. Er wartete geduldig, bis man Oberstleutnant Dan Paddington gefunden hatte.

»Traritrara, eine Sondermeldung, Dan. Er hat angebissen!«

»Wer?«

»Bubrow. Ich gehe mit ihm essen. Türkisch. Ende der Woche – spätestens! – lege ich ihn dir auf die Matte, wenn er der ist, den ich vermute.« Er war stolz auf sein Gefühl – es reagierte wie eine Radarfalle.

Pünktlich um 13 Uhr stand Ewald Reinberg auf dem Parkplatz der Landeswasserbaubehörde und begrüßte Bubrow winkend mit beiden Armen, als sei er ein alter, selten gesehener Freund.

»Das ist schön, daß wir mal ein bißchen Zeit haben«, sagte er vergnügt und klopfte Bubrow auf den Arm. »Immer nur arbeiten, das hält selbst ein Roboter nicht aus. Auch der muß mal geölt werden. Kennen Sie türkischen Wein?«

»Nein.«

»Kennt kaum einer. Schade. Alles wird besungen, Mosel, Nahe, Rhein, Main, Chianti und Burgunder, griechischer Wein und Tokaier – aber für den Türkenwein gibt's noch nicht mal 'nen Werbeslogan. Ist wie mit Ihren grusinischen Weinen.«

»Was wissen Sie von grusinischen Weinen?« fragte Bubrow erstaunt.

Sie stiegen in Reinbergs alten Ford und fuhren in die Innenstadt. Der Mittagsverkehr auf dem Mittleren Ring nahm sie auf.

»Ich war mal in Sotschi«, plauderte Reinberg unbefangen. »Da habe ich alle Weine durchprobiert. Krimsekt habe ich gesoffen wie Mineralwasser. Und dann dieser Kognak, goldgelb schimmernd . . .«

»Jubilejny . . .« sagte Bubrow versonnen. »Auch der Dwin ist hervorragend.«

»Und gegessen hab' ich da! Was sage ich: gefressen! Forellen mit Baza-Nußsoße, Tabaka-Hühnchen, Hammelfleisch mit Backpflaumen . . .«

»Tschornosliwnaja baranjina . . .«

»Und zum Dessert Nuß-Pfannkuchen . . .«

»Orechowyje ljepeschki . . .«

»Mir tränen jetzt noch die Augen, wenn ich daran denke . . . Dieses paradiesische Sotschi!« Reinberg kam immer mehr ins Schwärmen, seine Wangen röteten sich vor Begeisterung. »Ich habe nie einen schöneren Strand gesehen als den von Lasarewskoje.« Er schielte zu Bubrow hinüber, der etwas zusammengesunken neben ihm saß und schweigend durch die Frontscheibe starrte. Seine Bakkenknochen spannten die Haut, er biß wohl die Zähne fest zusammen. Reinberg-Cohagen war sehr zufrieden mit sich. »Sie kennen Sotschi nicht, Herr Bubrow?«

»Ich kenne ein Sotschi, wo man in den für Ausländer geöffneten Hotels alles bekam, während die normale Bevölkerung manchmal wochenlang kein Fleisch sah. Und wenn, dann mußte sie sich schon nachts anstellen.« Bubrow winkte ab, als wolle er sich selbst das Wort abschneiden. »Sie haben recht, Herr Reinberg. Sotschi ist eine Stadt zum Verlieben. Ein poliertes Werbeschild. Aber das braucht man ja nicht so zu sehen.«

»Wann waren Sie in Sotschi?« fragte Reinberg vorsichtig. »Dürfen Sie da überhaupt noch hin, als Exilrusse?«

»Jetzt nicht mehr.«

»Was heißt jetzt?«

»Das ist nicht so einfach zu erklären.« Bubrow schwieg, blickte auf den starken Straßenverkehr, und Reinberg war klug genug, nicht weiter zu fragen. Schmor du jetzt im eigenen Saft, dachte er zufrieden. Ich koche dich schon gar. Im türkischen Restaurant bekamen sie einen Tisch in einer Nische. Dort saßen sie allein, das Lokal vor sich. Der Nachbartisch, durch eine halbhohe bespannte Holzwand von ihnen getrennt, war mit drei Türken besetzt, die einen Hammelspießbraten verzehrten und sich lauthals unterhielten.

»Überlassen Sie mir die Zusammenstellung des Menüs?« fragte Reinberg, als sie die Speisekarte bekamen. »Was mögen Sie nicht?«

»Ich esse alles. Nur nicht gerade gesottene Raupen.«

»Wir sind nicht in Taipeh, sondern in München.« Reinberg grinste. »Fangen wir mit einem Aperitif an, einem Honigschnaps?«

»Einverstanden.«

Reinberg stellte das Essen zusammen und orderte eine Flasche Weißwein, der honiggelb schimmerte und einen herrlichen, an Waldbeeren erinnernden Nachgeschmack hatte. Dann sah er Bubrow mit schräg geneigtem Kopf an.

»Sie sehen nicht fröhlich aus«, sagte er. Bubrow hob die Augenbrauen.

»Wer in Amerika eine Daueraufenthaltsgenehmigung haben will«, sagte er ohne Umschweife, »braucht den Nachweis einer Arbeitsstelle, einen Bürgen, einen festen Wohnsitz – stimmt das?«

»Und noch einiges mehr. Aber das ist alles zu schaffen.«

»In kürzester Zeit?«

»Was nennen Sie kurz?«

»Innerhalb von drei Tagen.«

»Nie und nimmer!« Reinberg-Cohagen spürte ein Kribbeln unter der Kopfhaut. Da braut sich was zusammen, spürte er. Gott im Himmel, liege ich richtig? Ist dieser Bubrow wirklich mehr als ein liebestoller Phantast?! »Sie wollen innerhalb von drei Tagen in die Staaten? Das ist schon für Touristen schwierig, wegen des Visums B 2! Aber immerhin, dieses Besuchsvisum bekommt man im allgemeinen sehr schnell beim Amerikanischen Generalkonsulat in München. Aber bei Ihnen wird es länger dauern; Sie sind Russe . . . Warum wollen Sie denn so schnell hinüber? Ich kenne einen der Konsulatsbeamten ganz gut, ich könnte mit ihm reden. Aber eine Woche wird es doch dauern. Sie sind noch nicht in Deutschland eingebürgert?«

»Nein.«

»Also noch Sowjetrusse?«

»Ja.« Bubrow sah keinen Anlaß, nicht die Wahrheit zu sagen. Seine Ausbürgerung wegen der Flugzeugentführung war ja nur ein Trick des KGB gewesen, um ihn in den Augen des Westens fleckenlos weiß werden zu lassen.

»Man müßte mal mit den amerikanischen Behörden sprechen«, sagte Reinberg-Cohagen nachdenklich. Komm aus dir heraus, Junge, dachte er. Spuck es aus! Leg die Karten auf den Tisch. Wir sollten jetzt einen Null ouvert spielen.

»Haben Sie ernsthaft vor, in den USA zu arbeiten?«

»Ja.«

»Und Ihre Frau?«

»Sie ist noch nicht –«

»Ich weiß.« Reinberg winkte ab. »Nicht auf dem Papier, noch nicht. Aber sie gehört doch zu Ihnen.«

»Das ist der richtige Ausdruck.« Bubrow sah Reinberg groß an. »Sie wissen, daß sie Ärztin ist?«

»Nein.« Reinberg log vollendet – er riß bei seinem Nein sogar erstaunt die Augen auf. »Eine richtige Ärztin?«

»Ja.«

»Für sie gäbe es in den USA gute Arbeitsmöglichkeiten. Aber, wie gesagt, das braucht alles seine Zeit. Die Bürokratie! Auch darin ist Amerika führend, man weiß das bloß nicht in Europa. Wer hier über die Beamten stöhnt, der kennt keine amerikanische Amtsstube.« Reinberg hob sein Weinglas und lächelte Bubrow ermunternd an. »Soll ich Ihnen helfen?«

»Auf welche Weise, Herr Reinberg?«

»Zunächst: Ich bürge für Sie und Ihre Frau.«

»Das würden Sie tun?«

»Noch mehr: Ich sorge dafür, daß Sie eine Stellung in unserem Konzern erhalten. Vorerst. Wenn sie erst mal drüben sind, sehen wir weiter. Damit hätten wir zwei grundlegende Einwandererprobleme bereits erledigt. Nur die Zeit kann ich nicht schneller laufen lassen.«

Nun komm doch, dachte er. Die goldene Brücke habe ich dir gebaut. Steig hinüber zu mir!

Bubrow schüttelte den Kopf. Ich habe nur noch drei Tage Zeit, dachte er. Orlowskij in seinem Hotel wartet. Mit ihm wartet Ussatjuk in Moskau. Und im Hintergrund wartet General Butajew von der GRU. Sie alle wissen nun, daß ich aussteigen will. Nur weil ich den Mikrofilm besitze, falten sie noch die Hände.

»Ich muß überlegen«, sagte er mit belegter Stimme. Er *mußte* die Zeit schneller laufen lassen. »Trotzdem, ich danke Ihnen herzlich, Herr Reinberg. Sie wollten mir helfen, das rechne ich Ihnen hoch an. Dabei kennen wir uns kaum.«

»Sie waren mir sofort sympathisch, Herr Bubrow.« Er weicht aus, dachte Cohagen. Er ist wie der tänzelnde Boxer im Ring. Er taucht weg, ist wieder da, sucht eine Chance. Wobei ich immer noch nicht weiß, ob er der große Gegner oder nur ein kleiner Alltagsidiot ist. »Ah! Da kommt der Ober. Ein solches Lammcarrée haben Sie bestimmt noch nicht gegessen.«

Später brachte Reinberg-Cohagen Bubrow mit seinem Ford zur Dienststelle zurück, versprach, ihn wieder anzurufen, bestellte Grüße an Frau Dr. Walther und fuhr davon. Bei einem im Abbruch befindlichen Haus hielt er an, klappte den Handschuhkasten heraus und verwandelte damit das Armaturenbrett in eine Telefonstation.

»Hier Ronny!« sagte er, als sich die CIA-Außenstelle in der Kaserne meldete. »Bereitet alles zum Empfang des Knaben vor. Keine Minute wird er aus den Augen gelassen, habt ihr verstanden? Er hört um 18 Uhr im Büro auf. Nach Steinebach gehen zwei Mann! In den nächsten 72 Stunden knallt es.«

Orlowskij platzte fast vor Ärger.

Abgesehen von kleinen Pannen, die immer und überall vorkommen, selbst bei dem überragenden israelischen Geheimdienst, hatte die Sektion Westeuropa des Obersten Michail Jefimowitsch noch keinerlei Anlaß zur Klage gegeben. Er hatte seine Agenten fest im Griff, die Agentenführer der einzelnen Plätze waren vorzüglich getarnt und ausgebildet, und Top-Leute saßen überall dort, wo keiner sie vermutete: in den Ministerien, in den Industrieverbänden, in großen rüstungswichtigen Werken, in Verwaltungen und Polizeipräsidien, im Bonner Abgeordnetenhaus, im Presseclub, bei den einzelnen Lobbys. Hervorragendes leisteten die Prominentenbordelle; auf breiten Fellbetten und vor Spiegelwänden, unter fleißigen, zärtlichen Händen gab es manchmal keine Geheimnisse mehr. Kein Anlaß zum Mißmut also.

Aber nun war aus diesem Bubrow eine Affäre geworden, die lag Orlowskij schwer auf dem Herzen.

Immerhin konnte Michail Jefimowitsch zu seiner Entlastung sagen, daß nicht er Boris Alexandrowitsch Bubrow nach Deutschland gebracht hatte, sondern daß ihm dieses Kuckucksei von Moskau ins Nest gelegt worden war. Somit war eigentlich Oberst Ussatjuk für das Fehlverhalten seines Mannes verantwortlich – aber sage das mal einer den Genossen in Moskau! An Orlowskij blieb der Fall hängen, und er hatte sich nun Gedanken darüber zu machen, wie man Bubrow zur Raison bringen konnte.

Natürlich fuhr Orlowskij nicht zu der sich in der Zeitung anbietenden Blondine. Er hatte andere Sorgen, als sich Individualmassagen zu unterziehen. Beim Etagenkellner bestellte er eine halbe Flasche Wodka – die beiden kleinen Fläschchen in der Minibar wirkten ja geradezu lächerlich! –, goß ein Wasserglas halb voll, nahm den Inhalt mit zwei Schlucken und seufzte wohlig auf.

Über Bubrow machte er sich keine Illusionen. Es waren schon etliche Agenten abgesprungen, übergelaufen oder »umgedreht« worden. Vor allem das »Umdrehen« war geradezu ein Leistungssport der Geheimdienste. Zumeist aber waren es kleine Pfeifen gewesen oder bereits ausgebrannte Lichter. Jeder Sieg der Gegenseite tat weh, gewiß, aber er ging nicht an die Substanz.

Bubrow war ein anderes Kaliber. Ihn ziehen zu lassen, das bedeutete einen Verlust, der nicht so bald wettgemacht werden konnte. Männer wie ihn gab es nicht im Dutzend, er war ein Glücksfall für den KGB. Verständlich, daß Ussatjuk jetzt an den Nägeln kaute und sich überlegte, wie sich die Affäre noch beherrschen ließ.

Für Orlowskij gab es nur eine Alternative: Entweder kehrte Bubrow sofort nach Moskau zurück und wurde aus diesem brisanten Fall herausgezogen – oder er provozierte seine Bestrafung, ganz gleich, wo er sich dann aufhielt. Davonlaufen konnte er nicht, dazu war die Welt zu klein.

Für ein paar sehr schöne Augenblicke phantasierte Orlowskij vor sich hin: Er bringt mir den Film, wir trinken wie Brüder miteinander, umarmen uns, küssen uns auf die Wangen, und ich werde sagen: »Boris Alexandrowitsch, ich kann dir von Sulfi Iwanowitsch bestellen, daß dein Auftrag beendet ist. Geh, wohin du willst. Du bleibst unser Bruder, solange du die Schnauze hältst . . .« Und Bubrow wird glücklich abziehen und noch in der gleichen Nacht an einer rätselhaften Vergiftung sterben.

Die beste Lösung wäre das! Lautlos und elegant.

Orlowskij trank die Flasche Wodka leer, legte sich aufs Bett und schlief, zufrieden mit seinen Gedanken, ein.

Am nächsten Morgen bummelte er durch die Münchener Einkaufsstraßen. Dann bestellte er bei der Rezeption des Hotels, man möge ein allenfalls abgegebenes Päckchen oder einen Brief auf sein Zimmer schicken. Danach rief er von einer Fernsprechzelle sein Büro in Brüssel an.

»Ihre Tante ist in Sorge«, sagte der Buchhalter der Fruchtimport-Firma, der eigentlich Major Rassul Davidowitsch Nikitsch hieß.

»Ich auch!« knurrte Orlowskij.

»Sie möchten doch mit Ihrem Neffen zu Besuch kommen. Es geht um das Erbe. Ihre Tante fühlt sich sehr elend.«

»Ich werde mit dem Burschen sprechen. Noch etwas?«

»Nein.«

Orlowskij hängte ein. Er atmete tief durch, um den Druck auf seiner Brust loszuwerden. Ussatjuk hatte gehandelt. Der Befehl zur Rückkehr war da. Wenn Bubrow sich jetzt weigerte, begann der letzte Abschnitt seines Lebens.

Er kehrte sofort ins Hotel zurück, in der Hoffnung, Bubrow habe den Film gebracht. Aber es war nichts abgegeben worden. Orlowskij wartete, las unruhig ein paar Zeitungen, aß eine ganze Packung Paprika-Chips auf und rief gegen Mittag Bubrow in der Wasserbaubehörde an.

Nicht da. Weggegangen zum Essen. Nein, nicht in die Kantine. Außer Haus.

Er kommt, dachte Orlowskij. Jetzt kommt er zu mir mit dem Film. Wie ein Vater zu seinem Sohn werde ich mit ihm sprechen. Er ist doch ein kluger Mensch! Besteht die Welt denn nur aus dem Schoß dieser Frau?!

Aber Bubrow kam nicht, er aß ja mit Herrn Reinberg türkisch.

Am späten Nachmittag rief Orlowskij abermals seinen Buchhalter in Brüssel an. Major Nikitsch konnte nur wiederholen, daß die kranke Tante wartete.

»Soll der Neffe enterbt werden, wenn er nicht kommt?« fragte Orlowskij. »Das gute Tantchen soll sich dazu äußern! Vielleicht bewegt ihn das, seine elende Verwandte zu besuchen. Ach, diese sorglosen jungen Leute . . .«

Nach dem Abendessen war sich Orlowskij klar darüber, daß Bubrow an diesem Tag nicht mehr zu ihm kommen würde. Er nahm ein Bad, sprühte sich mit herbem Eau de Toilette ein, zog einen neuen Slip an, blätterte in der Zeitung und suchte sich eine Nummer aus.

»Ja, bitte?« flötete eine süße Stimme. Im Hintergrund hörte man gedämpfte Musik.

»Sind Sie frei?« fragte Orlowskij, während er den Reißverschluß seiner Hose zuzog.

»Wenn Sie sofort kommen . . . Aubergstraße 14. Wo Marion steht, bitte zweimal klingeln.«

Mit Wut im Herzen über Bubrows böses Spiel und beschwingter Erwartung in den Gliedern ob der bezaubernden Stimme ließ sich Orlowskij in ein Taxi fallen.

»Ich werde morgen für zwei Tage verreisen«, sagte Bubrow beim Abendessen. Es gab Gulasch mit Spinatnudeln und hinterher einen Bratapfel mit Vanillesoße. An Spinatnudeln konnte sich Bubrow vollessen, bis er glaubte platzen zu müssen. »Eine Baustellenbesichtigung. Zu dumm, aber es muß sein. Wir müssen, wegen des Untergrunds, vor Ort Bohrungen vornehmen. Ich habe versucht, mich zu drücken, aber es geht nicht. Ich habe vier Details zu zeichnen.«

»Ich packe nachher einen kleinen Koffer mit dem Nötigsten.« Irene lächelte ihm ahnungslos zu. »Um was handelt es sich denn, Boris?«

»Um ein Auffangbecken. Ein Gebirgsbach, der bei Schneeschmelze immer sehr viel Wasser führt, soll besser ausgenutzt werden. Vor allem soll es keine Überschwemmungen mehr geben.«

»Dann fährst du morgen in die Alpen?«

»Ja.«

»Wie ich dich beneide! Jetzt beginnt die Wiesenblüte auf den Almen.«

»Willst du nachkommen?« Er beugte sich über den Tisch zu ihr. »Ich rufe dich sofort an, wenn ich dort ein Zimmer bekommen kann. Irininka, komm nach!«

»Ich habe mit Dr. Ewingk gesprochen.« Ihre Augen leuchteten glücklich. »Ich kann schon in vier Wochen Urlaub bekommen! Ein verheirateter Kollege mit Kindern ist zurückgetreten, er baut ein Haus und bleibt hier. Ist das nicht toll? Schon in vier Wochen. Wohin wollen wir fahren?«

»Überallhin, wo ich mit dir glücklich sein kann«, sagte er

etwas gepreßt. Wie fröhlich sie ist, dachte er. Nur noch vier Wochen . . . Irina, wo werden wir in vier Wochen sein?! Morgen, übermorgen werden wir es wissen. Und dann werde ich auch wissen, wie groß deine Liebe ist.

»Es ist das erstemal seit meiner Flucht, daß wir uns für zwei Tage trennen«, sagte er. »Es hat ein Jahr lang keinen Tag ohne dich gegeben.«

»Wirklich, das stimmt!« Sie sah ihn so zärtlich an, daß sein Herz zu zucken begann. »Es ist das erstemal.«

»Wirst du an mich denken? Du mußt immer an mich denken!«

»Es wird merkwürdig sein ohne dich, auch wenn es nur zwei Tage sind. Bestimmt, ich spüre es schon jetzt.« Sie lachte. »Aber es sind ja nur zwei Tage und zwei Nächte. Ich werde sie ausnutzen und die Wohnung gründlich putzen.«

»Denk immer an mich«, sagte Bubrow dumpf. »Und vergiß deine Liebe nicht.«

Sie hielt den letzten Satz für reichlich dumm; er klang so, als könne sie sich in diesen zwei Tagen für einen anderen Mann interessieren. Sie meinte zum erstenmal, bei Boris einen Anflug von Eifersucht feststellen zu können.

In der Nacht liebten sie sich, als sollten sie am Morgen getötet werden. Und einmal war es ihr sogar, als weinte Boris Alexandrowitsch, während er sein Gesicht zwischen ihre Brüste preßte.

Gegen Morgen, als sie erschöpft und fest schlief, schlich sich Boris hinaus und schrieb einen Brief an sie. Er warf ihn unten in den Kasten, während er zum Frühstück die Zeitung heraufholte, wohl wissend, daß sie erst am Abend, bei ihrer Rückkehr vom Labor, den Briefkasten aufschließen würde.

Dann war alles schon geschehen.

Die völlige Auslöschung des Boris Alexandrowitsch Bubrow.

Die »Fahrt zur Baustellenbesichtigung« fand erst am späten Vormittag statt. Irene mußte früher zu ihrer Arbeitsstelle, Bubrow blieb noch in der Wohnung. Der kleine Koffer für zwei Tage war gepackt.

Sie nahmen voneinander Abschied, als gehe Bubrow in eine andere Welt. Immer und immer wieder küßte er sie, ging mit ihr hinunter zur Haustür, stand dann auf der Straße und winkte ihr nach, bis das Auto um die Ecke bog. Ob ich sie wiedersehe? dachte er und fühlte einen Druck auf dem Herzen. Ob sie mir das verzeihen kann? Ob sie es überhaupt begreifen kann?! Ist der Brief genug für eine Erklärung? Ein Feigling bist du, Boris Alexandrowitsch. Wahrhaftig, eine Memme! Flüchtest dich in geschriebene Worte, statt mit ihr zu reden. Gerade das wird sie nie begreifen. Wovor hast du eigentlich Angst, Bubrow? Vor ihren Tränen, vor ihren entsetzten Augen, vor ihrer Fassungslosigkeit? Vor ihrem Entsetzen, daß man ihr so etwas antun konnte? Wo ist der furchtlose Bubrow geblieben, von dem Ussatjuk einmal gesagt hatte: »Wenn der Befehl käme, den amerikanischen Präsidenten zu entmannen – auch dafür käme nur Bubrow in Frage!«

Er blickte noch immer auf die Kurve, hinter der Irene verschwunden war, als von der anderen Seite ein auf Hochglanz polierter Jaguar heranrollte und vor ihm bremste. Ein Mann in elegantem Kamelhaarmantel stieg aus, schlug die Wagentür zu, musterte Bubrow und vergrub die Hände lässig in den Manteltaschen.

Bubrow, seit Orlowskijs Warnung vorsichtig wie ein gejagtes Tier, trat in den Hauseingang zurück und stellte sich mit dem Rücken gegen die Wand. So sieht kein Liquidator aus, dachte er. Sie kommen nicht in Kamelhaar und mit einem Luxuswagen.

»Wenn ich Sie so ansehe«, sagte der elegante Mann mit leicht spöttischem Unterton, »können Sie nur der Russe sein.«

Das war ein Anfang, der Bubrow beruhigen konnte, ihn

aber dennoch wütend machte. »Ja!« antwortete er. »Was wollen Sie?«

»Ich habe gesehen, daß Irene weggefahren ist. Ich stand dort hinten auf der Lauer, in der Hoffnung, den Russen noch anzutreffen. Und da sind Sie ja!«

»Wieso sagen Sie Irene?«

»Pardon. Das muß Sie verwundern. Mein Name ist Hanns Heroldt.« Er wartete eine Reaktion ab, aber Bubrow blieb abweisend. »Der Name sagt Ihnen nichts?«

»Gar nichts.«

»Irene hat ihn nie gebraucht?«

»Vielleicht. Ich weiß es nicht. Ich vergesse nichtssagende Namen.«

»Oho!« Heroldt wurde munter. »So unbedeutend bin ich nicht. In dem Bett, das Sie jetzt bevölkern, habe ich vor Ihnen drei Jahre lang gelegen.«

»Wen interessiert das noch?«

»Irene war meine Geliebte. Vielleicht verstehen Sie das besser.« Heroldt zeigte auf die Haustür. »Sollen wir uns auf der Straße unterhalten?«

»Ja.«

»Wollen wir nicht in die Wohnung gehen?«

»Nein.«

»Bitte, bitte!« Heroldt grinste unverschämt. »Ich kenne mich mit russischen Sitten nicht aus. Mag sein, daß Sie die Gosse brauchen, um sich wohl zu fühlen.« Er ging einen Schritt zurück, lehnte sich an seinen Jaguar und schlug ein Bein vors andere.

Bubrow musterte ihn stumm. Natürlich hatte Irene ein paarmal Hanns Heroldt erwähnt, aber er hatte immer gesagt: »Was gewesen ist, soll im dunkeln bleiben. Wir haben jetzt unser eigenes Licht entzündet.« Damit hatte er auch Irene die Möglichkeit genommen, ihn über sein früheres Leben zu befragen. Sie begnügte sich mit dem, was er ihr erzählte. Aber jetzt stand dieser Affe vor ihm, beleidigte ihn und kam sich sehr stark vor.

»Daß Irene in Sotschi war, verdanken Sie mir, wissen Sie das?« sagte Heroldt in impertinentem Ton. »Wir hatten Streit, und da ist sie eben allein in Urlaub gefahren. Die sanfte Irene kann eine ganz bissige Katze sein – ich meine nicht im Bett, sondern im täglichen Umgang. Tja, und in Sotschi meinte sie dann, ohne Kurschatten nicht auskommen zu können, schon um Rache an mir zu nehmen – und lachte sich einen feschen Iwan an. Ein paar Tage Rummel mit Anfassen, das ist ja ganz nett, aber wenn Sotschi unter den Flügeln des Jets verschwindet, ist auch das Abenteuer aus! Aber da drehen Sie durch, entführen ein Flugzeug und sind in München. Sie haben Irene einfach überrumpelt, ausgerechnet in dem Augenblick, als unsere Aussöhnung fast perfekt war.«

»Interessant«, sagte Bubrow ruhig.

»Das meine ich auch.« Heroldt grinste. Der Russe schien Wirkung zu zeigen. »Sind Sie tatsächlich der wahnwitzigen Ansicht, Sie könnten eine Frau wie Irene halten? Zugegeben; einen Russen als Geliebten hat nicht jede Frau. In der heutigen politischen Lage ist das sogar etwas Exotisches! Rundherum wilde Aufrüstung – und dann einen Sowjetmenschen, einen strammen Kommunisten im Bett zu haben, wie reizvoll! Sie sind doch Kommunist?«

»Ja.«

»Das sagen Sie so einfach daher?«

»Und Sie bekennen genauso einfach, daß Sie ein großes Schwein sind.«

Heroldt zuckte zusammen, stieß sich von seinem Jaguar ab und kam zu Bubrow heran. »Die altbekannte russische Frechheit!« sagte er mit heiserer Stimme. »Sich in alles einmischen, überall Unfrieden und Chaos säen, alles infizieren, anderer Leute Recht verleugnen!« Heroldt atmete tief auf. »Was kosten Sie, Bubrow?«

»Ich verstehe dich nicht, du stinkendes Schweinchen.« Bubrow lächelte böse. »So muß ein Russe sprechen, nicht wahr? Das erwartet ihr doch von uns.«

»Sie brauchen einen neuen Start im Westen. Ich gebe Ihnen 50 000 Mark, und Sie ziehen weit weg von hier.«

»Sie wollen mir Irene abkaufen?«

»Gewissermaßen.«

»Und sie ist Ihnen soviel wert?«

»Das sehen Sie doch.«

»Mir ist sie noch mehr wert!« sagte Bubrow ernst. »Für sie kann kein Betrag hoch genug sein. Aber Sie sind keine Kopeke wert!«

»Du eingebildeter Russenlümmel!« knirschte Heroldt und nahm die Fäuste aus den Manteltaschen. »Ich werde mit dir sprechen, so wie ihr Zwiebelfresser das versteht!«

Es brauchte genau drei Schläge!

Bubrow beugte sich ein wenig vor, fixierte Heroldts arrogantes Gesicht, erkannte den geradezu tierischen Angriffswillen in seinen Augen – und schlug zu.

So blitzschnell, aus der Schulter heraus, erfolgte der Schlag, daß Heroldt ihn nicht einmal kommen sah. Er traf genau seine Kinnspitze.

Heroldt hatte ein Gefühl, als hebe er sich schwerelos vom Boden ab. Er war bei vollem Bewußtsein, aber all seine körperlichen Funktionen waren gelähmt. Er drehte sich um die eigene Achse, wie ein Pirouettentänzer, nur nicht so elegant, und fiel gegen seinen Wagen, wo er halb über der Kühlerhaube hängenblieb. Erst dann spürte er den Druck, der dumpf in sein Hirn drang.

Mit einer Reflexbewegung wollte er das rechte Bein heben und zutreten, als Bubrow ihm nachsetzte und ihm den zweiten Schlag verpaßte. Er traf seine Nase, Blut schoß aus den Nasenlöchern und floß über das Seidenhemd, den Pucci-Schlips und den Mooshammer-Anzug. Der dritte Schlag beendete das Bewußtsein Heroldts. Er traf wieder das Kinn, der Kopf flog nach hinten. Er breitete die Arme aus und lag wie gekreuzigt über der Kühlerhaube.

»Zwiebeln sind gut und machen stark«, sagte Bubrow ohne Erregung. »Auch Gurken essen wir gern.«

Er wandte sich ab, ließ Heroldt ohnmächtig auf seinem Jaguar liegen und ging ins Haus zurück. Im Keller holte er aus der verschmierten Mauernische den Mikrofilm, steckte ihn ein, ging nach oben in die Wohnung, nahm seinen kleinen Koffer und kehrte zur Haustür zurück.
Sein Moped stand in einem Verschlag neben dem Haus.
Heroldt und sein schöner Wagen waren fort. Nur ein paar Blutstropfen auf der Straße erinnerten an das knappe Gespräch.
Bubrow ließ das Moped an und fuhr nach München.
Am Fenster eines Nachbarhauses stand ein Mann und hielt einen Telefonhörer ans Ohr. Vor einer Woche hatte er das möblierte Zimmer gemietet und war angeblich der Fernsehredakteur Horst Wranger.
»Er fährt jetzt ab«, sagte er ins Telefon. »Mit einem Koffer auf dem Gepäckträger. Der Kerl mit dem Jaguar ist knapp vor ihm. Junge, Junge, hat dieser Bubrow einen Puch! Zehn Jahre jünger – und er würde jeden Ring leerfegen!«
»Fred übernimmt ihn jetzt. Du kannst nachher kommen.«
Cohagen blickte auf seine Uhr. In spätestens zwei Stunden konnte das ganz große Ding passiert sein, vorausgesetzt, er hatte richtig überlegt. »Ende.«
Bubrow fuhr zunächst zu seiner Dienststelle, was Cohagen sehr unsicher werden ließ. Dort legte er den Film in ein Päckchen, schrieb Orlowskijs Hoteladresse darauf und fügte einen Zettel bei: »Sofort zur Tante bringen. Adieu für immer.«
Dann rief er einen Büroboten, gab ihm fünf Mark Trinkgeld und trug ihm auf, das Päckchen im Hotel abzugeben.
Das tödlichste Geheimnis der westlichen Rüstungsforschung wurde in einem Behördenauto zum KGB gebracht.
Es war die letzte Glanzleistung des Boris Alexandrowitsch Bubrow.

Der Wachtposten am großen Eingangstor der amerikanischen Kaserne war keineswegs erstaunt, als ein Zivilist mit einem Koffer in der Hand zu ihm kam und ihn nach dem Büro der CIA fragte. Bubrow fand dies irgendwie enttäuschend. Es kam ja nicht alle Tage vor, daß ein sowjetischer Top-Agent sich den Amerikanern stellte.

Auch daß ein völlig Fremder fragte: Wie komme ich zur CIA?, obwohl diese Dienststelle geheim, jedenfalls nur einem kleinen Kreis Eingeweihter bekannt war, löste keine Aktion aus. Der Posten sagte in seinem breiten Texas-Englisch: »Stabsgebäude, zweiter Stock, Zimmer 19 bis 22.« Dann kurbelte er die Schranke hoch, weil ein Küchenwagen durch das Tor fuhr.

Bubrow sah sich etwas hilflos um, verglich die Sorglosigkeit der Amerikaner mit dem immer gegenwärtigen Mißtrauen der Sowjets, die ihn, wenn er gefragt hätte, wo man zur GRU komme, sofort in Verwahrung genommen hätten. Dann ging er unangefochten über die breite Allee zu dem langgestreckten Stabsgebäude, kenntlich an einer großen Uhr über dem Eingang.

Erst dort kümmerte man sich um ihn. Zwei hünenhafte Militärpolizisten mit weißen Koppeln und Schulterriemen und dem dicken »MP« auf dem weißen Stahlhelm nahmen ihn in Empfang und brachten ihn zum Zimmer 22.

In Bubrow war ein eigentümliches, taubes Gefühl. Nun gibt es kein Zurück mehr, dachte er. Jetzt ist alles endgültig! Der große Schritt ist getan – und er vollzog sich so undramatisch wie ein Gang zum Badezimmer. Die Dramatik spielt sich nur in einem selbst ab, im Gewissen, in der Seele, im Gefühl. Durch diese innere Hölle muß man hindurch, allein. Erst dann ist man fähig und bereit, das Neue, Unbekannte aufzunehmen.

Der Amerikaner in Zimmer 22 war ein jüngerer Mann mit Bürstenhaarschnitt und einem kantigen Gesicht, ganz so, wie man im Film einen Geheimdienstler darstellt. Auch das enttäuschte Bubrow zunächst. Das Klischee, das man von den »Amis« verbreitete, schien sogar zu stimmen.

Die beiden Militärpolizisten grüßten, ließen Bubrow im Zimmer stehen und gingen hinaus. Der CIA-Mann hob die rechte Hand und sagte leutselig »Hey!«. Dann ging die Verbindungstür zum Nebenzimmer auf – und Cohagen kam herein.

Jetzt begriff Bubrow plötzlich, warum sein Erscheinen fast als selbstverständlich hingenommen wurde. Er setzte seinen kleinen Koffer ab und lehnte sich gegen die Schreibtischkante.

»Ich bin ein Rindvieh!« sagte er laut. »Es war höchste Zeit, daß ich aufgegeben habe. So etwas darf einem Mann wie mir nicht passieren. Ich hätte es merken müssen, Herr Reinberg. Sulfi Iwanowitsch würde sich die Haare ausraufen, wenn er das jemals erführe! Man hat recht bei uns: Der westliche Kapitalismus paralysiert jeden, der seinem Einfluß ausgesetzt ist. Er weicht auf.« Er holte tief Atem. »Was wissen Sie von mir, Herr Reinberg?«

»Ich bin Major Ronald Cohagen.« Cohagen lächelte, legte den Arm um Bubrows Schulter und führte ihn in sein Zimmer. Es war etwas komfortabler ausgestattet, mit einer Sesselgruppe, einem runden Tisch und der amerikanischen Fahne in der Ecke. Auf dem Tisch standen Gläser und eine Wodkaflasche. Wodka Moskowkaja – wohl damit es ein wenig heimatlich wirkte. Alles sah so aus, als habe man auf Bubrow gewartet.

»Ich weiß nichts von Ihnen, Bubrow.« Cohagen setzte sich, nachdem sein Besucher sich in einen der Sessel hatte fallen lassen. Er griff zum Wodka und goß ein. »Das heißt: ich kenne natürlich die Geschichte von der Flugzeugentführung. Ihre himmelhochjauchzende Liebesgeschichte mit Dr. Irene Walther, die in Sotschi begann. Aber da ging in mir plötzlich ein Lämpchen an. Sie müssen wissen: Ich bin ein Typ, der einen geheimnisvollen Sender in sich hat. Man kann das nicht erklären – aber ich *spüre,* wenn etwas faul ist. Und als ich Ihre Geschichte in den Akten der CIA nachlas, rumpelte es in mir ganz gewaltig! Für meine Verrücktheiten bin ich im Amt berühmt, aber meine Erfolge geben mir immer recht. So bin ich auch jetzt bei Ihnen wie ein einsamer Wolf auf der Fährte! Niemand hat mir geglaubt; in den Akten stehen Sie weiß da wie ein gebadetes Lämmchen.« Cohagen hob das Wodkaglas, prostete und lachte. »Sa wasche sdarowse . . .«

»Spasiba!« Bubrow kippte das Glas in einem Zug weg. »Können Sie noch mehr Russisch, Major Cohagen?«

»Freunde nennen mich Ronny. Boris, wir sind doch Freunde, nicht wahr?«

»Dann sagen Sie Borja zu mir, Ronny.«

»Mit Freuden! Nein, Russisch kann ich nicht; nur zu Ihrem Empfang habe ich ein paar Worte gelernt. Aber ich möchte Sie nicht damit belästigen. Wollen Sie lieber Englisch sprechen, oder bleiben wir beim Deutsch?«

»Unter uns Englisch. Ich werde es ja bald sprechen müssen.« Bubrow setzte sich so steif in den Sessel, als müsse er im Sitzen eine Meldung machen. »Ich bitte um politisches Asyl und um vollkommenen Schutz durch die USA. Ich bin Hauptmann Boris Alexandrowitsch Bubrow vom KGB, Moskau. Sonderbeauftragter der Abteilung IIa, Oberst Ussatjuk, in Zusammenarbeit mit der GRU, General Butajew.«

»Da haben wir es, das dicke Ei!« sagte Cohagen. Er konnte und wollte auch gar nicht verhindern, daß seine Stimme vor innerer Erregung nun doch etwas heiser klang. »Sie sind also ein Goldfisch, Borja?«

»Das zu beurteilen, überlasse ich Ihnen, Ronny.« Bubrow sah sich um. »Ein Tonband läuft doch mit?«

»Aber natürlich!« Cohagen lachte. »Das ist doch klar.«

»Ich bitte deshalb um Schutz, weil ich mich vom KGB abgemeldet habe.«

»Du lieber Himmel, die wissen, daß Sie hier sind?«

»Nein. Ich habe hinterlassen, daß ich nicht nach Moskau

zurückkehre. Ich erwartete diesen Befehl. Er mußte heute oder morgen kommen. Noch weiß niemand, daß ich bei Ihnen bin. Am Abend wird es Irina wissen, ich habe einen Brief hinterlassen.« Bubrow sah Cohagen sehr ernst an. »Bitte, Ronny, kümmern Sie sich um Irina! Lassen Sie sie abholen und hierher bringen, unauffällig. Das ist die einzige Bedingung, die ich zu stellen habe. Was auch weiter geschieht mit mir: Irina muß bei mir sein! Nur ihretwegen bin ich ausgestiegen.«

»Also doch: Die Liebenden von Sotschi!« Cohagen nickte. »Wir bringen sie her – wenn sie will.«

»Sie wird nach dem Brief wie gelähmt sein. Oder völlig aufgelöst. Ich muß ihr hier, bei Ihnen, Ronny, beweisen, wie sehr ich sie liebe, und daß diese Liebe mein ganzes Leben verändert hat.«

»Das wird schwieriger werden als Ihre Flugzeugentführung, Borja.«

»Auf jeden Fall. Die Entführung war ein genialer Trick des KGB, um mich als Unschuldslamm hinauszukatapultieren. Die Flugzeugbesatzung hatte keine Ahnung, für sie war's echt. Aber unsere Botschaft in Bonn spielte mit, das Außenministerium, das Innenministerium, das meine Auslieferung als Verbrecher verlangte und eine Trübung der deutsch-sowjetischen Beziehungen ankündigte, falls man sie ablehnte. Das war der ungeheuer kritische Punkt des ganzen Planes: Was geschah, wenn die Bundesregierung mich wirklich auslieferte? Möglich war das schon bei dieser Regierung in Bonn. Sie tat es nicht, aber nur deshalb nicht, weil unsere Botschaft nicht mehr dahinterhakte und auf die ängstlich erwarteten Repressalien verzichtete.«

»Fast genau so habe ich mir das gedacht. Aber mir hat keiner geglaubt. Unsere Sorglosigkeit und Ahnungslosigkeit gegenüber dem Osten ist erschreckend! Der brave, Frieden liebende Russe! Diese Idiotie ist ein Bazillus, der langsam, aber gründlich die ganze Menschheit zerfrißt.

Da können zahllose Panzerarmeen an der Grenze stehen – sie werden eher bewundert, als daß man ihren wahren Auftrag erkennt!«

»Ronny, der Westen ist keineswegs ein Ringelreihen tanzender Kindergarten! So ist das durchaus nicht. Sie haben da vom Bazillus geredet –«

»Jetzt kommen wir auf den Kern, Borja: Irene Walther und ihre Bakterienforschung – darauf waren Sie angesetzt vom KGB und von der GRU?«

»Ja. Was da im geheimen konstruiert wird, übertrifft alles, was normale Menschenhirne begreifen können. Wenn diese Waffen zum Einsatz kommen, ist unser Planet kahl. Er ist kahl, wenn man keine Gegenwaffe hat!«

»Und die Gegenwaffe schafft dann den Rest!« sagte Cohagen sarkastisch. »Borja, was wissen Sie bereits über die deutsche B-Forschung?«

»Wenig.« Bubrow sah Cohagen voll an. Lügen und Bluffen war die geringste der Künste, die Bubrow meisterhaft beherrschte.

»Wenig ist relativ. Was haben Sie nach Moskau gemeldet?«

»Nichts.«

»Borja, wer soll Ihnen das glauben?«

»Ich kann nicht mehr sagen. Irina hat nie über ihre Forschungen gesprochen, ich hatte nie Gelegenheit, in ihr Labor zu kommen, auch eingebrochen habe ich nicht. Ich habe nicht einmal Wissenschaftler mit Sexfotos erpreßt, wie das so toll in den Agentenfilmen gezeigt wird.«

»Und das wollen Sie mir allen Ernstes verkaufen, Borja?« sagte Cohagen fast fröhlich. »Mein Junge, was war mit Ihrem Treff am ›Hertie‹-Bierausschank?«

»Ich gratuliere Ihnen! Da hatten Sie mich im Visier? Ich habe nichts bemerkt.«

»Sie kamen ziemlich wackelig aus dem Kaufhaus heraus. Ihr Gesprächspartner muß eine harte Nuß gewesen sein. Im Hotel ist er als Harrelmans aus Brüssel gemeldet.

Fruchtimporte. Es ist nicht anzunehmen, daß Sie ihm Gurken vermitteln wollten. Ist Harrelmans ein V-Mann? Ich habe sofort nachgeforscht bei allen Erkennungsdiensten: Ein Harrelmans ist neu im Betrieb. Aus Brüssel fehlt mir noch die Nachricht, aber auch sie wird negativ sein.«

»Bestimmt.« Bubrow lehnte sich zurück. »Ich möchte erst ins Detail gehen, wenn Irina hier ist.«

»Das kann nicht vor heute abend sein.«

»Seien Sie nicht so ungeduldig, Ronny.«

»Sie haben etwas vor, Borja!« Cohagen legte den Kopf schief und musterte Bubrow eindringlich. Aber er sah nur ein Pokergesicht und mußte zugeben, daß Bubrow im Augenblick das Geschehen noch bestimmen konnte. Die CIA konnte ihn nicht verhaften; dazu mußte man das Dezernat 14 in München alarmieren. Man konnte ihn nur aus dem Verkehr ziehen, aber auch das nur, wenn er es wünschte. Freiwillig. Zwingen konnte man ihn nicht. Nicht auf deutschem Boden. »Sie basteln da an einem ganz gemeinen Trick. Ist das Freundschaft?«

»Lassen Sie mich noch für wenige Stunden Russe sein, Ronny.«

»Verdammt, was läuft da draußen?« Cohagen sprang auf und lief unruhig im Zimmer hin und her. »Welch ein raffinierter Hund sind Sie doch, Borja! Sie machen mich zum Gehilfen irgendeiner Schweinerei! Sie rechnen so: ›Ich übergebe mich den Amerikanern, und bei der Bombe, die ich bin, sind sie überglücklich, daß *sie* mich haben und nicht die Deutschen.‹ – Nun müßte ich, da Sie mir diskret eine Sauerei ankündigen, sofort die deutschen Behörden benachrichtigen. Das bedeutet aber, daß ich Sie an das Landesamt für Verfassungsschutz abgeben muß! Und da bei Ihnen die GRU mitspielt, schalten sie auch noch MAD und BND ein. Für uns sind Sie dann verloren. Das wissen Sie ganz genau, und Sie wissen auch, daß ich Sie nicht hergeben will, weil Sie für die USA viel zu wichtig sind. Und so stehe ich hier, ahne, daß in den nächsten Stunden etwas

Gemeines passiert, und kann nichts tun, als mitzuspielen. Borja, Sie sind ein cleverer Saukerl!«

»Wann können wir nach Amerika?« fragte Bubrow.

»Das haben wir gleich.« Cohagen ließ sich mit der Botschaft in Bonn verbinden und Oberstleutnant Paddington holen. »Hallo, Dan«, sagte er. »Ich brauche heute nacht noch eine Kuriermaschine nach New York. Sag nicht, heute fliegt keine mehr. Irgendeine Düse ist immer unterwegs, und in der brauche ich drei Plätze. Ja, in der Nacht. Dan, ich bin besoffen, aber vor Freude. Er ist da! Sitzt hier vor mir und trinkt Wodka. Nein, er kommt nicht nach Bonn zu euch, er fliegt sofort nach New York! Mir ist Wurscht, ob du Leiter Germany bist – ich habe alle Sondervollmachten von Phil Boone. Außerdem hat er noch nichts gesagt, und er spuckt auch nichts aus, bevor er in Sicherheit ist! Dabei ist er voll wie ein kochender Suppentopf. Dan, mach keinen Scheiß, ich brauche heute nacht drei Plätze Kurier nach New York! Ruf mich wieder an.« Er legte auf und nickte Bubrow, der interessiert zugehört hatte, lächelnd zu. »Der gute Dan! Joggt jetzt vor Aufregung aus seiner Unterhose! Wetten, daß er in drei Stunden hier ist? Der greift sich den nächsten Jäger! – Borja, ich bitte Sie . . .«

»Glauben Sie, daß wir in New York sicher sind?«

»Das beste Versteck ist die Großstadt. Sicherer als jeder Dschungel. Mein Gott, wir könnten Sie in Indiana verstecken oder in Delaware, in Missouri oder North Carolina, die Prärien sind auch heute noch unendlich genug, aber je kleiner der Ort, um so mehr fällt ein Russe auf.«

»Ich spreche doch ein vorzügliches Englisch, nicht wahr?«

»Zu vorzüglich!« Cohagen setzte sich wieder und griff nach dem Wodka. »Bis der erste Sturm vorüber ist, leben Sie in Manhattan am sichersten.«

»Erwarten Sie eigentlich viel von mir, Ronny?«

»Eine ganze Menge. Sie nannten vorhin den Namen Ussatjuk. Der ist für Ihre Qualität Ausweis genug.«

»Sie kennen ihn?«

»Wir sind uns ein paarmal auf der dunklen Ebene begegnet. Erinnern Sie sich an den Fall Swardowskij in Istanbul?«

»Aber ja. Swardowskij ging mit vier Mann in die Falle.«

»Die Falle war ich.« Cohagen lachte leise. »Und die Sache mit Mahmed Bougharem in Beirut . . .«

»Die hätte Ussatjuk fast ein Magengeschwür eingebracht.« Bubrow starrte Cohagen an. »Ronny, Sie sind ein As und ein Aas!«

»Und nun habe ich Bubrow, Ussatjuks besten Mann! Irre ich mich? Borja, Sie stehen doch ganz oben?«

»Lassen Sie mir jetzt noch ein wenig Ruhe, Ronny.« Bubrow trank sein Glas leer. »So lange, bis Irina gekommen ist. Haben Sie ein Zimmer für mich? Ich möchte allein sein.«

»Ein neuer Trick?«

»Nein!« Bubrow senkte den Kopf. »Aber verstehen Sie mich doch: Ich verlasse mein Vaterland, ich verlasse meine Identität, ich verrate meine ehemaligen Freunde, ich gebe alles auf, was bisher mein Leben ausgemacht hat, ich schlage meiner Heimat ins Gesicht. Aber ich liebe mein Rußland. Ich möchte jetzt allein sein und weinen. Vielleicht kann das nur ein Russe verstehen.«

Stumm, mit zusammengepreßten Lippen, erhob sich Cohagen. Er ging zu dem zusammengesunken sitzenden Bubrow, klopfte ihm auf die Schulter, strich ihm über das Haar und wandte sich dann zur Tür.

»Sie können hierbleiben, Borja«, sagte er. »Niemand wird Sie stören. Ich werde erst wiederkommen, wenn Sie auf den grünen Knopf am Telefon drücken.« Borja nickte. Dann, als Cohagen die Tür hinter sich zugezogen hatte, legte er den Kopf weit in den Nacken und bedeckte sein Gesicht mit beiden Händen.

Orlowskij kam nach dem Mittagessen in einem Münchener Bräukeller beschwingt ins Hotel zurück. Die Ursache seiner Fröhlichkeit war allerdings weder die Leberknödelsuppe noch die glacierte Schweinshaxe, sondern Mai-theng, eine zierliche Thailänderin, die unter »Erleben Sie asiatische Zärtlichkeit« in den Zeitungen annoncierte.

Der Mittag bei Marion am Tag zuvor (zweimal klingeln) war eine Enttäuschung gewesen. Marion machte es ganz cool, kassierte im voraus und sagte zwischendurch, mit einem Blick auf den Wecker neben dem Bett: »Nun mach schon, Süßer!«

Mai-theng, die zärtliche exotische Blume, entschädigte ihn für alle Unbill. Sie gab ihm das Gefühl, der Größte zu sein, der Stärkste, der Faszinierendste. Hinterher küßte sie seinen Nabel und bedankte sich demütig für diese Stunde. Dieses asiatische Erlebnis beschwingte Orlowskijs Seele.

Um so ernüchternder war die Rückkehr in den Alltag, als ihm an der Rezeption des Hotels das kleine Päckchen ausgehändigt wurde.

»Ein Bote des Wasserbauamtes hat es gebracht«, sagte der Portier.

Orlowskij fuhr sofort auf sein Zimmer, riß die Verpak-kung auf und sah die winzige Filmkassette. Dann las er Bubrows Abschiedszettel und spürte, wie ihm plötzlich der Schweiß ausbrach. Er holte sich aus der Minibar die beiden kleinen Flaschen Wodka, schraubte sie auf, verzichtete aufs Glas und trank sie gleich leer.

»Wie kann man nur ein solcher Idiot sein?« sagte er laut. »Wo willst du denn hin, Borja?!«

An die Möglichkeit, daß Bubrow zu den Amerikanern überlaufen könnte, dachte Orlowskij nicht. Für ihn war dieser Gedanke unrealistisch. Ein Bubrow liefert sich nicht dem Feind aus. Er wird höchstens ein Einzelgänger, und das würde er nicht lange bleiben! An diesem frühen Nachmittag zeigte es sich, wie reibungslos und gut eingespielt die sowjetische Spionage funktionierte. Schlag folgte auf Schlag.

Orlowskij rief seinen »Buchhalter« in Brüssel an.

Brüssel verständigte Moskau.

Ussatjuk sprach sofort mit General Butajew von der GRU. Butajew unterrichtete das Innen- und das Außenministerium.

General Nassarow vom sowjetischen Generalstab fuhr sogleich zu Ussatjuk.

Das Außenministerium alarmierte die Sowjetische Botschaft in Bonn.

Die Sowjetische Botschaft in Bonn wurde mit einer Blitz-Démarche bei der Bundesregierung vorstellig.

Mit größtem Nachdruck wurde die Auslieferung des sowjetischen Bürgers Boris Alexandrowitsch Bubrow, jetzt wohnhaft in Steinebach am Wörthsee bei der Ärztin Dr. Irene Walther, verlangt. Nachforschungen hätten ergeben, daß Bubrow verantwortlich für zwei Morde in Samtschetskoj, einem Ort im südlichen Sibirien, sei. Raubmorde. Man würde es als einen unfreundlichen Akt gegenüber der Sowjetunion betrachten, wenn . . .

Die Démarche wurde gegen 19 Uhr von einem Boten abgegeben. Ohne im einzelnen darauf einzugehen, denn der Vorwurf mußte ja zunächst überprüft werden, ging ein Hinweis an den Polizeipräsidenten von München. Das war um 20 Uhr 20.

Mordverdacht . . . Das war das 1. Kommissariat! Aber dort war der Fall Bubrow noch gut in Erinnerung: Kidnapping eines Flugzeuges aus Liebe. Dann politisches Asyl. Politische Fälle aber sind Sache des Dezernats 14.

Um 21 Uhr hatte der wachhabende Kommissar das heiße Eisen auf dem Tisch. Er rief seinen Dezernatsleiter an; dieser versuchte sofort, den Polizeipräsidenten zu bekommen. Der PP aber war zu einer Geburtstagsfeier eingeladen. Man holte ihn aus der fröhlichen Gesellschaft heraus zum Funktelefon seines Begleitfahrzeuges.

Gegen 22 Uhr 19 bremste vor der Wohnung von Dr. Irene Walther der Funkwagen der Polizei von Steinebach. Trotz stürmischen Klingelns öffnete niemand. Aber ein Nachbar wußte Bescheid.

»Die Frau Doktor ist vor etwa drei Stunden von einem Auto abgeholt worden«, sagte er. »Jawohl. Münchener Nummer. Die sind sicherlich irgendwo in der Stadt zum Essen. Das kommt öfter vor.«

Der Streifenführer gab die Lage nach München durch. Neue Anweisung: Bei Rückkehr von Herrn Bubrow diesen sofort nach München, Dezernat 14, überstellen. Das heißt: ihn bitten, mitzukommen. Einen Haftbefehl gab es nicht. Wer unschuldig ist, kommt auch freiwillig mit.

Um diese Zeit saß Irene Walther schon drei Stunden in Cohagens Zimmer, zitternd, mit bis zum Zerreißen gespannten Nerven. »Ich kann das nicht begreifen«, schluchzte sie. »Ich will das gar nicht begreifen. Wie kann man das verstehen: Boris ein sowjetischer Spion? Oh, wenn ich doch jetzt sterben könnte – einfach sterben . . .«

Bubrow stand, mit dem Rücken zu ihr, am Fenster und hatte das Gesicht an die Scheibe gepreßt.

Er weinte.

Genau um Mitternacht sagte Bubrow zu Cohagen:

»Ronny, ich stelle mich unter den Schutz der Vereinigten Staaten. Ich habe dein Wort?«

»Du hast es.«

Bubrow sah sich um. Cohagens Zimmer war voll von Männern. Der Zigarettenrauch lag wie eine dicke Nebelwolke über den Köpfen. Oberst Behrends und Major Assendorff vom MAD waren gekommen, der Leiter des Dezernats 14, ein Verhörexperte des BND, zwei Beamte des Landeskriminalamtes Bayern, Abteilung VIII, und zwei Beamte des Landesamtes für Verfassungsschutz. Cohagen sah kein Problem mehr darin, die deutschen Stellen zu informieren, nachdem die Amerikanische Botschaft unmißverständlich klargemacht hatte, daß der Fall Bubrow allein Sache der Amerikaner sei. Er befand sich auf amerikanischem Kasernengelände und würde noch in dieser Nacht mit einem Hubschrauber zur Militärbasis Frankfurt gebracht werden. Von dort würde gegen Morgen ein Kurierflugzeug nach den USA starten.

An Bubrow kam keiner mehr heran. Nur sprechen konnte man ihn noch.

Natürlich war Dan Paddington eingetroffen, wie Cohagen vorausgesagt hatte. Sein Erscheinen war wichtig: Er brachte die telegrafisch von Washington ausgestellte Asylbescheinigung mit.

In der Ecke des Zimmers, in einem tiefen Ledersessel, bleich und mit geröteten Augen, saß Irene und sah Bubrow starr an, als begreife sie das alles noch nicht. Sie war betrogen worden, abermals von einem Mann betrogen worden, von dem Mann, den sie zum Mittelpunkt ihres Lebens gemacht hatte, dem sie geglaubt hatte wie der Sonne, daß sie morgens aufgehe und abends versinke. Sie hatte sein Geständnis gehört, sie hatte ihn weinen sehen wie ein Kind, und sie hatte gedacht: Er ist nach Sotschi gekommen mit dem Befehl, mich zu lieben. Alles Glück war nichts als ein abgekartetes Spiel. Die Bootsfahrten, die Ausflüge nach Krasnaja Poljana, zum Rizasee, nach Suchumi und Noworossisk – alles Lug und Trug! Die unvergeßlichen Nächte in seinen Armen, alle Worte, alle Zärtlichkeiten – bestellt vom KGB! Mißbraucht worden bin ich, geschändet, zum Werkzeug erniedrigt! Und dann dieses große Welttheater mit der Flugzeugentführung!
Boris, verlangst du, daß ich das verkrafte?!

Bubrow griff in die Innentasche seines Jacketts und holte ein Blatt Papier hervor. Cohagen starrte es fasziniert an. Bisher hatte er keine Ahnung gehabt, daß Bubrow das vielleicht wichtigste Dokument der Geheimdienste der letzten Jahre so einfach im Rock mit sich führte.

Noch einmal blickte Bubrow auf seine Uhr.

Jetzt ist Orlowskij längst wieder über die Grenze in Brüssel, dachte er. Der Mikrofilm ist in Sicherheit. Ich habe meinem Vaterland einen großen Dienst erwiesen – aber es war anzunehmen, daß man in Moskau darunter nur eine Selbstverständlichkeit verstand.

Er atmete tief aus, verkrampfte die Finger um den Bogen Papier und blickte Cohagen an, der ihm ermunternd zunickte und plötzlich ein gerötetes Gesicht hatte.

»Für die Herren, die es noch nicht wissen«, sagte Bubrow mit deutlicher Stimme in deutscher Sprache, »möchte ich mich vorstellen: Mein Name ist Boris Alexandrowitsch Bubrow. Hauptmann im KGB Moskau, Mitglied der kommunistischen Partei, Delegierter der sowjetischen Ingenieur-Verbände, Träger von vier Verdienstorden und Medaillen, Verdienter Aufbauschaffender der Sowjetunion. Innerhalb des KGB bin ich Sonderbeauftragter der Abteilung IIa unter Oberst Sulfi Iwanowitsch Ussatjuk. Mir wurden von der Zentrale besonders wichtige Einsätze übertragen, Einsätze in aller Welt. Ich werde noch darüber sprechen. Mein letzter Auftrag hieß, über Frau Dr. Walther an die Pläne oder die Forschungsberichte der deutschen B-Waffen-Entwicklung heranzukommen. Dieser Plan wurde kurzfristig in der Zentrale entworfen, nachdem bekanntgeworden war – durch die Visa-Abteilung unserer Botschaft in Bonn –, daß Irene Walther einen Urlaub in Sotschi verbringen würde.«

»Eine gewaltige Sauerei!« sagte Oberst Behrends vom MAD laut. »Man hätte von unserer Seite diesen Urlaub niemals erlauben dürfen! Jeder kleine Leutnant hat Schwierigkeiten, seine Großmutter in Dresden zu besuchen, weil er als Geheimnisträger gilt – aber eine so einmalige Schlüsselfigur wie Frau Dr. Walther läßt man nach Sotschi fahren! Das wird noch Folgen haben . . .«

»Was haben Sie nach Moskau gemeldet?« fragte der Mann vom BND nüchtern. Versäumtes zu beklagen, half jetzt nicht weiter.

»Nichts.« Bubrow lächelte schwach. »Ich weiß, man glaubt mir das nicht. Da ist einer der Topmänner des KGB ein Jahr in Deutschland und hat noch nichts Wissenswertes erfahren! Das ist unmöglich. Dieser Ansicht ist auch Oberst Ussatjuk und hat mich deshalb nach Moskau zurückgerufen. Ich bitte aber, mir das zu glauben: Irene Walther war als Auskunftsquelle über ihre Arbeiten absolut trocken. Sie hat nichts erzählt über das hinaus, was man allgemein von der B-Forschung weiß. Sie hat immer betont: Meine Arbeit soll nicht unser Leben belasten. Ich habe dann auch nicht mehr gefragt, weil ich mich innerlich von meinem Auftrag gelöst hatte. Aus dem Befehl: ›Mach Liebe, Genosse!‹ ist eine echte, tiefe Liebe geworden, die mein Leben verändert hat. Darum stehe ich jetzt vor Ihnen. Ich trenne mich in diesen Minuten völlig von meiner Vergangenheit. Das hat nicht nur mit Politik zu tun. Meine Regierung besteht nicht aus Engeln, aber auch der westliche Imperialismus wird nicht von Heiligen dirigiert! Ich habe hier im Westen vieles gesehen, was ich zum Kotzen finde, ebenso wie mir klar ist, daß wir Kommunisten nie die Idee der vollkommenen Weltrevolution aufgegeben haben und ständig daran arbeiten, mit allen Mitteln und allen Tricks. Wo in der Welt Unruhe ist, finden Sie auch sowjetische Berater. Ich weiß das genau, ich war selbst öfter Kontrollorgan in Krisengebieten. Unsere Menschheit hat aus keinem Vernichtungskrieg gelernt. Aber die Menschheit wird ja auch nicht gefragt. Diese Milliardenherde wird von einigen fanatischen Politikern und ihren Ideologien regiert, belogen, betrogen und geopfert! – Es war eine Utopie, zu glauben oder zu hoffen, daß sich das ändern könnte. Eine Handvoll Ehrgeizlinge, die sich einbilden, einen »Auftrag« zu haben, wird es immer wieder schaffen, die Massen zu bewegen – die Massen, die so beeinflußbar sind, weil sie – Überbleibsel unserer Abstammung! – ein Leittier haben müssen! Der mit der größten Schnauze blökt – und alle blöken mit. So werden

Proteste gemacht, Revolutionen, Kriege, Völkervernichtung. Bricht dann etwas zusammen, heißt es: *die* Sowjets ... Die blökende Herde wird verurteilt, nicht das Leittier. Wer hat über die Jahrhunderte hinweg die Kaiser und Könige verurteilt, die ihr ganzes Leben mit Eroberungskriegen verbrachten? In den Geschichtsbüchern stehen sie, auf Denkmälern kann man sie anstarren, Balladen sind über sie gedichtet worden. Man nennt sie die ›Großen‹. Und so wird es immer sein. Auch unsere heutigen ›Größen‹ sind nicht anders.«

»Sind wir hier, um eine politische Philippika anzuhören?« sagte Oberst Behrends säuerlich. »Herr Bubrow, was soll das alles? Wie jedes Ding, hat auch Geschichte ihre zwei Seiten. Es bleibt jedem unbenommen, sich eine Seite auszusuchen. Was hat das mit Ihnen zu tun?«

»Alles!« Bubrow sah Cohagen an. Er ahnte, daß er einer der wenigen war, der ihn verstand. »Ich will einen kleinen Beitrag leisten zur Flucht aus diesem Wahnsinn.«

»Ausgerechnet als Spion!« sagte Major Assendorff vom MAD sarkastisch.

»Ja. Ich räume jetzt einen Winkel in der Dunkelheit auf.« Bubrow hob das zerknüllte Blatt Papier. Er hörte, wie neben ihm Cohagen hüstelte. »Ich übergebe Ihnen hiermit eine fast vollständige Liste der wichtigsten Agenten des KGB in Deutschland und den Benelux-Staaten. Auch ein Name im NATO-Hauptquartier ist enthalten.«

»Amen!« sagte Cohagen in die lähmende Stille hinein, die Bubrows Worten folgte. »Wird das ein schöner Tag!«

»Nicht zu früh jubeln!« Bubrow reichte das Papier an Cohagen weiter, der es anfaßte, als sei es zerbrechlich. »Es ist wie bei einem Fußballspiel: Auf ein Tor folgt der Gegenstoß!« Er dachte an Peter Hämmerling und seine ersten Gespräche mit ihm. Damals war Hämmerling noch sehr zutraulich gewesen. »Ich nehme an, daß bereits jetzt schon sieben V-Männer des BND und zwei von der CIA in der Sowjetunion verhaftet worden sind. Die Namen sind gestern abend von Brüssel aus nach Moskau gemeldet worden.«

»Sie sind mir ja ein schönes Schwein, Bubrow!« sagte Oberst Behrends gepreßt und bitter.

»Und was wäre ich, wenn ich ohne Gegenleistung übergelaufen wäre?«

»Ein bekehrter Freund.«

»Ein Riesenschwein!« sagte Bubrow laut. »Verstehen Sie doch: Ich bin Russe und liebe trotz allem meine schöne, unvergängliche Heimat.«

Am frühen Morgen wurden Bubrow und Irene nach Frankfurt geflogen. Ein Hubschrauber der US-Army, eine Sikorski, wie sie auch bei der Bergung von Raumkapseln eingesetzt wird, ratterte mit ihnen in das fahle Morgenrot hinein. Cohagen und Dan Paddington begleiteten sie. Sie waren froh, diese Nacht hinter sich zu haben.

Es hatte – das war vorauszusehen – noch Komplikationen gegeben.

Nach dem Vortrag Bubrows und der Übergabe der Agentenliste, die nebenan gleich mehrfach fotokopiert wurde, forderte der Leiter der Abteilung VIII des Landeskriminalamtes Bayern unvermutet die Freigabe Bubrows für die deutsche Strafverfolgung.

Paddington, der die Asylgenehmigung aus Bonn mitgebracht hatte, starrte den deutschen Beamten irritiert an.

»Mr. Bubrow untersteht dem Schutz der USA!« sagte er in seinem kauenden Deutsch. »Was wollen Sie denn mit ihm?«

»Nach eigener Aussage hat er sieben deutsche Staatsbürger dem KGB ausgeliefert!«

»Von uns zwei!« erwiderte Cohagen trocken.

»Da haben wir eine Majorität von fünf!«

»Ich setze voraus, daß unsere beiden Kameraden wichtiger sind als Ihre sieben!« Das klang sehr arrogant. Der deutsche Beamte setzte eine starre Miene auf. »Außerdem befindet sich Mr. Bubrow auf US-Gebiet und hat auch nicht die Absicht, es zu verlassen. Sie können ja ein Auslieferungsbegehren stellen.«

Das war ein Witz, jeder wußte das. Die Sonderstellung Bubrows war so brisant, daß jedes Wort überflüssig war. Er hatte sich den Amerikanern und nicht den Deutschen gestellt. Immerhin: nach den Gründen für diese Entscheidung konnte man noch fragen. Der Leiter des Dezernats 14 wagte es.

»Warum haben Sie sich nicht bei uns als der nächsten und zuständigen Dienststelle gemeldet, Herr Bubrow? Sind Sie von uns damals nach Ihrer spektakulären Flugzeugentführung, die sich ja jetzt als ein grandios inszeniertes Theater herausstellt, nicht korrekt behandelt worden?«

»Sehr korrekt!« Bubrow schüttelte den Kopf. »Alle waren sehr hilfreich.«

»Und trotzdem Mißtrauen?«

»Nein. Angst.«

»Angst? Aber wieso denn?«

»Die deutschen Behörden können mir, bei ihrer liberalen Gesetzgebung, nicht den Schutz garantieren, den ich bei den Amerikanern habe!«

»Aber Herr Bubrow, ich bitte Sie!«

»Hat Moskau noch nicht reagiert?« fragte Bubrow ahnungsvoll.

»Doch.« Der Leiter Dezernat 14 blickte verlegen auf seine Hände. »Die Sowjetische Botschaft hat eine Blitz-Démarche eingereicht. Es geht um Ihre Auslieferung wegen zweifachen Mordes.«

»Wie lustig!« Bubrow lachte hart. »Und die Reaktion?«

»Wir wollten Sie deswegen zu einer Unterredung bitten und haben einen Wagen zu Ihnen nach Steinebach geschickt. Aber da waren Sie schon weg.«

»Eine Unterredung? Mit anschließender Inhaftierung wegen Tatverdacht! Und dann Auslieferung an die Sowjetunion, um die Beziehungen nicht zu belasten . . .«

»Das sind Unterstellungen, Herr Bubrow!«

»Warum nennen Sie es nicht Erfahrungen? Mir, ausgerechnet mir, wollen Sie erzählen, welche Gepflogenheiten intern unter den Geheimdiensten herrschen? Das lautlose Hin- und Herschieben, der stille Austausch, das geheime Geschäft mit den Menschen! Sie haben den DDR-Meisterspion Guillaume im Gefängnis sitzen. Soll ich mit Ihnen wetten, wie lange er noch in seiner schönen, wohnlichen Zelle schläft, mit Radio, Fernsehen, einer umfangreichen Bibliothek und eingetauschter Zusatzverpflegung? Haben Sie einmal die sowjetischen Zellen gesehen? Waren Sie in einem Gulag? Kennen Sie die Lager in Sibirien? Statt Fernsehen zehn Stunden Bäume fällen, statt Studium marxistischer Philosophie Arbeit im Steinbruch oder Trockenlegung von Sümpfen. Statt Kommunikation mit Anwälten, Politikern und freundlichen Beamten Begrabenwerden in Irrenhäusern und Vollpumpen mit Injektionen, die jede Persönlichkeit abtöten! Wenn Ihre Terroristen bei Radiomusik und Illustriertenstapeln über Isolationshaft zetern und streiken, während Sympathisanten auf den Straßen die Schaufenster einschlagen und plündern, alles natürlich nur, um ›Zeichen zu setzen‹, dann stehen Sie hilflos da, rollen mit den Augen und stammeln: ›Man muß mit dieser Jugend reden . . .‹ – Können Sie sich vorstellen, was passiert, wenn auf dem Roten Platz in Moskau gegen den KGB oder gegen die Lager in Sibirien demonstriert würde?«

»Wir sind eine freiheitliche Demokratie.«

»Eben! Und merken dabei gar nicht, wie Sie sich diese Freiheit zusammenschlagen lassen von Chaoten, die sich auf Marx berufen und genau wissen, daß sie in Rußland nur auf dem Bauch kriechen würden! Diese elende Verlogenheit ist einer der Gründe, warum ich nicht in Deutschland um Asyl nachsuche! *Sie* können mich nicht schützen. Sie brauchen ja selbst den Schutz nötiger als jeder andere!«

»Lassen wir es dabei, Borja!« sagte Cohagen, als Bubrow tief Atem holte. »Sie haben unsere deutschen Freunde nun genug in den Unterleib getreten!« Er sah die betreten herumstehenden deutschen Herren an. »Gibt es noch Fragen, Gentlemen?«

»Ja.« Oberst Behrends vom BND klopfte mit dem Finger auf die Liste der Agentennamen und Kontaktadressen. »Woher haben Sie diese Kenntnis?«

»Ich trug sie immer mit mir, in einer Zwischensohle meines linken Schuhs. Die Zentrale hat sie mir gegeben, damit ich jederzeit nach allen Seiten Kontakt haben konnte.« Bubrow lächelte etwas traurig. »Vergessen Sie nicht: Ich war überaus vertrauenswürdig. Ich gehörte zum Spezialkader.«

»Sind die hier verzeichneten Personen gewarnt?«

»Nein. Sie haben keine Ahnung.« Bubrow hob die Schultern. »Sie werden allerdings bis auf drei Mann keinen verhaften können. Sie genießen diplomatischen Status.«

»Das alte Lied!« Behrends faltete sein Papier zusammen. »Da wird in Bonn wieder das große Schweigen ausbrechen.«

Später, als sie allein waren, sagte Cohagen fröhlich: »Da sind sie hingegangen mit dicken Köpfen. Borja, ich gebe Ihnen recht. Ich hätte jetzt Angst um Sie, wenn Sie sich bei den Deutschen gemeldet hätten.« Er blickte hinüber zu der stummen Irene und ging zur Tür. »Ich laß euch jetzt allein. Zerfleischt euch nicht, das Leben ist noch lang und schön in New York.«

Irene hatte während der zweistündigen Vorstellung Bubrows kein Wort gesagt. Sie hatte in einer Ecke gesessen und ihn nur immer angestarrt.

Was er erzählte, was er da bekannte, war so ungeheuerlich, so wahnwitzig, so unglaubhaft, daß sie nach diesen beiden Stunden noch immer wie gelähmt im Sessel hockte. Ich bin Schlacke, dachte sie. Ich bin völlig ausgebrannt. Zu nichts bin ich mehr fähig. Wenn man mich aus dem Sessel hebt, kann man mich forttragen wie eine Puppe. Jetzt sah sie Bubrow an, der am Fenster stand, zermürbt, mit durchwühlten Haaren, geröteten Augen, zukkenden Lippen. Nun, wo sie allein waren, vermochte er kaum noch Haltung zu bewahren. Er kam sich kotzelend vor. Er ekelte sich vor sich selbst.

»Irininka«, sagte er nach einer ganzen Weile sehr leise.

»Ja.«

»Ich, ich habe das alles nur für uns getan.«

»Ja.«

»Bitte, vergiß Sotschi.«

»Wie kann ich das? Da hat es angefangen.« Sie saß starr im Sessel, ihr Gesicht war unbewegt, aber aus den Augen rollten die Tränen. »Sotschi war für mich der Himmel.«

»Er war es auch, Irina.«

»Vom KGB befohlen! Mach Liebe, Genosse . . . Wie – wie konntest du das nur?«

»Ich habe es eben nicht gekonnt. Du siehst es jetzt! Ich bin bei dir, für alle Zeit. Es gibt keinen Bubrow mehr! Deinetwegen habe ich meine Heimat aufgegeben, habe sie verraten, bin ein Namenloser geworden, ein Vaterlandsloser, ein Unbehauster . . . Nur du allein bist jetzt Heimat, Vaterland, Leben . . . Nur du! Irininka – wenn ich mit dir weinen könnte! Ich kann es nicht mehr. Ich habe den ganzen Tag geweint.«

»Man sieht's dir an.« Sie versuchte, tröstend zu lächeln, aber es geriet ihr zu einem schiefen Grinsen. »Ich danke dir, Boris.«

»Du – mir? Wofür?«

»Du hast mich nicht verraten. Du hast nichts gesagt von dem Experiment im Keller. Warum nicht? Es wäre jetzt doch gleichgültig gewesen.« Sie trocknete ihre Tränen mit den Handflächen und stand auf. Bubrow begann zu be-

ben, als sie nahe vor ihm stehenblieb. »Hast du das Experiment nach Moskau gemeldet?«

»Ja.« Er nickte mehrmals. »Das war mein Abschied von Rußland.«

»Danke, daß du nicht auch mich belügst. – Wann fliegen wir nach New York?«

»O Irininka!«

Er sank vor ihr auf die Knie, preßte sein Gesicht in ihren Schoß und schluchzte.

Im Morgengrauen wurden von der belgischen Politischen Polizei der Fruchtimporteur Harrelmans, als Oberst Orlowskij, Leiter der Sektion Westeuropa des KGB, und sein »Buchhalter« verhaftet. Sie waren schon zu so früher Stunde im Büro. Dem »Buchhalter« gelang noch ein Funkspruch nach Moskau, dann zertrümmerte er das Funkgerät und aß das Papier mit dem Funkcode auf.

Der offene Kampf hatte begonnen.

Ausgesprochen peinlich war, was Ussatjuk am Morgen erleben mußte. Man bedauerte ihn ehrlich, denn man konnte sich kaum erinnern, daß es zu dem, was ihm heute geschah, eine Parallele gegeben hätte.

Der Tag begann voll Düsternis schon dadurch, daß Ussatjuk häuslichen Ärger hatte. Die Ussatjuka blieb im Bett liegen, klagte über Rückenschmerzen, Bauchschmerzen, Beinschmerzen, Kopfschmerzen, Brustschmerzen, war also rundum mit Schmerzen versorgt, verdrehte die Augen, seufzte anhaltend und bestand darauf, als eine Frau betrachtet zu werden, der nur noch wenige Tage blieben. Dabei wußte Ussatjuk genau, daß ihr gar nichts fehlte, außer dem Pelz, den sie im Prominentenbasar gesehen hatte: ein Ottermantel mit seidig glänzendem Fell, der sie, so behauptete sie, mindestens zehn Jahre jünger machte.

Diese Vorstellung jagte Ussatjuk einen Schrecken ein. Die Ussatjuka war immerhin fünfundvierzig und wirkte attraktiv auf jeden Mann, der ihr flüchtig begegnete.

Aber das legte sich bei näherer Bekanntschaft und erst recht in einer jahrzehntelangen Ehe. Zänkisch war sie, rechthaberisch, laut, im Streit mit ihrem Mann sogar richtig ordinär, dann wieder wehleidig, nörgelnd, weinerlich und zerstreut. Ussatjuk hatte einmal geäußert: »Da haben sie die liebe Laika in das Weltall geschossen, dieses brave Hündchen. So ein unschuldiges Tierchen! Was hat sie uns getan? Es gäbe so viele andere Lebewesen, die man zu den Sternen schießen sollte.«

Die Ussatjuka hatte ihm diesen Satz nie verziehen. Sie wußte, wer gemeint war, bezichtigte darauf jahrelang den armen Sulfi Iwanowitsch der ehelichen Untreue mit der Begründung, seine Sehnsucht, sie loszuwerden, resultiere allein aus seinen ständigen Hurereien mit den Sekretärinnen. Sie schnupperte an Ussatjuks Anzügen nach Parfümduft, beobachtete ihn beim Baden, ob sein Körper Kratzstellen aufwies, und wenn Ussatjuk morgens ein Liedchen pfiff, weil er gut geschlafen hatte, fauchte sie sofort: »Pfeif nur! Pfeif nur! Wer ist heute dran? Die fette Inna?! Liegt wohl schon über deinem Schreibtisch, wenn du ins Zimmer kommst?! Nun lauf schon, hurtig, hurtig, sie soll sich nicht erkälten!«

In solchen Minuten sah Ussatjuk seine Frau aus schmalen Augen an und hätte den Blitz geküßt, der sie erschlagen hätte.

Nun hatte Ussatjuk kräftig nein zu dem Ottermantel gesagt. Nicht, weil er die Rubel nicht gehabt hätte, sondern um seinen häuslichen Drachen in die Seele zu treffen. Die Ussatjuka reagierte mit totaler Erkrankung, aber als Sulfi Iwanowitsch ohne Zögern zu seinem Büro fuhr, schrie sie ihm nach – die Zunge schmerzte erstaunlicherweise nicht! –: »Spar nur dein Geld für deine Huren, du Rammler!«

So hatte der Morgen begonnen. Im Amt hatte Ussatjuk das Gefühl, man gehe ihm aus dem Weg, denn kaum einer begegnete ihm auf den Fluren, wo sonst um diese Zeit immer Hochbetrieb war und manches Morgenschwätzchen gehalten wurde. Die Sekretärin Julia Leonidowna, ein spitzgesichtiges Mädchen, das von der Ussatjuka verdächtigt wurde, fingerfertig nicht nur an der Schreibmaschine zu sein, schluckte mehrmals, als Ussatjuk ins Zimmer kam.

»Genosse Oberst, sie möchten sofort den Genossen General Butajew anrufen. Und dann auch den Generalstab. Oje!«

»Was heißt oje?« Ussatjuk schnaubte durch die Nase. »Ist was passiert?!

»Ich weiß nicht, Genosse.«

Julia Leonidowna flüchtete in ihr Vorzimmer und ließ Ussatjuk wütend zurück. Vor den Kapitalisten sollte man erst die Weiber ausrotten, dachte er voll Zerstörungswut. Zu neunzig Prozent bestehen sie aus Hysterie. Aber die restlichen zehn Prozent machen uns immer wieder schwach.

Er wählte die Telefonnummer von General Butajew und sagte mit erzwungener Heiterkeit: »Man beginne den Morgen mit einem guten Freund! Wie geht es Ihnen, Victor Borissowitsch?«

»Sind Sie wirklich hellwach, Sulfi Iwanowitsch?« fragte Butajew nüchtern. Sonst pflegte er über Ussatjuks Aphorismen zu lachen.

»Aber ja!« Ussatjuk schüttelte sich. Lag ein Virus in der Luft? Diese miese Stimmung überall . . .

»Und Sie können fröhlich sein?«

»Die Sonne scheint . . .«

»Ihnen liegt noch keine Meldung vor?«

»Nein. Über was?« Ussatjuk zog den Kopf in die Schultern. Meldung? Das war ein gefährliches Wort.

»Dann stimmt es also! Wir müssen es aus dem westlichen

Rundfunk erfahren! Sie haben kein Radio gehört heute morgen?«

»Nein. Meine Frau sorgte für Ersatz. Sie ist wieder totkrank. Sie will wieder ableben ... Aber es bleibt bei diesen Versprechungen!«

»Zuerst brachten es der Deutschlandfunk und der Sender Freies Europa. Dann, in den Frühnachrichten, auch Belgien und Frankreich. Um sechs Uhr früh. Man hat versucht, Sie anzurufen. Aber Sie meldeten sich nicht. Waren Sie außer Haus?«

»Ich habe nichts gehört. Zugegeben, Victor Borissowitsch, ich hatte gestern abend gehörig Wodka getrunken, um meine Frau zu ertragen.« Ussatjuk spürte, wie ihm heiß wurde. Er knöpfte sein Hemd auf. »Was ist los?«

»Orlowskij und sein ganzer Stab sind verhaftet worden!«

Ussatjuk nahm den Schlag hin wie ein Sandsack. Aber wie ein solcher pendelte er auf seinem Stuhl hin und her.

»Wann?« fragte er.

»Im Morgengrauen. Man spricht davon, daß der ganze Ring Mitteleuropa aufgebrochen ist. Wir haben sofort in Bonn nachgefragt: die Botschaft war auch noch ahnungslos. Sulfi Iwanowitsch, was ist da schiefgelaufen?«

»Ich weiß es nicht, Genosse General!« sagte Ussatjuk mühsam. »Warten wir unsere Berichte ab. In Kürze haben wir einen Überblick.«

Er legte auf, brüllte nach Julia Leonidowna und schrie sie an: »Warum haben Sie nichts gesagt? Warum haben Sie mich nicht gewarnt?! Habt ihr alle nur Scheiße im Kopf?!«

Juliaschka fand das grausam, heulte laut auf und flüchtete an ihre Schreibmaschine.

Selten hat man den Sonderdienst II der Ersten Hauptabteilung des KGB so aufgeregt gesehen wie an diesem Morgen. Die Funkverbindungen nach Mitteleuropa riefen alles zum Rapport, was erreichbar war. Die über alle Botschaften und Handelsmissionen verstreuten Offiziere des KGB und der GRU, die getarnten Beobachter und V-Männer, die Agenten in der Industrie und die Doppelagenten, die bei der CIA, im BND, in der NATO und im Secret Service saßen, im Deuxième bureau und in Bonner Ministerien, wurden schlagartig von der Moskauer Zentrale erfaßt. Schon um die Mittagszeit hatte man ein grobes Bild von dem, was da in Mitteleuropa geschehen war. Ein trostloses Bild. Der über Jahre mühsam aufgebaute, blendend funktionierende Ring von Oberst Orlowskij war zerschlagen. Michail Jefomowitsch war verhaftet, mit ihm fünf weitere Offiziere in Brüssel und in Paris. An die anderen Namen kamen die blitzartig zuschlagenden Polizisten der verschiedenen Staaten nicht heran: Die Verdächtigen waren ausnahmslos Diplomaten. Attachés, Botschaftsräte oder Konsuln. Aber man kannte sie jetzt. Sie waren enttarnt: der Tod jedes Agenten.

Die Abteilung Mitteleuropa war ausgeblutet. Was noch herumlief, das waren kleine Spione – Wasserträger, wie man sie nannte. Auf Befehl von Ussatjuk gingen sie erst einmal in volle Deckung.

Um drei Uhr nachmittags wußte man im KGB und im Politbüro des Kreml, wem man diese schnelle Aktion zu verdanken hatte. Der Mann in der CIA beim Oberkommando der NATO in Brüssel konnte es endlich durchgeben, nachdem man alle CIA-Stellen informiert hatte und die Observierung der Diplomaten lückenlos angelaufen war.

Ussatjuk schloß die Augen, als er den Namen auf dem Funktelegramm las.

Ronald Cohagen.

Aber nicht das erschütterte ihn. Cohagen war ein Gegner. Ihm stand das Recht zu, Ussatjuk auszuspielen.

Der zweite Name war es, der ihn bis ins Mark erschütterte.

Boris Alexandrowitsch Bubrow.

Es tröstete Ussatjuk nicht mehr, daß man ihm meldete, der Mikrofilm aus München sei mit einem Kurier aus Stockholm unterwegs.

Borja war übergelaufen. Einer der Besten. Sein Ziehkind im KGB. Sein ganzer Stolz.

Ussatjuk verlor in diesen Minuten den Glauben an die Menschheit.

Das Politbüro handelte natürlich politisch. Über das Außenministerium wies es alle betroffenen Botschaften an, gegen die ungeheuren Vorwürfe, die man den sowjetischen Diplomaten machte, scharf zu protestieren. Man ließ durchblicken, daß man sich nun auch der westlichen Diplomaten mit unklaren Aufgaben annehmen werde.

Immerhin war es nun unvermeidlich geworden, eine größere Zahl von Diplomaten auszuwechseln. Mit ihrer Enttarnung war ihr Verbleib in den Botschaften sinnlos geworden. In Westeuropa wurden viele Koffer gepackt.

Ussatjuk kam nach einer Sitzung der KGB-Spitze entnervt und müde in sein Büro zurück. Er warf sich in einen Sessel, starrte gegen die Wand, wo der streng blickende Lenin hing, und wunderte sich, daß er in sein Büro hatte zurückkehren dürfen. Zu Zeiten Berijas, des einstigen Chefs der Geheimpolizei, wäre das nicht möglich gewesen. Pannen solcher Größenordnung endeten für die Verantwortlichen immer in den Zellen der Lubjanka. Aus ihnen war noch nie jemand erhobenen Hauptes wieder herausgekommen.

Er ist auf dem Weg nach New York, dachte Ussatjuk bitter. Da ist Cohagen schnell, das muß man ihm zugestehen. Was kann er aus Boris noch herausholen? Was weiß Bubrow noch alles? Worüber kann er erzählen?

Er seufzte tief, als er diesen Gedanken weiterspann. Natürlich wußte Boris Alexandrowitsch als ständiger Sonderagent alle Tricks, die man im Laufe der letzten Jahre angewandt hatte. Er kannte die Kollegen im Vorderen Orient und in der Türkei, er hatte Verbindung zu den kubanischen Beratern in Angola und Äthiopien. Wenn er seinen Kenntnissen freien Lauf ließ, würde selbst der CIA der Hintern heiß werden. Vor allem konnte er von den Männern der GRU erzählen, von denen einige sogar im Pentagon zu Washington saßen. Eine unfaßbare Katastrophe.

»Was nun?« fragte General Butajew mit leichtem Spott. Er besuchte Ussatjuk am Nachmittag nach der Sondersitzung des KGB und nippte an dem Tee, den Julia Leonidowna servierte. Er war dünn wie Spülwasser – auch Julia hatte vor Erregung jedes Maß verloren. »Ihr Glanzjunge! Bubrow! Sulfi Iwanowitsch, vor drei Tagen hätten Sie mir noch gegen das Knie getreten, wenn ich an Bubrow gezweifelt hätte.«

»Auch jetzt begreife ich es noch nicht ganz«, sagte Ussatjuk müde.

»Muß das eine Frau sein, diese Irene Walther!« Butajew schnalzte mit der Zunge. »Sie ist der Schlüssel zu dieser Katastrophe!«

»Auch das kapiere ich nicht. Wenn man weiß, was für Frauen Bubrow schon im Bett hatte . . . Unbegreiflich!«

»Ein Weib zieht mehr als zehn Ochsen, sagen die Mongolen. Alle Dinge komplizieren sich zwangsläufig, wenn ein Weib mitspielt.« Butajew trank den dünnen Tee, verzog die Miene, griff zur Wodkaflasche und goß sich einen Schwung in die Tasse. Alkoholdunst umwehte Ussatjuk – ihm wurde fast übel, so gern er sonst Wodka roch. »Was wird nun aus Bubrow?«

»Er wird in New York von der CIA durch die Mangel gedreht werden.«

»Und dabei tropft allerhand heraus, was?«

»Ich hoffe, daß er hart bleibt.«

»Sulfi Iwanowitsch, Sie hoffen noch immer?! Sie sind ja verblendet, wenn es um Bubrow geht!« Butajew schlug sich auf die Schenkel. »Ist bei Bubrow noch viel drin?«

»Leider. Sein Wissen ist enorm.«

»Man sollte für Sie eine Kerze anzünden, Genosse Ussatjuk.«

»Vielleicht.« Ussatjuk blickte starr gegen die Wand. »Aber erst lassen Sie mich handeln.«

»Was verstehen Sie darunter?«

»Ich werde Bubrow in New York oder Washington oder Dallas oder San Francisco aufspüren, ganz gleich, wo er sich in den USA versteckt. Ich werde ihn finden. Soviel Zeit soll man mir noch lassen.«

»Und dann?« Butajew sah Ussatjuk starr an. Plötzlich begriff er, daß ihm ein anderer, veränderter Sulfi Iwanowitsch gegenübersaß. Ein erschreckend Fremder.

»Ich habe Bubrow gemacht«, sagte Ussatjuk und faltete die Hände, als bete er. »Er ist mein Schüler, mein Werk. Und deshalb nehme ich mir auch das Recht, ihn zu vernichten.«

Der Flug nach New York verlief anders, als Cohagen es sich vorgestellt hatte. Es begann schon damit, daß Bubrow zu Dan Paddington sagte, als dieser mit einer gründlichen Befragung einsetzen wollte: »Bitte lassen Sie mich in Ruhe! Sie fragen in die Luft hinein, denn ich bin Luft, ich fühle mich als Nichts, verstehen Sie das?«

Cohagen gab Paddington einen versteckten Wink, und dieser stellte das Verhör vorerst ein. Sie saßen in einem abgelegenem Raum der US-Air-Basis in Frankfurt, bis das Flugzeug nach New York startklar war, und sprachen von allem, nur nicht von den letzten Stunden. Kurz vor dem Abflug fragte Bubrow:

»Nehmen Sie ein paar Flaschen mit, Ronny?«

»Es ist verboten, in Militärflugzeugen Alkohol zu transportieren.«

»Ich bin kein Militär.«

Dagegen war nichts zu sagen. Cohagen besorgte drei Flaschen Whisky, einen guten, alten Bourbon, und Bubrow legte sie in den kleinen Koffer, den ihm Irene gepackt hatte – für zwei Tage Baustellenbesichtigung . . . Er enthielt ein Hemd zum Wechseln, eine Unterhose, eine Strickjacke, vier Taschentücher, einen Schlafanzug, Rasierzeug, ein Paar Strümpfe und ein Bild von Irene in einem Lederrahmen.

Bubrow legte die drei Flaschen obenauf und lächelte Cohagen schief an.

»Das ist alles, was mir geblieben ist. Wenigstens ein Hemd zum Wechseln.«

»Man wird Sie in New York sofort mit allem versorgen. Außerdem werden Sie aus Deutschland alles nachholen können, was Sie wollen – sofern es sich überhaupt lohnt.«

»Wir werden also zunächst von den Almosen der CIA leben, das heißt, vom amerikanischen Staat!« Bubrow schloß den kleinen Koffer. »Was erwartet man als Gegenleistung?«

»Sie haben schon Ihren Einstand gegeben. Aufgrund Ihrer Liste sind bereits alle zuständigen Behörden in ganz Mitteleuropa alarmiert. Ich nehme an, daß Oberst Orlowskij und sein Stab schon verhaftet sind. Bei den Herren mit diplomatischem Status wird es zumindest einen bösen Vormittag geben.« Cohagen tippte auf den geschlossenen Koffer. »Wir werden dafür sorgen, daß bald wieder normale Verhältnisse herrschen.« Er sah hinüber zu Irene. Sie saß still, die Hände in den Schoß gelegt, vor dem Fenster mit den zugezogenen Übergardinen. Sie hatte nichts bei sich als ihre Handtasche, trug graue Hosen, eine weiße Bluse und einen grünen Pulli mit Silberstreifen, so, wie sie in das Auto gestiegen war, das sie in Steinebach abgeholt hatte. »Wir bringen Sie zu Herrn Bubrow!« hatte man ihr gesagt, und sie hatte alles liegenlassen und nur seinen Brief mitgenommen, den sie bei ihrer Rückkehr vom Labor im Briefkasten gefunden hatte. Sie hatte ihn gelesen und im Augenblick nur begriffen, daß Boris sich bei den Amerikanern befand und behauptete, ein sowjetischer Spion zu sein. Es war ein Schock, unter dessen Wirkung sie noch stand, als der Wagen des CIA sie abholte.

»Haben Sie einen vertrauenswürdigen Bekannten oder einen Verwandten, der in Ihrem Auftrag in Steinebach alles abwickeln kann?« fragte Cohagen. Irene nickte mehrmals, als sei sie eine Puppe, die nach dem Einwurf von zehn Pfennig fünfmal nicken mußte.

»Das wäre Dr. Ewingk«, sagte sie leise.

»An den würde ich zuletzt denken. Dr. Ewingk wird wegen Ihnen Ärger genug bekommen.«

»Mein Gott, ja!« Sie sah Cohagen entsetzt an. Erst jetzt kam ihr zu Bewußtsein, welche Folgen ihre überstürzte Abreise haben konnte. »Das wird entsetzlich!«

»Wir werden mit dem deutschen Verteidigungsministerium klärende Gespräche aufnehmen. Außerdem werden Sie versichern, daß Sie sich nach wie vor an Ihren Eid gebunden fühlen und eine Mitarbeit bei der CIA ablehnen.«

»Das schlagen *Sie* mir vor, Mr. Cohagen?« Irene sah ihn fassungslos an. »Sie sind an unseren Forschungen nicht interessiert?«

»Kaum.« Cohagen lächelte mokant. »Erstens sind wir in den USA immer ein paar Schritte voraus, auch in der B- und C-Forschung, und zweitens besteht Erfahrungsaustausch unter den NATO-Partnern. Wenn Ihre Superbakterie einsatzreif ist, erfahren wir das ohnedies. Die Gefahr kommt von Osten!« Er zeigte auf Bubrow. »Was dort in den Labors gezüchtet wird, wissen wir nicht. Noch nicht.«

»Ich habe eine Tante in Augsburg, die sich um meine Angelegenheiten kümmern könnte«, sagte Irene.

»Wundervoll. Dann beauftragen wir Tantchen, Ihren Haushalt in Deutschland aufzulösen.«

»Soll das heißen: wir kommen nie mehr nach Deutschland zurück?« Sie blickte hinüber zu Bubrow, der unruhig an einer Zigarette sog. »Nie mehr?«

»Die ersten Jahre nicht!« sagte Cohagen.

»Warum?«

»Ich möchte nicht, daß Sie oder Borja verunglücken, beim Starten des Motors in die Luft fliegen, aus dem Hinterhalt beschossen oder – wie der arme Forster – mit einer Giftpistole geimpft werden. Beliebt sind auch Päckchen oder

Briefe mit Sprengladungen oder Kontaktgiften. Die Phantasie der Geheimdienstleute ist unerschöpflich – fragen Sie Borja! Es wird lange dauern, bis Moskau diesen Schlag verkraftet. Bis dahin möchte ich Sie aus der Gefahrenzone heraushalten.«

»Wir sind also gefährdet?« fragte sie.

»Wie kaum ein anderer.«

Cohagen nickte. »Irene, sagen wir es in aller Deutlichkeit: Sie und Borja werden eine lange Zeit im Untergrund leben müssen. Sie tauchen nicht nur unter, sondern Sie werden auch nie wieder auftauchen!«

»Also: immer auf der Flucht sein?«

»Aber nein! Sie werden irgendwo ganz friedlich leben – aber als völlig neue Menschen. Sobald wir in New York sind, werden unsere Spezialisten Ihnen Vorschläge machen. Bei uns wird unkonventionell gearbeitet und äußerst schnell. Für eine Behörde erstaunlich schnell.«

Im Flugzeug einer Boeing der US Air-Force setzte sich Bubrow an ein Fenster, streckte die Beine weit aus und nahm eine Flasche Whisky aus dem Koffer. Er entkorkte sie, setzte sie an den Mund und trank. Irene wollte aufspringen und sie ihm wegreißen, aber Cohagen hielt sie am Pullover zurück.

»Lassen Sie ihn, Irene«, sagte er leise. »Wir sollten ihn jetzt nicht mehr ansprechen. Er kommt von allein zurück. Lassen Sie ihn saufen, wenn er sich dabei glücklicher fühlt. Vielleicht spült er damit alles hinunter, was von dem alten Bubrow übriggeblieben ist. Das ist sein Kreuz, das er tragen muß: Er ist für den Geheimdienst viel zu anständig! Bis jetzt hat er das selbst nicht gewußt. Nun muß er es durchkauen und runterschlucken!«

»Man sollte ihm dabei helfen, Mr. Cohagen.«

»Später! Sie haben noch Zeit genug dazu, viel Zeit. Und die werden Sie auch brauchen. Ein Russe, das erstaunt mich immer wieder, empfindet anders als wir. Wir können in der ganzen Welt zu Hause sein, wir fühlen uns wohl auf Neuseeland und auch auf Jamaika, wenn wir dort gut leben können. Ein Russe aber hat immer Heimweh. Wo er auch ist, so gut es ihm auch in der Fremde geht – es bleibt für ihn die Fremde. Er träumt von Rußland. Bubrow ist da keine Ausnahme – im Gegenteil! Und deshalb: lassen Sie ihn saufen, Irene!«

Es war vorauszusehen: Bubrow schaffte die Whiskyflasche nicht. Mit glasigen Augen rutschte er immer tiefer in den Sitz, Cohagen nahm ihm die Flasche aus den verkrampften Fingern und breitete eine Decke über ihn. Die 123 Offiziere und Mannschaften, die hinter ihnen dösten, lasen, Karten spielten oder auf die Filmleinwand starrten, wo ein Western lief, wußten gar nicht, welch wertvolle Fracht mit ihnen flog. Sie hatten sich nur gewundert, daß eine Frau, eine Zivilistin, in die Militär-Boeing durfte. Wahrscheinlich war's die Gattin eines Generals, daher auch die reservierten Plätze in der ersten Reihe.

In New York wartete bereits eine große dunkle Limousine auf dem Flugfeld. Oberst Phil Boone war selbst aus Washington gekommen, um Bubrow in Empfang zu nehmen. Während alle anderen Passagiere das Flugzeug durch die Hinterausgänge verlassen mußten, führten Cohagen und Irene den stockbetrunkenen Bubrow die vordere steile Gangway hinab. Mit stierem Blick sah er um sich, aber es war anzunehmen, daß er gar nicht erkannte, wer um ihn herum war. Boone kam ihnen auf der Treppe entgegen, löste Irene ab und führte Bubrow die letzte Stufe hinunter.

»Nun sind Sie wirklich auf amerikanischem Boden«, sagte Boone und küßte Irene die Hand, was Cohagen mit Verwunderung sah. Auf diesen Einfall wäre er nie gekommen. »Ich heiße Sie willkommen. Wie war der Flug?«

»Sie sehen es ja.« Irene nickte zu Bubrow, der sich schwankend auf Cohagen stützte. »Er ist völlig fertig.«

»Morgen ist er wieder ganz bei sich!« Boone trat zu Bubrow und ergriff seine schlaffe Hand. »Boris Alexandrowitsch, Sie sind in Sicherheit.«

Bubrow starrte Boone an, grinste breit und legte den Arm um Cohagens Schulter.

»Wissen Sie das genau?« lallte er. »Haben Sie Sulfi Iwanowitsch beseitigt?«

»Er meint Oberst Ussatjuk vom KGB«, erklärte Cohagen denn verständnislos dreinblickenden Boone. »Sein unmittelbarer Vorgesetzter und Lehrmeister.«

»Hier sind Sie auch sicher vor Oberst Ussatjuk!« sagte Boone. »Wir sorgen dafür.«

»Ihr sorglosen Amerikaner!« Bubrow lehnte den Kopf an Cohagens Schulter und schloß die Augen. Er schwankte gefährlich, auch Irene eilte zu Hilfe und hielt ihn unter den Achseln fest. »Oh, ihr verflucht sorglosen Amerikaner!«

Sie wohnten in einem Zimmer des CIA-Gebäudes, ganz oben unter dem Dach. Das war der sicherste Platz, denn über Lifte und Treppen konnte niemand ungesehen nach oben kommen, und es war nicht anzunehmen, daß Ussatjuks Jäger mit einem Hubschrauber neben den Schornsteinen landen würden.

Bubrow schlief zwanzig Stunden. Wie tot lag er da, mit flachem Atem und erschlafften Muskeln. Irene fühlte ihm jede halbe Stunde den Puls, später hörte sie seinen Herzschlag ab, nachdem Cohagen ihr ein Membranstethoskop aus der nächsten Apotheke besorgt hatte.

»Sie brauchen nicht zu fürchten, daß er eine Alkoholvergiftung bekommt«, sagte Cohagen, als Irene ihn wieder losschickte, um ein Kreislaufmittel und mehrere Einwegspritzen zu holen.

»Von einer Flasche Whisky fällt kein Russe in den Abgrund!«

»Sie vergessen seine psychische Verfassung. Boris ist ein gebrochener Mann.«

»Bis morgen. Ich garantiere Ihnen: Morgen ist er wieder ganz der alte Bubrow, der seine neue Umwelt angeht wie ein Holzfäller einen Riesenbaum in der Taiga. Borja ist der Typ, der zwar mal schwanken kann, aber nie fällt.«

Auch Irene schlief ein paar Stunden. Als sie aufgestanden war und sich geduscht hatte, saß Cohagen auf der Couch. Er hatte frische Sandwiches mitgebracht. Aus einer Thermoskanne duftete starker Kaffee.

»Ich habe versucht, Borja ein paar Schlucke einzuflößen. Es ist gelungen. Der Brave ist auf dem Rückweg zur Wirklichkeit. Kommen Sie, Irene, Sie müssen etwas essen. Sie haben seit vierzehn Stunden nichts im Magen.«

Sie aßen und tranken, lauschten ab und zu, ob sich im Schlafzimmer etwas rührte, und blätterten in den Papieren, die Cohagen mitgebracht hatte. Obwohl der Fall Bubrow bevorzugt behandelt wurde, gab es eine Menge Schreibarbeit zu bewältigen.

»Ich möchte so schnell wie möglich wieder als Ärztin arbeiten«, sagte Irene. »Ganz gleich, wo. Am besten in einer großen Klinik, in einem guten Team. An eine eigene Praxis wird wohl kaum zu denken sein.«

»In absehbarer Zeit doch. Aber ich halte es für besser, wenn Sie erst das völlig anders gelagerte amerikanische Gesundheitswesen kennenlernen. Wir haben hier vor allem das Spezialistentum.«

»Ich kenne es.« Irene lächelte schwach.« Ich habe ein halbes Jahr in Cleveland hospitiert. Damals war ich schöne sechsundzwanzig Jahre alt und wußte noch nicht, wohin ich tendiere. Fasziniert hat mich immer die Neurochirurgie, aber in Cleveland habe ich gelernt, daß ich dazu nicht die Nerven habe.«

»Daß Sie in Cleveland waren, wußte ich nicht. Dieses halbe Jahr wird Ihnen viel nützen.« Cohagen rührte in seiner Kaffeetasse. »Ich befürchte aber, daß Sie für eine längere Zeit Pensionär unserer Regierung sein werden.«

»Was heißt das?« Irene ließ ihr Sandwich auf den Teller zurückfallen. »Ist das eine saloppe Umschreibung für Inhaftierung?«

»O Gott, nein. Ich habe mich anscheinend saudumm ausgedrückt. Aus Deutschland wird in den nächsten Tagen
alles herüberkommen, was wichtig ist: Ihr Bankkonto
wird auf ein hiesiges Konto überwiesen, zunächst nur auf
eine Nummer, bis Ihr Paß in Ordnung ist. Aber Sie können über den Betrag sofort verfügen. Wenn Borja nach
dem Erwachen in guter Verfassung ist, geht's sofort zum
Fotografen, für die Paßbilder. Sie und Borja werden einen
Paß auf den Namen Mr. und Mrs. John Bruce erhalten.
Aber dieser Paß ist nur Spielmaterial, wie wir in unserer
Branche sagen. In den USA leben werden Sie unter einem
ganz anderen Namen. Aber das besprechen wir nachher
alles mit Borja. An ihm allein liegt es. Er muß eine große,
alles verändernde Entscheidung treffen.« Cohagen hielt
seine Kaffeetasse unverhältnismäßig lange an den Mund.
Er gewann damit Zeit, sich von diesem Thema zu entfer-
nen. Es reichte, was nachher kommen würde; einen Vor-
sturm zu entfesseln, zerrte nur unnütz an den Nerven.
»Wie lange?« fragte Irene, als Cohagen sich endlich von
seiner Kaffeetasse trennte.
»Was meinen Sie?«
»Wie lange bleiben wir Frühpensionäre der Vereinigten
Staaten?«
»Das hängt von Borjas Heilfleisch ab.«
»Von was, bitte?«
»Warten wir damit, bis Borja wieder voll da ist«, sagte Co-
hagen ausweichend. »Auf jeden Fall brauchen wir eines:
Geduld! Es hat keinen Sinn, auf den Kalender zu starren.
Wir haben es mit Ussatjuk zu tun. Und der hat unbegrenzt
Zeit. Daran müssen wir immer denken.« Es dauerte eine
halbe Stunde, bis Bubrow nach einem kalten Bad und drei
Tassen starken Kaffees einigermaßen munter war.
Cohagen klopfte Bubrow auf den Oberschenkel. »Junge.
Sie sind nicht mehr trainiert. Ein Russe, der nach ein paar
Glas Whisky umklappt? Sie enttäuschen Ihren Ussatjuk
aber auch auf breitester Linie! Brummschädel?«

»Nein. Nur Hunger.« Bubrow griff nach den beiden letzten Sandwiches. »Keiner denkt an mich. Alles aufgefressen!«

»Wir hauen uns nachher ein saftiges Steak in den Magen«, sagte Cohagen fröhlich. »Mag Amerika auch tausend Fehler haben, von Steaks versteht man hier was! Borja, Sie haben Boone ganz schön verwirrt.«

»Wer ist Boone?« fragte Bubrow kauend.

»Phil Boone, der Mann, der Sie betreuen wird. Abteilungsleiter bei der CIA. So eine Art Gegenstück zu Ussatjuk.«

»Boone betreut mich also? Und welche Funktion haben Sie, Ronny?«

»Ich verschwinde aus Ihrem Blickfeld, wenn alle Arbeit getan ist.«

»Schade drum. Ich fang an, mich an Sie zu gewöhnen.«

»Mein Job!« Cohagen hob die Schultern. »Ihr Russen laßt mir keine Ruhe. Überall habt ihr die Finger drin, und wo ihr seid, muß auch ich sein! Das Gleichgewicht der Kräfte. Ist schon ein beschissenes Leben, ich gebe es zu. Es wäre einfacher, wenn die Präsidenten mit Knüppeln aufeinander losgingen, wie früher die Stammesoberhäupter. Ich glaube, die Welt sähe dann ganz anders aus, und auf den unteren Ebenen gäb's nur noch freundliche Händeschüttler. Jimmy Carter mit einem Knüppel gegen Breschnew – zu schön!« Cohagen goß neuen Kaffee ein. »Borja, möchten Sie Jefferson heißen? Anthony Jefferson?«

»Warum? Soll ich neuer Präsident der USA werden? Jefferson II.?«

»Und Sie würden Mabel heißen, Irene. Mabel Jefferson. Klingt nicht schlecht.«

»Ich denke, wir heißen Mr. und Mrs. John Bruce?«

»Im Augenblick noch. Sie können nicht namenlos herumlaufen. Jefferson wird Ihr endgültiger Name sein. Wenn Borja alles hinter sich hat.«

»Was soll ich hinter mich bringen?« Bubrow fixierte Cohagen. Vorsicht und Abwehr lagen in seinem Blick. Sie waren nun in Amerika, aber ihm war klar, daß die Freiheit einen höheren Preis besaß als den, den er bereits gezahlt hatte.

»Ich habe mir Gedanken über Ihren Satz gemacht: Ich will ein neuer Mensch sein. – Ich glaube, das ist auch notwendig, wenn man einen Ussatjuk zum Feind hat. In Moskau weiß man jetzt genau, daß Sie nicht in Deutschland untergetaucht sind, sondern von den Amerikanern übernommen wurden. Das trifft Ussatjuks Nerv. Auch ich bin der Meinung, daß es keinen Bubrow mehr geben darf. Auch äußerlich nicht!« Cohagen sah Irene an. Was jetzt kam, ging vor allem sie als Frau an. Es würde der zweite große Schock sein. »Wir werden – natürlich nur, wenn Sie beide einverstanden sind! – Borjas Gesicht verändern.«

»Was – was soll das heißen . . .?« stammelte Irene. Obwohl sie fragte, wußte sie genau, was gemeint war.

»Wir haben ganz hervorragende, auf dieses Gebiet spezialisierte Chirurgen.«

»Sie wollen aus mir ein Frankenstein-Monster machen!« sagte Bubrow und quälte sich ein Lächeln ab.

»Borja, Sie werden ein Gesicht bekommen, das manchen Hollywood-Star vor Neid erblassen läßt. Sie sehen auch jetzt nicht übel aus. Aber nach der Operation werden Sie sich in sich selbst verlieben!«

»Sie – sie wollen Boris' Gesicht völlig verändern lassen?« fragte Irene. Ihre Stimme hatte jeden Klang verloren.

»Ja. Es darf sozusagen keine Erinnerung mehr an den alten Boris Alexandrowitsch übrigbleiben. Nur so kann garantiert werden, daß Ussatjuks Kommandos ihn nie finden.« Cohagen beugte sich zu Bubrow vor. Seine Stimme wurde eindringlich, beschwörend:

»Borja, Sie müssen hundertprozentig Anthony Jefferson werden, wenn Ussatjuk Sie nicht aufstöbern soll. Das wissen Sie besser als ich. Sie kennen Ussatjuk genau.«

»Wann soll es passieren?« fragte Bubrow ruhig.

Entsetzt starrte ihn Irene an.

»So bald wie möglich.«

»Wer bezahlt das?«

Cohagen lächelte breit. »Der amerikanische Steuerzahler. Aber er hat ein gutes Geschäft gemacht! Auf Ihrer Liste standen auch zwei Burschen, die in der NATO arbeiten! Wenn die weiter spioniert hätten, wär's ihn teurer zu stehen gekommen als Ihre Schönheitsoperation!«

»Und mich fragt keiner?« sagte Irene laut. Bubrow und Cohagen wandten sich ihr zu.

»Ich habe vorhin gesagt: Ihr Einverständnis vorausgesetzt! Das gilt, Mrs. Walther.«

Cohagen griff in die Rocktasche und holte eine Taschenflasche hervor.

»O Himmel, nein!« sagte Bubrow. »Weg damit! Mein Magen dreht sich um.«

Irene gab sich nicht zufrieden. »Wenn wir irgendwo im Mittleren Westen oder im Süden wohnen«, sagte sie, »wie soll Ussatjuk das jemals erfahren?«

»Durch das Mosaiksystem. Er braucht nur ein Steinchen zu finden, einen winzigen Hinweis hier in New York, dann sammelt er auch die anderen Steinchen auf, bis er das Bild beisammen hat. Auch die CIA ist nicht dicht. Wir wissen, daß es da Löcher gibt . . .«

»Dann wird man auch von der Gesichtsoperation erfahren.«

»Nein. Denn davon wissen nur zwei: Oberst Boone und ich! Offiziell verlassen Sie als Mr. und Mrs. Bruce New York, um sich in Pennsylvania, irgendwo am Erie-See, zu verbergen. Klingt gut, was? Damit ist Ihre Spur verloren. Denn weiterleben wird der unbekannte Mr. Jefferson. Ich weiß, daß Ihr neues Gesicht so vollkommen anders sein wird, daß Sie neben mir ein Bier trinken könnten, ohne daß ich Sie erkenne.« Er sah wieder Irene an. »Für Sie wird es schwer sein, Irene: Sie bekommen einen anderen Mann.«

»Ich liebe nicht sein Gesicht, ich liebe den Menschen Bubrow!« sagte sie gepreßt.

Aber sie wußte im voraus, daß es schwere Probleme geben würde, wenn der Körper zwar Boris war, aber das Gesicht, das sie beim Küssen und in ihrer Hingabe ansah, ein fremdes sein würde. Auch wenn sie es jetzt nicht wahrhaben wollte:

Der Mensch und sein Gesicht – das war doch nicht zu trennen!

»Dann dürfte auch das klar sein«, Cohagen war zufrieden. »Haben Sie noch Fragen, Borja?«

»Nein.«

»Wirklich nicht?«

»Nein.«

»Dann frage *ich* Sie, Borja, und zwar zum wiederholten Male: Wie weit sind Sie mit Ihrer B- und C-Spionage gekommen?«

»Bis Irina.« Bubrow tastete nach Irenes Hand und drückte sie. »Das war Anfang und Ende zugleich. Es war mir unmöglich, diese Liebe auszunutzen.«

»Borja! Sie wollen mir erzählen, daß Sie Moskau ein Jahr lang nichts gemeldet haben?«

»Nichts über die B-Forschung.«

»Worüber dann?«

»Über Talsperrenbau und dessen Schwachstellen im Hinblick auf Sabotageakte.«

»Und damit gab sich Ussatjuk zufrieden? Das war doch gar nicht Ihr Auftrag.«

»Eben. Der Befehl zur Rückkehr war ja auch schon erteilt: Ein Ultimatum.«

»Entweder zurück – oder Liquidation?«

»Ja. Orlowskij ließ keinen Zweifel.«

»Mit anderen Worten: Der große Bubrow hat kläglich versagt . . . Einer Frau wegen!«

»Man kann es so sehen, Ronny.«

»Und das soll ich Ihnen glauben!« Cohagen lächelte mokant. »Borja, Sie sind das raffinierteste Stück, das ich kenne!«

»Sie sind mir ebenbürtig, Ronny.«

»Das walte Gott!« sagte Cohagen. »Sonst säße ich jetzt nicht hier.«

Die meisten Menschen empfinden Schicksal als Demütigung. Ussatjuk nahm sie als Herausforderung. Drei Tage trommelten die KGB-Spitze, die Leitung der GRU und das Politbüro auf ihm herum, als sei er ein aufgespanntes Kalbfell. Dann war der erste Schock vorbei, und man sprach wieder vernünftig und menschlich miteinander.

Da Boris Alexandrowitsch Bubrow als Hauptmann der Militärgerichtsbarkeit unterstand, trat ein Sondergericht der Roten Armee zusammen, hörte die Anklage, die ein Major vertrat, und vernahm Ussatjuk, der – unter Aussparung der allzu großen Geheimnisse – Bubrows Verrat schilderte. Im Schnellverfahren fällte das Gericht das erwartete Urteil.

Bubrow wurde in Abwesenheit zum Tode verurteilt.

Das bedeutete, daß sowjetische Agenten die Pflicht hatten, Bubrow zu töten, wo sie ihn auch trafen. Es war selbstverständlich, daß der Verräter liquidiert werden mußte.

Nach der Gerichtsverhandlung und dem Urteil galt Ussatjuk als einigermaßen rehabilitiert. Das Politbüro und alle Vorgesetzten hatten eingesehen, daß Sulfi Iwanowitsch mit Bubrow tatsächlich den besten Mann für diese delikate Aufgabe angesetzt hatte, und daß keiner hatte ahnen können, daß Bubrow so völlig unter den Einfluß dieser Frau geraten würde. Man konnte Ussatjuk kein Versagen ankreiden, es sei denn, man warf ihm vor, er habe zu lange gewartet und hätte eher merken müssen, was da in München gebraut wurde.

Am glücklichsten fühlte sich Peter Hämmerling auf Ischia. Er nannte sich einen wahren Glückspilz. Auch er hatte auf Bubrows Liste gestanden, ganz obenan; die Polizei war im Morgengrauen bei ihm vorgefahren, hatte seine Wohnungstür aufgebrochen und alles durchsucht. Das hatte ihm ein Freund geschrieben, an eine Hoteladresse in Meran. Das Hotel wiederum schickte den Brief nach Rom, postlagernd. Und in Rom holte jemand die Post ab und sandte sie nach Ischia. Kam die Polizei diesem Kurierweg auf die Schliche, so allenfalls bis Rom. Vom Postfach aus gab es keine Spuren mehr.

In Hämmerlings Wohnung wurde das Dezernat 14 allerdings fündig. Dort stellte man zweierlei sicher: Das Papier, auf das die Aufforderung an Franz-Josef geschrieben worden war, und den Kugelschreiber. Eine kleine Lücke war damit geschlossen: Hämmerling war der Unbekannte, der damals die beiden Polizeibeamten so trickreich ausgeschaltet hatte. Und Franz-Josef mußte der Deckname des sowjetischen Spions Bubrow sein. Wer Tante Emmy war, bedurfte keiner Frage mehr.

»Jetzt sehen wir klar!« sagte der ermittelnde Kommissar bei der Frühbesprechung.

»Aber Wochen zu spät!« antwortete der Leitende Kriminaldirektor säuerlich. »Jetzt haben die Amis das Paradiesvögelchen.«

Mit seiner Enttäuschung nicht fertig wurde Dr. Ewingk. Ihn holte man aus dem Bett, als Bubrow und Irene bereits mit einem Hubschrauber zur US Air-Base nach Frankfurt flogen. Als sich über die Haussprechanlage ein »Kommissar Burgstaller vom 14. Dezernat« meldete, kam das Dr. Ewingk wie eine Falle vor. Er rief sofort das nächste Polizeirevier an und bat um Schutz.

Erst als ein Streifenwagen mit Sirenengeheul vor seinem Haus hielt, kam er hinunter in die Diele und öffnete die Tür. Kommissar Burgstaller wirkte angegriffen. Die Polizisten hatten ihn soeben gründlich kontrolliert. In diesen

Zeiten des politischen Terrors galt auch eine Erkennungs-marke der Kripo nicht mehr als Beweis. Erst per Funktele-fon wurde bestätigt, daß es wirklich einen Kommissar Burgstaller beim Dezernat 14 gab.

»Darf ich jetzt hereinkommen?« fragte Burgstaller. »Zum Papst zu kommen, ist leichter.«

»Der hat auch nicht mit den Dingen zu tun, für die ich ver-antwortlich bin.« Dr. Ewingk bedankte sich bei den Polizi-sten, ließ Burgstaller ins Haus und schloß die Tür. »Um diese Zeit pflegt kein Besuch zu kommen.« Er wischte sich über das Gesicht. Fünf Uhr morgens. Da mußte ein ganz dicker Hund los sein. »Was ist los, Herr Kommissar?«

»Bei Ihnen arbeitet doch eine Irene Walther . . .«

»Ja. Ein Juwel! Mein Gott, ist ihr etwas zugestoßen?!« Dr. Ewingk wurde bleich. »Ein Unfall?! Bestimmt ein Unfall, nicht wahr?«

»Wie man's nimmt.« Burgstaller lächelte dünn. »Sie ist mit einem Herrn Bubrow in einem amerikanischen Militär-Hubschrauber auf dem Weg nach Frankfurt.«

»Was ist sie?« fragte Dr. Ewingk verständnislos.

»Bubrow ist sowjetischer Agent.«

»O Gott!« Dr. Ewingk sank auf den nächsten Stuhl, der in der Diele stand, ein weiß-goldener Barocksessel mit Da-mastbezug. »Das kann doch nicht sein . . .«

»Sie kannten Bubrow?«

»Sehr gut sogar. Er war oft mein Gast. Ein geistvoller, net-ter Mensch, der aus Liebe –«

»Sie meinen die Sache mit dem sowjetischen Flugzeug? Alles vom KGB getürkt. Damit sollte Bubrow eine lupen-reine Weste kriegen – und das haben ja auch alle ge-glaubt!« Kommissar Burgstaller sah sich um. »Wollen wir hier in der Diele bleiben?«

»Natürlich nicht. Verzeihen Sie, ich bin total verwirrt!« Dr. Ewingk ging voraus, knipste in seinem Arbeitszim-mer, das einer Bibliothek glich, die Lichter an und warf sich in einen tiefen Sessel. Burgstaller setzte sich; er nahm es Dr. Ewingk nicht übel, daß er ihm keinen Platz anbot. Der Mann war total fertig, das sah man.

»Bubrow ein Spion ...« sagte Dr. Ewingk heiser. »Unglaublich! Und Irene Walther?«

»Sie ist bei ihm.«

Ewingk fuhr hoch. »Sie wollen doch nicht andeuten, daß Dr. Walther für den KGB tätig war?!«

»Nein. Aber wir wissen nicht, was sie Bubrow alles anvertraut hat.« Burgstaller grinste kumpelhaft. »Man weiß ja, was im Bett so alles erzählt wird. Mit dem Nachthemd fallen auch die Geheimnisse. Man kann sich sogar über Bakterienbomben unterhalten. Die Liebe stört das nicht ...«

»Ich – ich halte das für unmöglich«, sagte Dr. Ewingk.

»Was wußte Frau Dr. Walther von den B-Forschungen?«

»Alles!«

»Das haben wir befürchtet. Wieso alles?«

»Bei ihr liefen alle Humanversuche zusammen. Es ist klar, daß wir in dauerndem Erfahrungsaustausch mit anderen Forschungsstellen stehen. Frau Dr. Walther wertete sie aus.«

»Sie war für die Sowjets also ein Spitzenziel?«

»Absolut.« Dr. Ewingk hatte sich etwas gefangen, aber sein Magen schmerzte vor Aufregung; er mußte aufstoßen. »Hat man nachrichtendienstliche Erkenntnisse über sie?«

»Nichts! Bubrow behauptet, von Frau Dr. Walther nichts erfahren zu haben.«

»Das nehme ich ihm ab! Irene würde so etwas nie preisgeben.«

»Könnten private Aufzeichnungen über ihre Forschungen in ihrem Besitz sein?«

»Das halte ich für unwahrscheinlich.«

»Warum?«

»Eben aus der Erkenntnis heraus, wie brisant und wie kriegsentscheidend für den Westen diese Forschungen sein können. Dr. Walther wußte genau, welchen Stellenwert sie hatte. Und sie stand genau am richtigen Platz. Sie hatte mein uneingeschränktes Vertrauen!«

»Und warum hat sie sich nicht Ihnen anvertraut?« fragte Burgstaller.

»Das weiß ich nicht. Ich weiß ja noch nicht einmal, was vorgefallen ist! Wer hat denn Bubrow enttarnt?«

»Niemand. Er ist von selbst gekommen.«

»Was?« Dr. Ewingk starrte Burgstaller fassungslos an. »Bubrow ist ein Überläufer?«

»Mit Dr. Walther im Gefolge. Die CIA hat sie sofort aus dem Verkehr gezogen. Wir hatten kaum Gelegenheit, Fragen zu stellen. Als es brenzlich wurde, griffen die Amis ein. Rüde Burschen! Deshalb hoffen wir, von Ihnen mehr zu erfahren.« Burgstaller beugte sich vor. »Womit experimentieren Sie in Ihren Labors?«

»Keine Antwort!« Dr. Ewingk erhob sich steifbeinig. Sein Magen schmerzte noch immer.

»Mit dieser Einstellung werden Sie sich keine Freunde bei uns machen.«

»Ich bin zu absolutem Stillschweigen verpflichtet. Bevor ich aussage, muß ich erst die Genehmigung des Bundesverteidigungsministers haben und auch das Limit meiner Aussagen. Ich muß wissen, wie weit ich gehen kann. Herr Kommissar, es kommt da etwas an die Öffentlichkeit, was nie an die Öffentlichkeit kommen sollte! Atombombe – gut! Neutronenbombe – auch gut. Da kann man sich die Köpfe zerreden. Aber B- und C-Bomben? Tiefes Schweigen auf *allen* Seiten! Da sind Ost und West bis auf den feinsten Nerv empfindlich. Denn was da hinter Panzertüren erfunden wird, ist für die meisten Menschen gar nicht mehr faßbar!« Dr. Ewingk ging zu seiner Hausbar, schenkte zwei Gläser mit Kognak ein und nahm mit Burgstaller erst einmal einen tiefen Schluck. »Ohne höchste Erlaubnis sage ich kein Wort.«

Zu Mittag dieses Tages war klar, daß Dr. Ewingk nur zur

Person Dr. Irene Walthers aussagen durfte, mehr nicht. Und das war wenig. Er lobte Irene so hoch, daß der Polizeipräsident am Ende sagte:

»Ich bin gespannt, wann man die Dame seligspricht . . .«

Damit war Dr. Ewingk aus dem Rennen. Er blieb zurück mit seiner tiefen Enttäuschung und der Frage, die auch Burgstaller gestellt hatte: Warum war Irene nicht zu ihm gekommen? An ihre wiederholten Urlaubsgesuche dachte er nicht.

Ungelöst blieb auch die Frage, die er nie laut stellen würde: Was hatte Irene diesem Bubrow erzählt? War im Bett wirklich nur von Liebe geredet worden? Waren Meldungen nach Moskau gegangen?

Der Stachel des Zweifels saß tief. Mit ihm mußte Dr. Ewingk leben.

Geduld ist die Kunst, zu hoffen, sagte Vauvenargues. Man darf vermuten, daß Ussatjuk diesen französischen Philosophen und Hauptvertreter der Moralisten, einen Freund von Voltaire und La Rochefoucauld, nicht kannte. Er hätte auch gar nicht in seine Ideologie gepaßt, denn für Vauvenargues war der Mensch von Natur aus gut, worüber Ussatjuk nur schallend gelacht hätte. Ein guter Mensch ist nur ein toter Mensch – das hörte sich für Sulfi Iwanowitsch viel vernünftiger und vor allem logischer an. Daß er für den Tod Bubrows viel Geduld investieren mußte, war ihm klar, und daß diese Geduld von der Überzeugung lebte, es werde ihm gelingen, Boris Alexandrowitsch irgendwo auf der Welt zu stellen und zu liquidieren, verstand sich von selbst.

Nachdem man Bubrow zum Tode verurteilt hatte, sann Ussatjuk zunächst darüber nach, wie man Boris Alexandrowitsch diese lebenswichtige Nachricht zukommen lassen könnte. Nicht, um ihn zu warnen, sondern um ihm die

Angst ins Herz zu pflanzen. Von Jahr zu Jahr würde diese Angst wachsen, bis sie zur Panik werden müßte, denn Bubrow wußte nur zu gut, daß Moskau einem Schuldspruch auch die Exekution folgen ließ. Die Zeit spielte dabei keine Rolle. Solange Bubrow lebte, würde er ein Gejagter sein.

Am einfachsten war es, der CIA einen Wink zu geben. Am besten richtete man ihn an Ronald Cohagen, gleich verbunden mit der Mitteilung, daß auch er ab sofort im Visier lag. Das war zwar nicht die feine Art, aber Ussatjuk hatte keine Lust mehr, im Fall Bubrow auf Strümpfen zu gehen. Hinzu kam, daß ihm von allen Seiten bitterer Spott angetan wurde. So sagte General Butajew zu ihm:

»Auf dem Papier ist er nun tot, der gute Boris Alexandrowitsch! Das beruhigt ungemein, nicht wahr, Genosse Ussatjuk? Nun darf man wieder schlafen . . .«

Und General Nasarow vom Generalstab der Roten Armee, der die Spezialwaffen betreute, worunter auch B- und C-Waffen fielen, ließ sich vernehmen:

»Ein gerechtes Urteil, nicht wahr? Aber, lieber Sulfi Iwanowitsch, wie wollen Sie es dem verfluchten Verräter zustellen?«

Der Mikrofilm, Bubrows Abschiedsgeschenk für sein Vaterland, war ausgewertet worden. Die Tagebuchseiten Irenes enthielten nichts Aufregendes. Interessant war gewiß die Kopulation verschiedener Bakterien zu der unentrinnbaren tödlichen Wirkung. Doch ihre Angaben waren zu ungenau, es fehlten die Laborberichte, die aufzeichneten, wie sich die verschiedenen Bakteriengruppen koppeln ließen. Was Bubrow da geliefert hatte, war nur ein Anfang, dem keine Fortsetzung mehr folgen konnte.

Ussatjuk entschloß sich, zweierlei zu tun: Er gab tatsächlich der CIA einen Wink, und er bestellte einen Mann zu sich, von dem er wußte, daß man mit ihm alles machen konnte. Es handelte sich um einen jener Fanatiker, denen man nur zu sagen brauchte »Es ist fürs Vaterland« – und schon sind sie bereit, sich beispielsweise als lebende Bombe einsetzen zu lassen.

Leutnant Ruslan Michejewitsch Strelenko vom Sonderkommando I meldete sich bei Ussatjuk.

Er war dreiundzwanzig Jahre alt, mittelgroß und geradezu mädchenhaft hübsch.

Ussatjuk konnte, immer wenn er Strelenko anblickte, nie begreifen, daß wahr sein sollte, was man sich von ihm erzählte: Sag ihm, er soll seiner Großmutter den Hals durchschneiden, es wäre gut für Rußland – er tut es sofort! Bereits fünfmal hatte er als Liquidator gewirkt: in Cuba, wo er zwei unbequeme Politiker im Meer ertrinken ließ, einmal in Paris, wo man in einem Hausflur einen erschossenen Emigranten fand, und zweimal in London, wo Merkwürdiges geschah: Ein Dissident erlag einem Herzschlag im Bordell, ein zweiter stürzte vor die U-Bahn. Man war mit Ruslan Michejewitsch sehr zufrieden.

»Man hat Sie unterrichtet, Genosse Leutnant?« fragte Ussatjuk, als Strelenko vor seinem Schreibtisch stand. Er wirkte wie ein Mädchen, das Männerkleider trägt. Das schwarze Haar war gelockt und sorgsam frisiert, seine Haut hatte einen leichten Bronzeton, als läge er viel in der Sonne, die schwarzbraunen Augen leuchteten, als streichle ihn gerade ein Liebhaber. Ussatjuk hatte sich genau erkundigt. Nein, Strelenko war nicht schwul, obwohl sein Anblick jeden Schwulen zur Ekstase treiben mußte. Genau das Gegenteil war der Fall; Strelenko hatte eine »normale« Liebschaft nach der anderen und auch schon einen Tripper hinter sich. Das stand alles in den Personalakten des KGB, den besten Dossiers aller Geheimdienste.

»Nein«, sagte Strelenko. »Ich weiß nicht, worum es sich handelt.« Auch seine Stimme war weich und wohlgefällig.

»Man hat Boris Alexandrowitsch Bubrow zum Tode verurteilt. Kennen Sie Bubrow?«

»Nur dem Namen nach. Der Flugzeugentführer.«

»Er ist es.« Ussatjuk nickte mehrmals. »Bubrow hat sich

nach New York abgesetzt. Im Augenblick liegt er noch in der Schürze der CIA, aber dort wird er nicht bleiben. Er wird sich als braver Bürger niederlassen. Es geht nun darum, ihm das Todesurteil zu übermitteln.«

»Und es zu vollstrecken, Genosse Oberst?«

»Das ist logisch. Bubrow stellt eine permanente Gefahr für die Sowjetunion dar. Er weiß viel, zuviel! Ich erwarte von Ihnen, Ruslan Michejewitsch, daß Sie diesen Zustand der Bedrohung unseres Vaterlandes so schnell wie möglich beenden. Die Mittel ergeben sich aus der Situation; ihre Wahl bleibt voll und ganz Ihnen überlassen. Was zählt, ist nur der Erfolg!«

»Ich verstehe, Genosse Oberst«, sagte Strelenko mild. »Fliege ich allein nach New York?«

»Nein. Sie bekommen vier Mann mit. Mit britischen Pässen. Mit vier verschiedenen Flügen werden sie drüben eintreffen. Ihre Absprungbasis wird London sein. Ich habe erfahren, daß Sie gut Englisch sprechen.«

»Man ist zufrieden mit mir, Genosse Oberst.«

»In New York stoßen dann noch drei Mann zu Ihnen, die drüben seit Jahren leben. Dann haben Sie ein Kommando von sieben Mann. Genügt das?«

»Um einen Mann zu liquidieren?« Strelenko sah Ussatjuk etwas ungläubig an. »Wir wären dann acht. Für *einen* Mann?!«

»Sie kennen Bubrow nicht, Ruslan Michejewitsch. Und –« Ussatjuk holte tief Luft »– es könnte ein Kommando ohne Rückkehr sein. Sie verstehen mich?«

Strelenko nickte. Sein hübsches Gesicht blieb bewegungslos. Eine Puppenmaske.

»Wo bekomme ich genaue Informationen?« fragte er.

»Bei mir.« Ussatjuk schob ihm ein Aktenstück über den Tisch. »Sehen Sie sich das an, Genosse Leutnant. Das ist ein Bild von Bubrow. Eine ganze Reihe von Fotos, mit allen möglichen Veränderungen, zu denen er im Laufe seiner Tätigkeit genötigt war. Hier, sogar ein echter Araber war er! Das war im Süd-Jemen. Seine richtige Haarfarbe ist blond. Honigblond. Und dazu graue Augen. Im Jemen hatte er braune Haftschalen und schwarze Locken, wie Sie. Nur nicht so schön! Sie müssen also damit rechnen, daß Bubrow sich auch in New York verändert. Erkennen können Sie ihn aber immer: Er hat links oben einen übergoldeten Vorderzahn und auf der rechten Handfläche eine vier Zentimeter lange Narbe. Die hat er in Beirut bei einer Messerstecherei bekommen.«

»Und wer ist das?« fragte Strelenko. Er zeigte auf drei Fotos von Irene Walther.

»Tja, das ist für Bubrow der Nabel der Welt! Wegen dieser Frau ist er zum Tode verurteilt. Sie hat Bubrow auf dem Gewissen. Sie hat ihn umgedreht.«

»Interessant.« Strelenko nahm ein Bild und betrachtete es genau. »Eine sehr schöne Frau.«

»Wäre Bubrow sonst umgefallen?«

»Sie ist bei ihm in New York?«

»Immer ist sie um ihn. Das erschwert Ihren Auftrag, Genosse Leutnant.«

»Das macht ihn einfacher für mich, Genosse Oberst.« Strelenko legte das Bild zu den Akten zurück, vorsichtig, als könne er es beschädigen. Seine Stimme blieb weich und zärtlich. »Erst die Frau – dann Bubrow. Damit locke ich ihn heraus, wo er auch ist.«

Ussatjuk spürte ein Kratzen in der Kehle. Er nickte stumm und sah Irenes Bild an. Es war, als verwandle sich ihr schönes Gesicht in einen Totenschädel.

»Es bleibt alles Ihnen überlassen, Ruslan Michejewitsch«, sagte er heiser. »Ich wiederhole: Wichtig ist allein der Erfolg.« Er klappte die Akte zu und gab sie Strelenko. »Sie fliegen am Sonntag nach London. In unserer Botschaft wird Ihr britischer Paß liegen. Und kommen Sie erst zurück, wenn wir Bubrow abhaken können! Sie haben jede Menge Zeit.«

»Die Quittung ist da!« sagte Cohagen. Er war in die Wohnung unter dem Dach gekommen und schwenkte ein Blatt Papier.

Bubrow und Irene saßen vor dem Fernseher und sahen einen amerikanischen Spionagefilm an. Es war unbegreiflich, wie sich die Agenten darin benahmen. Verfolgungsjagden, Schießereien, durch Mauern rasende Autos . . . Die Wirklichkeit war ganz still, undramatisch, im dunkeln verborgen. Nur ab und zu lag irgendwo ein unbekannter Toter herum. Dann war, was geschehen war, unumgänglich gewesen.

»Wer hat geschrieben?« fragte Bubrow und stellte das Gerät leiser.

»Mütterchen Rußland!« Cohagen gab Bubrow das Papier. »Wurde einem unserer Doppelagenten zugespielt. Entzückend, was?«

»Ich bin zum Tode verurteilt worden«, sagte Bubrow langsam. Er gab die Meldung an Irene weiter.

Sie las und begann zu zittern. »Das habe ich erwartet.«

»Ich auch!« Cohagen lehnte sich gegen die Wand. »Ihr Aussteigen konnte Moskau nicht einfach hinnehmen und verbuchen.«

»Und – und was nun?« fragte Irene tonlos.

»Unser Mr. Jefferson muß sofort geboren werden!« Cohagen blickte auf den Blödsinn im Bildschirm und stellte den Apparat ab. »Borja, Sie liegen innerhalb der nächsten zwölf Stunden auf dem OP-Tisch! Und wenn Sie wieder runterklettern, würde sogar Ihre Mutter Sie zu Ihnen sagen.«

»Ich bin bereit.«

Irene schlug beide Hände vor ihr Gesicht.

Die Klinik lag ziemlich versteckt, drüben in Staten Island, in der Nähe des Wolfe's Pond Park, im Stadtteil Princess Bay. Es war die beste Adresse für Operationen der Art, wie man sie an Bubrow ausführen wollte.

Das zweistöckige Haus lag in einem weiten Garten, umgeben von einer hohen Mauer, abgeschirmt von der Außenwelt. Nur durch die Toreinfahrt mit einem kleinen Pförtnerhaus gelangte man auf einen asphaltierten Weg, der zwischen dichten Buschgruppen und mächtigen Platanen zu dem weißen Haus führte. Der Eingang war im Kolonialstil gehalten, mit säulengetragenem Vordach und einer dreistufigen Freitreppe. Ein großes Blumenrondell verschönte den zweiten Vorplatz, aber auch diese Blütenansammlung konnte den ersten Eindruck nicht verwischen: War das ein Geisterhaus? Kein Mensch im Garten, keine geparkten Autos, kein Kommen und Gehen von Besuchern, keine weißen Kittel oder Schwesternhauben. Nichts.

Bubrow hatte, als sie vor dem Eingang hielten, zuerst Irene angeblickt, dann Cohagen.

»Sieht wie ein Mausoleum aus. Wohin haben Sie mich verschleppt, Ronny?«

»In das beste Haus, das uns bekannt ist. Und wir kennen alle! Die Klinik hat nur fünfunddreißig Betten, aber sechs Ärzte, vier Pfleger und vierzehn Schwestern. Von allem das Beste!«

»Und welcher gewöhnliche Sterbliche kann das bezahlen?«

»Oje, Borja!« Cohagen lachte leise. »Eine Arbeiterfrau in der Bronx sieht mit vierzig Jahren aus wie sechzig. Aber wer hier herauskommt, sieht mit sechzig aus wie dreißig! Für diesen kosmetischen Trick blättert man gern ein paar Tausender hin – wenn man's hat! Und diese Patienten hier haben's. Hier kann man einen Busen bekommen, auf dem man Gläser balancieren kann! Und wer mit einem runden, schwabbeligen Hintern durch diesen Säuleneingang tritt, verläßt ihn nach zehn Tagen mit einem kleinen, knackigen Po! Eine Hakennase? Kein Problem. Ein reizendes Stubsnäschen gefällig? Abstehende Ohren? Schnippschnapp, und jedes Mäuschen wird Sie um Ihre neuen Lauscher beneiden. Ein Hängebauch? Ritsch-ratsch, und der Bikini paßt! Borja, wenn Sie wüßten, wer hier schon alles hineingegangen ist! Wenn ich Namen nennen dürfte! Es gibt Großväter und Urmütter, die Sie glatt als Mannequin engagieren würden.«

»Und nun bin ich dran.«

»So ist es. Steigen wir aus?«

»Warum ist hier alles so leblos?«

»Nur hier vorne. Hinter dem Haus, wo der große Swimming-pool ist, der Liegegarten, der Minigolf-Platz, die Kaffeeterrasse, da ist bei schönem Wetter schon einiges los. Aber das sind meistens Patienten, die in der Öffentlichkeit nicht bekannt sind. Die Prominenten sieht man nicht, die bleiben in ihren Appartements . . . Es soll ja niemand wissen, daß man ihnen hier einen neuen Körper verpaßt. Manche sind schon zum vierten Mal unterm Messer. Und immer finden die Chirurgen noch einen Dreh, die Jahre wegzuschleifen.« Cohagen blinzelte. »Sie kennen doch den Witz, Borja. Sagt ein Schönheitschirurg zu einer Dame, die zum fünftenmal zur Raffung kommt: ›Gnädige Frau, mehr kann ich Ihnen nicht nach oben ziehen. Beim nächsten Mal hätten Sie einen Spitzbart!‹« Cohagen lachte laut, stieg aus dem Wagen und half Irene hinaus. Bubrow folgte ihr. Und jetzt erschien auch ein Mann im weißen Arztkittel an der breiten Glastür.

»Das ist Dr. Bred Haddix!« sagte Cohagen. »Der 1. Assistent vom Chef. Sie sehen, Borja, Sie werden erwartet. Aber das geht hier alles lautlos, diskret, ohne Hektik.« Er ging die Stufen hinauf, gab Dr. Haddix die Hand und sprach ein paar Worte mit ihm. Dr. Haddix musterte den neuen Patienten mit einem Seitenblick. Namen und Ereignisse erschütterten ihn nicht mehr, dieses Haus hatte schon genug an Schicksalen gesehen.

»Wir können immer noch umkehren, Liebling«, sagte Irene leise. Sie stand neben Bubrow und tastete nach seiner Hand. »Niemand kann dich zwingen.«

»Ich bin zum Tode verurteilt.« Bubrow atmete tief durch. »In Rußland!«

»Du weißt: Rußland ist überall. Ussatjuk hat zur Jagd geblasen. Man muß Ronny recht geben: Der beste Schutz ist eine vollkommene Gesichtsveränderung. Irininka, wir hätten sonst nie Ruhe!«

Sie nickte, umklammerte seine Hand, und so gingen sie um den Wagen herum und die Treppe hinauf. Dr. Haddix setzte sein breites Empfangslächeln auf.

»Es freut mich, daß Sie unser Gast sein werden.« Er sagte Gast – das war einer entspannten Erwartungshaltung des Patienten förderlich. »Professor Tucker steht Ihnen in einer halben Stunde zur Verfügung.«

Er küßte Irene die Hand und stieß die Glastür auf. In der weiten Eingangshalle, die mit künstlichen Palmen, Blütenbäumen und Blumenarrangements nervenberuhigend dekoriert war, stand allein und einsam eine kleine, süße Schwester in einem kurzen weißen Kittelchen, das viel Bein sehen ließ. Auf dem Platinhaar saß ein winziges weißes Häubchen.

»Das ist Schwester Vanessa«, erklärte Dr. Haddix. »Miß Vanessa ist ausschließlich für Sie und Ihre Pflege zuständig, Mr. Jefferson.«

Irene zuckte zusammen, als sie zum erstenmal den neuen Namen hörte. Vanessa machte einen artigen Knicks und strahlte Bubrow an.

»Wir haben Zimmer 19.« Sie sagte »wir«, was ein wenig nach Verschwörung klang. Cohagen sah sie mit leuchtenden Augen an und wünschte sich, von ihr zehn Tage lang gepflegt zu werden. Während er und Dr. Haddix in der Palmenhalle blieben, trippelte Vanessa voraus; es ging eine Treppe hoch und dann in einen Flur, der mit einer bunten Blumentapete beklebt war. Überall Farben, Blüten, Symbole eines üppigen Lebens, sogar die Zimmertüren waren mit Blumen und schwirrenden Kolibris bemalt. Zimmer 19 war groß und hell. Es lag zum hinteren Garten hinaus, und durch eine Glastür konnte man auf einen Liegebalkon treten, der durch mit Blumen bemalte Planen vor Einsicht geschützt war. In einer größeren Nische, wo sonst nur ein Bett stand, hatte man jetzt zwei Betten aufgebaut.

Es war eines der Prominentenzimmer, wo Persönlichkeiten, die unerkannt bleiben wollten, sich ihre neue Jugend vom Skalpell des Chirurgen holten. Natürlich fehlten weder Fernseher noch Radioturm.

»Ist alles recht so, Mr. Jefferson?« piepste die liebliche Vanessa.

»Sehr schön.« Bubrow blickte sich im Zimmer um. »Es gefällt mir.«

»Ihr Gepäck kommt gleich nach.«

»Es sind nur zwei kleine Koffer.«

»Sie werden erst desinfiziert.«

»Was werden sie?« fragte Irene ungläubig.

»Wir wollen auch die geringste Möglichkeit einer Infektion ausschalten, Mrs. Jefferson«, sagte die Schwester.

Sie nickte freundlich und trippelte hinaus.

Bubrow ging zur Balkontür, öffnete sie und blickte in den Garten. Zwei Frauen gingen spazieren, die Köpfe mit Mullbinden umwickelt. Druckverbände nach dem Lifting. »Wie werde ich in zwei Wochen aussehen?«

»Ich habe schon ein bißchen Angst, wenn ich daran denke«, sagte Irene. »Du wirst es ja selbst wissen: Jede Operation, auch die einfachste, ist ein Eingriff in die Natur. Und damit ein Risiko. Ich will dich nicht kopfscheu machen, aber du solltest doch über mögliche Folgen im klaren sein.«

»Wenn ich mein Bubrow-Gesicht behielte, wären die Folgen schlimmer!« Er trat vom Balkon zurück und setzte sich neben Irene in den Sessel. »Aber es geschieht mir recht!« Er legte den Kopf auf ihre Hände und schloß die Augen. »Es ist der Preis für den verdammten Betrug an dir, Irininka!«

»Boris! So darfst du nie denken! Ich war so glücklich in Sotschi! Und ich bin so glücklich, daß es dich gibt – ganz gleich, was wir noch alles erleben werden! Du bleibst Boris, auch mit dem Gesicht von Jefferson! Du bleibst immer mein Leben.«

Es klopfte. Cohagen trat ein, fröhlich wie immer. »Alles klar«, sagte er. »Professor Tucker will Sie sehen. Er hält ein paar Überraschungen bereit. Sie werden staunen, Borja.«

»Und ich?« fragte Irene leise.

»Sie haben das gewichtigste Wort mitzureden, Irene.« Cohagen legte den Arm um Bubrows Schulter. »Gehen wir! Das Grübeln frißt nur die Nerven auf.«

Wer Prof. Tucker auf der Straße begegnete, sah bestimmt über ihn hinweg. Nicht, weil er so klein gewesen wäre, sondern weil er so unbedeutend aussah. Ein graues Gesicht in der Masse. Ja, er sah grau aus, als sei er aus New Yorks Straßenschluchten noch nie in die Sonne gekommen. Und wäre man ihm in einem verstaubten Warenlager zwischen Stapeln von Pappkartons begegnet, so hätte man gesagt: Da gehört er auch hin!

Dieser Eindruck verschwand sofort, wenn er den Mund aufmachte. Da spürte man plötzlich seine zwingende Persönlichkeit. Er redete knapp, ohne viel Gesten, mit dunkler, voller Stimme und sehr präzise. Man begriff sofort, daß Widerspruch ihn nicht beeindruckte. Was Tucker einmal gesagt hatte, das galt.

In seinem Zimmer hingen Gemälde alter holländischer Meister, vor einer Bücherwand protzten der riesige Schreibtisch und eine lederne Sitzgarnitur. Mitten im Zimmer stand ein gewaltiger Globus, der sich in einer geschnitzten Holzwanne drehen ließ und überaus dekorativ wirkte.

Prof. Tucker kam Irene und Bubrow entgegen, gab ihnen die Hand, wies auf die Garnitur, wartete, bis alle saßen, trat dann neben seinen Globus und stützte sich auf das

Holzgestell. Mit einer Handbewegung versetzte er die Erdkugel in Drehungen, lautlos rotierte die Welt. Cohagen lächelte mokant. Jeder Mensch hat seinen Stich, dachte er. Der hat's mit dem Globus. Der Mann, der die Welt bewegt . . . Tucker schien sehr eitel zu sein.

»Ich habe Sie in meinen Operationsplan für Freitag hereingenommen, Mr. Jefferson«, sagte Tucker ohne Einleitung. »Das heißt: Ich habe nur Sie. Ich rechne mit sieben Stunden.«

»Sieben Stunden?« Irene starrte den Professor entgeistert an. »Eine solche Operationsdauer ist –«

»Frau Kollegin«, Tucker gab der Weltkugel neuen Drall. »Es dürfte doch wohl klar sein, daß wir kein Narkoserisiko eingehen! Dr. Yamanura, mein Anästhesist, ist einer der Besten seines Fachs. Ich habe ihn aus Kyoto geholt. Im übrigen zweifle ich sogar, daß wir mit sieben Stunden auskommen. Unter Umständen wird eine zweite Sitzung erforderlich sein. Sprechen wir das jetzt durch!«

Professor Tucker ging zu seinem Schreibtisch und zog aus dem Stapel von Büchern und Mappen ein paar große Bogen Papier. Er beugte sich über Irenes Schulter und legte Blatt neben Blatt auf den niedrigen, länglichen Tisch. Jedes Blatt trug ein Gesicht, hergestellt aus einer Mischtechnik aus Foto und Zeichnung. Keins glich dem anderen, und doch hatten sie alle eine Ähnlichkeit miteinander. Man hätte sagen können: Diese Gesichter gehörten zur selben Familie.

Irene spürte, wie es ihr kalt über den Rücken lief. Cohagen hüstelte. Bubrow saß unbeweglich. Zehn verschiedene Gesichter. Nur die Augen waren gleich. Bubrows graue Augen. »Die Entscheidung liegt bei Ihnen. Wie möchten Sie aussehen, Mr. Jefferson? Oder – ich darf mich an Sie wenden, Mrs. Jefferson: Wie möchten Sie Ihren Mann haben? Sie brauchen sich nicht sofort zu entscheiden. Sie haben Zeit bis Freitag.«

»Wir entscheiden uns jetzt!« sagte Bubrow hart. Er legte

den Arm um Irene und zog sie an sich. »Warum etwas hinauszögern, was unabwendbar ist?«

»Borja, es bleibt dann für immer Ihr Gesicht!« Cohagen hüstelte wieder. »Man kann nicht dauernd daran herumschnippeln!« Er warf einen Blick zu Prof. Tucker, der an seinem riesigen Schreibtisch lehnte. »Sollen wir Sie allein lassen? Ich glaube, Sie sollten mit Irene unter vier Augen darüber sprechen.«

»Das haben wir bereits getan, Ronny. Schon als Ihr erster Hinweis kam.«

»Ich – ich halte das sechste Bild für das beste«, sagte Irene leise. »Das sechste von links.«

»Dann nehmen wir das!« Bubrow zeigte auf den Gesichtsentwurf.

Irene hielt seine Hand fest. Ihre Finger waren weiß, als sie sich um sein Gelenk schlossen.

»Es muß dir auch gefallen, Liebling. Nur darauf kommt es an.« Ihre Stimme schwankte, aber sie fing sich wieder. Verdammt tapfere Frau, dachte Cohagen. Sie zeigt auf das sechste Bild – es hätte auch das dritte oder neunte sein können: In jedem Fall wird Bubrow nie mehr Bubrow sein, sondern Jefferson!

»*Dir* muß es gefallen, Irininka!« Er küßte ihren Arm. »Ich bin nicht eitel, mir sagen alle Entwürfe zu. Der achte erinnert mich an jemanden . . .«

»Die Grundform gehört einem bekannten Hollywood-Schauspieler«, sagte Prof. Tucker gleichgültig. »Wir haben sein Gesicht etwas zum Kantigen hin verändert.« Er sah Irene an, ohne eine Spur von Mitleid. Ein Mann bekam ein neues Gesicht, auf Befehl der CIA. Warum sollte man da Mitgefühl heucheln? »Bleibt es bei Nummer sechs?«

»Ich denke – ja.« Irene nickte.

»Bitte eine klare Entscheidung!«

»Ja!« sagte Bubrow laut. »Ja! Ja! Ja! Muß ich noch eine Abtretungserklärung für mein altes Gesicht unterschreiben?«

Tucker war nicht beleidigt. Nervosität der Patienten war ihm geläufig, wer liegt schon gern unter dem Chirurgenmesser und erkennt sich nachher nicht wieder? Auch CIA-Agenten dieses Kalibers haben Nerven. Cohagen hatte Tucker über die Hintergründe nicht aufgeklärt – dem Inhaber der Klinik genügte es, wenn man ein neues Gesicht bestellte.

»Also Nummer sechs«, sagte Tucker ruhig. »Ich werde alles vorbereiten. Bis Freitag, Mr. Jefferson, haben Sie ein volles Programm! Wir müssen Ihr Gesicht im Detail vermessen, Blutuntersuchungen sind notwendig, außerdem könnten Sie ein Narbentyp sein.«

»Was, bitte, könnte ich sein?«

»Narbentyp nenne ich die Patienten, deren Narben zu Wulstbildungen neigen. Bei den meisten heilen sie völlig ab, bei den anderen liegen sie wie Würmer auf der Haut.«

»Ich heile gut!« Bubrow streckte seinen Arm aus und zeigte die weiße Narbe auf seinem Handrücken. »Überzeugen Sie sich, Herr Professor.«

Tucker warf einen Blick auf Cohagen. »Diese Narbe schleifen wir Ihnen ab! Man könnte sie später daran erkennen. In meinem Auftrag steht: Völlige Unkenntlichkeit. – Haben Sie sonstwo nach Narben, Mr. Jefferson?«

»Am Knie«, sagte Bubrow. »Ich bin als Kind mal gefallen.«

»Schleifen wir weg.«

»Und an der linken Schulter hast du auch noch eine Narbe«, sagte Irene leise.

»Stimmt!« Bubrow lächelte schief. »Da hat man einen Furunkel gespalten. Vor neun Jahren.«

»Kommt alles weg.« Tucker wedelte mit beiden Händen durch die Luft. »Wir werden Ihren Körper genau untersuchen, Mr. Jefferson. Vielleicht haben Sie noch andere Narben und wissen es gar nicht. Wer denkt daran, was vor dreißig oder mehr Jahren passiert ist und Spuren hinterlassen hat? Jeder Mensch hat Narben, von denen er nichts mehr weiß. Auf jeden Fall ist jetzt klar, daß wir zwei Sitzungen brauchen, bis Sie vollkommen neu sind. Rundum! Wie nach einer gründlichen Autolackierung.«

Es sollte ein Witz sein, aber niemand lachte. Tucker hob resignierend die Schulter. War er schon einmal humorvoll, was selten vorkam, dann traf er auf so staubtrockene Typen wie die von der CIA.

»Also dann bis morgen!« sagte er kühl. »Wollen Sie die ganze Zeit in der Klinik bleiben, Mrs. Jefferson?«

»Ja.«

»Es wird Ihnen langweilig werden. Sie haben keinen Kontakt zu den anderen Patienten. Nichts als Ihr Zimmer und den abgeschirmten Balkon.«

»Das genügt doch.« Irene hielt noch immer Bubrows Arm umklammert. »Ich habe Radio, Fernsehen, Bücher. Und Anthony . . .« Zum erstenmal sprach sie den neuen Vornamen aus. Anthony Jefferson. »Und außerdem bin ich Ärztin!« fügte sie laut hinzu.

Prof. Tucker ging zu dem Couchtisch, schob die Bilder zusammen und trug sie zu dem Stapel seiner Akten zurück.

»Wollen Sie bei den Operationen assistieren?« fragte er.

»Wenn das erlaubt ist?«

»Warum nicht? Unter Kollegen . . .«

»Nein, ich möchte nicht assistieren«, sagte sie fest. »Ich hätte nicht die Nerven, zuzusehen, wie man sein Gesicht wegschneidet. Jede andere Operation – nur nicht diese!«

»Das kann ich verstehen.« Prof. Tucker war wieder an seinen Globus getreten und ließ ihn in der Holzwanne kreisen. Fasziniert blickte er auf die herumwirbelnden Staaten.

»Haben Sie Erfahrung in Wiederherstellungs-Chirurgie? Ich hasse den Ausdruck Schönheitschirurgie genauso wie Kosmetische Chirurgie.«

»Nein.«

»Dann lade ich Sie ein, Mrs. Jefferson, mein Gast am OP-Tisch zu sein. Bei anderen Operationen. Sie können da etwas lernen, was Sie später vielleicht bei Ihrem Mann anwenden können.« Er blickte vom Globus zu Bubrow. »Sie stehen da wie eine Eiche und werden zur Platane umfunktioniert! Irgendwann kommt dann der Tag, an dem Sie Ihr neues Gesicht hassen lernen bis zur Selbstzerfleischung. Dann kann Ihnen nur Ihre Frau helfen. Ich habe erlebt, daß ein Kranker – und ein solcher sind Sie dann – sein Gesicht mit einem Rasiermesser zerschnitt und mich anflehte: Nun ist die verfluchte Fratze hin . . . Geben Sie mir mein altes Gesicht wieder!« Tucker brachte den Globus wieder in Schwung. »Und genau das kann ich nicht! Sagen Sie nicht, Mr. Jefferson, mir passiert so etwas nicht! Sie könnten sich noch wundern . . .« Er hielt den Globus an und gab damit zu verstehen, daß die Besprechung beendet war. »Bis morgen, Mr. Jefferson. Dr. Haddix holt Sie zu den Untersuchungen ab. Ich selbst operiere morgen früh ab neun Uhr im OP II. Eine schiefe Hakennase, eine Reithosenplastik und eine Fettschürze. Sie sind eingeladen und gern gesehen, Frau Kollegin.«

Er ging hinter seinen Schreibtisch, setzte sich und verschwand hinter seinen Büchern und Akten, als tauche er in einem Meer von Papier unter.

Cohagen ging zur Tür. Zögernd folgten ihm Irene und Bubrow. Sie sahen sich noch einmal um, Prof. Tucker blieb hinter seinem Wall verschwunden.

»Ein sonderbarer Mensch«, sagte Irene zu Cohagen, als sie auf dem Flur waren.

»In seinem Fach ein Genie. Geniale Menschen haben meistens einen Stich.« Cohagen lachte. »Ich werde deshalb auch nie unsterblich werden. Ich bin stinknormal.«

Fast vierzehn Tage brauchte Hanns Heroldt, bis er sich entschließen konnte, wieder in der Öffentlichkeit aufzutreten. Sein Gesicht sah zwar noch etwas verschwollen aus, und um die Augen lagen gelbe Flecken, aber die überdeckte er mit einer besonders großen Sonnenbrille. Viel schlimmer war, daß Bubrows Schläge ihm das Nasenbein angebrochen hatten. Er merkte es erst, als die Schwellung immer stärker wurde und jede Berührung der Nase Schmerzen bis in die Zehenspitzen auslöste. Auch war es ihm fast unmöglich, durch die Nase zu atmen.

Als die Qual unerträglich wurde, entschloß er sich, ein Krankenhaus aufzusuchen. Auch die tröstenden Worte der Ärzte hinterließen nur Mißtrauen und aufgestaute Angst. »Das bekommen wir schon hin!« sagte man ihm im Krankenhaus. »Da haben wir ganz andere Unfälle gesehen. Angebrochen ist nicht gebrochen. Keine Sorge – die Nase bleibt weder dick noch schief. In ein paar Wochen sieht man gar nichts mehr.«

Hanns Heroldt verbrachte diese Wartezeit voll Groll und in tiefem Nachdenken, das schließlich in abgrundtiefen Haß mündete. Haß auf diesen verfluchten Russen, Haß auf diese »Hure Irene«.

Noch vom Krankenhaus aus rief er, nachdem sein Sprechvermögen nicht mehr durch die lädierte Nase beeinträchtigt war, bei der Sowjetischen Botschaft in Bonn-Bad Godesberg an. Er verlangte die Sicherheitsabteilung zu sprechen, aber ein Mann mit akzentfreiem Deutsch antwortete kühl: »So etwas gibt es bei uns nicht. Wen, bitte, wollen Sie sprechen?«

Heroldt sah an die Decke seines Krankenzimmers. Er dachte: Solche Affen! Jeder weiß, daß achtzig Prozent des Personals dem KGB angehört – und sagte etwas dringlicher:

»Es handelt sich um eine sehr eilige, für die Sowjetunion äußerst wichtige Angelegenheit.«

»Am Telefon?«

»Welchen Weg würden Sie sonst vorschlagen? Soll ich vor den Fenstern singen?«

»Ich verbinde Sie mit der Handelsabteilung«, sagte die unverbindliche Stimme. Es knackte ein paarmal in der Leitung, dann ertönte eine Stimme in der typisch slawischen Färbung:

»Hier Jachnajew. Was, bitte, wollen Sie?«

»Kennen Sie Dr. Irene Walther?« fragte Heroldt.

»Nein.«

»Boris Alexandrowitsch Bubrow aber kennen Sie bestimmt.«

»Nein.«

»Das ist doch nicht möglich! Bubrow, der ein Flugzeug Ihrer Aeroflot entführt hat! Bubrow, der – wie ich vor drei Tagen hörte – mit dieser Irene Walther zu den Amerikanern gegangen und seitdem aus Deutschland verschwunden ist. Steht doch in allen Zeitungen! Und Sie kennen ihn nicht?«

»Nein! Haben Sie sonst noch Fragen?«

»Ich kann Ihnen einige interessante Hintergründe aufdecken. Ich habe Fotos, nur als Beispiel. Ich habe –«

»Kein Interesse!« sagte der Handelsattaché kühl. »Aber wenn Sie unbedingt wollen, kommen Sie zu uns! Fragen Sie nach Maxim Jachnajew. Wie heißen Sie? Wo wohnen Sie?«

Hanns Heroldt nannte seinen Namen und seine Münchener Adresse. Er wußte, daß er damit in die Liste des KGB eingetragen wurde und automatisch in den Überwachungsmechanismus des sowjetischen Geheimdienstes geriet. Er nahm es auf sich, sein Haß war zu groß.

»Ich werde kommen. Wann ist es Ihnen recht?« fragte er.

»Jederzeit.« Jachnajew hängte ein.

Heroldt trank an diesem Abend eine Flasche Wein und überlegte, was er dem KGB eigentlich erzählen wollte. Von Irenes Arbeit in der »Bio-Agrar« wußte er so gut wie gar nichts, von Bubrow kannte er nur den forschenden Blick seiner grauen Augen und die ungeheure Schlagkraft seiner Fäuste. Aber wenn – wie es die deutschen Zeitungen mit viel Phantasie und Spekulation schrieben – Bubrow ein Doppelagent war, der nun zu den Amis übergelaufen war, dann mußte er sich in Amerika verstecken, und Irene war immer an seiner Seite. Hier konnte er den Sowjets helfen und einen Beitrag leisten zur Vernichtung dieses Kerls, der ihm die Nase demoliert hatte.

Zwei Wochen nach seiner Entlassung aus dem Krankenhaus flog Heroldt von München nach Köln, mietete sich dort einen Wagen und fuhr nach Bad-Godesberg. Der imposante Bau der Sowjetischen Botschaft interessierte ihn wenig. In der gesicherten Eingangshalle wurde er sofort von einem Posten aufgehalten.

»Zu Herrn Maxim Jachnajew«, sagte Heroldt. Ein merkwürdiges Gefühl überkam ihn nun doch. Er stand jetzt auf sowjetischem Boden, und wenn er Jachnajew gegenübersitzen würde, sah er dem KGB ins Auge, dessen war er sich sicher.

»In welcher Sache?« fragte der Posten.

»Das weiß Herr Jachnajew. Sagen Sie ihm, Hanns Heroldt aus München ist da.«

Nach einem kurzen Telefongespräch wurde Heroldt durch einen langen Gang in ein Nebengebäude gebracht und in ein Zimmer gebeten. Ein langer, dürrer Mensch in einem grauen Anzug erhob sich hinter seinem Schreibtisch. Maxim Jachnajew trug eine in Gold gefaßte Brille und wirkte wie ein unterbezahlter Intellektueller, der sich stündlich über die besser verdienenden Volksschüler ärgert. Er wies ihm einen harten Holzsessel an, dann klappte die Tür hinter Heroldt zu, er zuckte zusammen und kam sich vor, als sei er nun verhaftet und müsse mit seinem Abtransport in die Lubjanka oder gar nach Sibirien rechnen.

Jachnajew setzte sich ihm gegenüber, musterte ihn durch seine funkelnden Brillengläser und wartete. Mit wem er es zu tun hatte, wußte er längst, dank der angestellten Recherchen. Arzneimittelvertreter, sechsunddreißig Jahre alt, luxuriöse Wohnung in einer Jugendstil-Villa, Frauenheld, verspäteter Playboy, dem es jedoch nie gelungen war, vom elitären Jet-set akzeptiert zu werden, Autonarr –

und: finanziell unabhängig, weil er Arzneimittel vertrat, die millionenfach konsumiert wurden und in kaum einer Hausapotheke fehlten. Ein solcher Mann ist nicht der Typ, der sich dem KGB zur Verfügung stellt, es sei denn, er wäre ein politischer Eiferer, was hier bestimmt nicht der Fall war.

»Wo fangen wir an?« fragte Heroldt unsicher. Jachnajew lächelte höflich.

»*Sie* wollten mich sprechen, Herr Heroldt.«

»Es geht um Bubrow . . .«

»Er hat Sie zusammengeschlagen.«

»Das wissen Sie?«

Jachnajew lächelte intensiver.

»Man muß in diesen schweren Zeiten gut informiert sein, Herr Heroldt. Sie waren einmal eng mit Frau Dr. Walther befreundet?«

»Ja.« Jachnajew traf ihn mit dieser Frage genau in die alte Wunde. Dennoch überwand er jetzt seine Befangenheit.

»Ich wollte sie sogar heiraten.«

»Sehr ehrenhaft!« sagte Jachnajew mokant. »Und da kam Boris Alexandrowitsch dazwischen?«

»Man kann es so bezeichnen. Bubrow ist jetzt in Amerika.«

»Man behauptet es.«

»Es ist anzunehmen, daß Bubrow und Irene dort von der CIA versteckt werden. Er könnte überdies sein Aussehen durch Perücken und Bärte verändern. Das gilt auch für Irene. Ich nehme aber an, daß die Sowjetunion ein großes Interesse daran hat, Bubrow zu bestrafen. Und da könnte ich Ihnen weiterhelfen.«

»Ich weiß nicht, was Sie meinen«, sagte Jachnajew kühl.

»Warum reden wir um die Sache herum?« Heroldt wurde ungeduldig. Er war nicht für einen Small talk in die sowjetische Botschaft gekommen. »Das KGB sucht doch Bubrow, um ihn zu liquidieren!«

»Sie sind offenkundig von revanchistischer Literatur beeinflußt, Herr Heroldt!« sagte Jachnajew mit unbewegtem Gesicht. »Ich kann Ihnen andere Lektüre empfehlen.«

»Bitte! Ich habe Ihnen etwas anzubieten!« Heroldt griff in seine Rocktasche und holte ein dickes Kuvert hervor. Noch ungeöffnet legte er es vor Jachnajew auf den Tisch. Der Attaché beachtete es gar nicht.

»Trinken Sie einen Tee, Herr Heroldt?« fragte er.

»Nein, danke.«

»Einen Wodka?«

»Nein.«

»Einen armenischen Kognak?«

»Ich habe Fotos hier!« Heroldt klopfte mit der flachen Hand auf das Kuvert. »Fotos von Irene Walther. In allen Lagen . . .«

»Wir haben kein Versandhaus für Pornofotos«, sagte Jachnajew mit einem derart süffisanten Gesichtsausdruck, daß Heroldt es wie eine Provokation empfand. Er riß das Kuvert auf und schüttete die Fotos auf den Tisch. Jachnajew nahm eins auf, betrachtete es und legte es auf den Haufen zurück. »Aha!«

»Das ist Irene als Zigeunerin. Fasching vor drei Jahren. Und hier: Irene als Japanerin, Fasching vor zwei Jahren. Und hier: Irene als Kameliendame beim Medizinerball. Silvester vor zwei Jahren.«

»Es ist kaum anzunehmen, daß Frau Dr. Walther in Amerika als Kameliendame herumläuft.«

»Warten Sie doch ab! Ich will Ihnen nur zeigen, wieviel Gesichter Irene hat, welche Möglichkeiten es da gibt! Auf allen Kostümbildern sieht sie anders aus und ist doch unverkennbar Irene! Es gab einmal eine Zeit, da trug sie gern Perücken. War damals so eine Mode – mal blond, mal rot mit Grauschimmer, mal mit hellen Strähnen, dann wieder aschblond oder schwarzgelockt, eng anliegend oder mit schwingenden Wellen, mit Fransenpony oder stirnfrei. Irene hatte mal so einen Tick, man traut ihn einer Ärztin und Wissenschaftlerin gar nicht zu, aber ich habe hier auch Fotos, die sie mit verschiedenen Perücken zeigen. Und ich habe mir eben gedacht: Sie könnte auch in Amerika eine Perücke tragen. Und in diesem Fall hätte das KGB dann durch diese Fotos eine Vorstellung, wie sie aussehen könnte.«

»Interessant.« Jachnajew musterte Heroldt. »Warum tun Sie das?«

»Das ist meine Angelegenheit.«

»Da haben Sie recht.«

Jachnajew schob seine Brille über die Stirn, beugte sich über die Fotos und betrachtete flüchtig ein paar Bilder. Dann setzte er sich wieder zurück und ließ die Brille auf seine Nase fallen. Hanns Heroldt legte die Hände aneinander. Sie waren so naß, als habe er sie gerade gewaschen.

»Ist das denn nicht äußerst wertvoll für Sie?« fragte er mit belegter Stimme.

»Nein. Bubrow und Irene Walther interessieren uns nicht.« Jachnajew lächelte maliziös. »Sie können die Bilder wieder in Ihr Album kleben.«

»Ich brauche sie nicht. Im übrigen habe ich ja die Negative.« Heroldt erhob sich. »Ich bitte um Verzeihung, wenn ich Ihre Zeit gestohlen haben sollte.«

Jachnajew stand auf, ging zur Tür und öffnete sie. Ein Angestellter der Botschaft wartete bereits im Flur. Die Organisation klappte vorzüglich, dachte Heroldt voll Bitterkeit. Natürlich ist jetzt alles auf dem Tonband, das im Nebenzimmer läuft.

»Guten Heimflug!« sagte Jachnajew höflich.

»Danke!«

Heroldt verließ das Zimmer und folgte dem Angestellten. Die Fotos blieben bei Jachnajew zurück.

Sie landeten mit der nächsten Kurierpost in Moskau auf dem Schreibtisch von Ussatjuk.

»Das ist tatsächlich von Nutzen«, sagte Sulfi Iwanowitsch zufrieden. »Warten wir ab, was der gute Strelenko in New York erreicht. Noch ist Bubrows Spur kalt.«

Am nächsten Morgen klingelte es an Heroldts Wohnungstür in der schönen Jugenstil-Villa.

Heroldt lag noch im Bett, blickte auf die Uhr – es war erst
knapp vor halb acht –, griff nach seinem seidenen Mor-
genmantel, schlurfte zur Tür und öffnete. Im Treppenhaus
mit dem kunstvollen Geländer aus Schmiedeeisen stand
ein Postbeamter.

»Herr Hanns Heroldt?«

»Ja.«

»Ein Telegramm aus New York.«

Heroldt zuckte zusammen, riß die Tür auf und winkte.
»Kommen Sie herein! Aus New York?! Für diese gute
Nachricht sollen Sie sich etwas Schönes kaufen! Einen
Augenblick.«

Er wollte zurück ins Schlafzimmer, um sein Portemonnaie
zu holen, aber der Bote wedelte mit dem Telegramm.

»Lesen Sie's doch erst mal! Vielleicht ist es keine gute
Nachricht.«

Heroldt drehte sich um. »Sie kennen den Inhalt, was?« Er
streckte die Hand aus. »Geben Sie her!«

Der Bote war ein junger, kräftiger Bursche. Er trat Heroldt
in den Unterleib, und als dieser sich stöhnend krümmte,
hieb er ihm mit der Handkante in den Nacken – von jeher
die sicherste Methode, einen Mann blitzschnell auszu-
schalten.

Heroldt rollte über seinen wertvollen Chinateppich, bis er
halbbetäubt an der Wand mit der Seidentapete liegen-
blieb, beide Hände an den Bauch gepreßt, mit hervorquel-
lenden Augen und heraushängender Zunge.

Der Telegrammbote schloß die Wohnungstür, zog Heroldt an den Beinen ins Schlafzimmer und schloß auch
dort die Tür. Dann wuchtete er den schweren Körper aufs
Bett, setzte sich daneben in einen mit Fell bezogenen Sessel und wartete ab, bis Heroldt wieder zu sich kam. Das
geschah bald – aber nun setzten die wahnsinnigen
Schmerzen zwischen den Schenkeln wieder ein; er stöhnte

laut, und plötzlich strömten ihm die Tränen aus den Augen.

»Wir müssen uns unterhalten«, sagte der Besucher ruhig. »Was hast du gestern in der Sowjetischen Botschaft gemacht?«

Heroldt begann zu zittern. Er schluckte mehrmals, bekam aber keinen Ton heraus. »Ich –« stöhnte er endlich, »ich –«

»Sag nicht, du hättest denen Medikamente verkauft! Die haben ihre eigenen, und die sind oft besser als unsere! Was war also?«

»Ich habe nur . . .« Heroldt begann wieder zu weinen. Der Besucher beugte sich über das Bett und gab ihm zwei schallende Ohrfeigen.

»Was hast du erzählt? Was weißt du von den Labors der ›Bio-Agrar‹?«

»Nichts!«

»Oh, bitte nicht!« Der Besucher hieb wieder zu, rechts, links, rechts. Heroldts Kopf flog hin und her. »Was wollten die Sowjets von dir?«

»Nichts!«

»Hänschen, ich mach' dir Rühreier, wenn du dich weiter so idiotisch benimmst!«

»Ich – ich habe Bilder hingebracht . . .« röchelte Heroldt. Er wollte sich auf den Bauch wälzen, um seinen Unterleib zu schützen, aber der Gast warf ihn mit einem Faustschlag auf den Rücken.

»Bilder?!«

»Fotos . . .«

»Wovon?«

»Von Irene.«

»Keine Unterlagen aus den Labors?«

»Nein! Ich – ich konnte doch nie – darankommen. Unmöglich . . .«

»Fotos von Irene Walther hast du hingebracht?« Der Besucher tippte hart auf Heroldts Unterleib. Ein lautes Stöhnen war die Antwort. »Seit wann arbeitest du für die Sowjets?«

»Gar nicht! Ich habe nie –«

Es folgten sieben Ohrfeigen, Heroldt weinte wieder und zitterte am ganzen Körper.

»Was ist nun?« fragte der Gast.

»Ich schwöre es! Ich schwöre es – und wenn Sie mich umbringen: ich bin kein Spion! Ich habe nichts mit den Sowjets!« Heroldt heulte es fast hinaus. »Es war nur Rache, nur Wut auf Bubrow – weil er Irene – und Rache gegen Irene, weil sie mit Bubrow . . . Ich schwöre es Ihnen, bitte, glauben Sie mir!«

»Du bist ein schönes Schweinchen!« sagte der Gast ruhig. »Ob ich dir glaube oder nicht – was spielt das für eine Rolle? Hast du was zu trinken?«

»Eine ganze Hausbar voll . . .«

»Dann werden wir jetzt gemeinsam das Leben hochleben lassen, was?« Der Besucher stand auf. »Und bleib brav liegen! Denk an die Rühreier!«

Heroldt nickte.

Er war gar nicht fähig aufzustehen, etwa ans Fenster zu laufen und um Hilfe zu schreien. Er war froh, daß er liegenbleiben konnte.

Mit Staunen sah er, daß sein Peiniger vollbeladen mit Flaschen ins Schlafzimmer zurückkam. Kognak, Whisky, Wodka, Gin, Enzian, Aquavit. Alles hochprozentige Destillate.

»So, dann wollen wir mal feiern!« sagte der Gast und baute die Flaschen rings um den Fellsessel auf. »Das vertreibt auch die Schmerzen. Was darf's denn sein?«

»Einen Kognak bitte.«

»Sehr wohl, mein Herr!«

Am nächsten Morgen fanden Radfahrer, die zur Arbeit in ein Tonwerk fuhren, am Rande eines Baggersees den Jaguar. Der schöne 12-Zylinder ragte nur noch mit den beiden Hinterrädern und dem Kofferraum aus dem Wasser heraus. Vorn, hinter dem Steuer, unter Wasser, saß ein elegant gekleideter Mann, die Hände noch um das Lenk-rad gekrallt.

Als nach zwei Stunden ein Kran den Wagen herausgezo-gen hatte und der Tote im Gras vor der Mordkommission lag, brauchte der Polizeiarzt für die Grunddiagnose nur zu schnuppern.

»Total besoffen!« sagte er.

Später lagen die Laborberichte von der Autopsie vor: Blut-alkohol 2,5 Promille, Tod durch Ertrinken. Unfall durch völlige Alkoholisierung. Und als man dann den Namen kannte, hatte man auch ein Motiv für den Alkoholexzeß: Liebeskummer. Der »Ehemalige« von Irene Walther.

Unbeantwortet blieb die Frage: War der »Telegrammbote« von der CIA oder vom KGB gekommen?

Die Vorbereitungen zur Operation begannen am frühen Morgen. Mit verchromten Zirkeln und Instrumenten, die wie Zwingen aussahen, wurde Bubrows Kopf vermessen. Er wurde von allen Seiten fotografiert, eine Menge Blut wurde ihm abgenommen, man machte Röntgenaufnah-men und Nerventests, belastete seinen Kreislauf, indem man ihn, den nackten Körper voller Kontakte und Drähte, auf eine Tretmaschine setzte. Es war erstaunlich, was man mit ihm anstellte.

»Machen Sie das auch bei jedem, dem ein abstehendes Ohr gerichtet wird?« fragte Bubrow schweißüberströmt, als er aus einer Maschine stieg, in der er liegend Pedale nach oben hatte treten müssen.

»Nein.« Dr. Haddix, der die Vorbereitungen leitete, lachte. »Nur bei Ihnen. Wir müssen das geringste Risiko aus-schalten. Es bleibt noch immer genug übrig, was sich nicht voraussehen läßt. Sie müssen bedenken: Was wir sonst in mehreren Sitzungen Stück für Stück machen, soll bei Ih-nen in einem Durchgang gelingen! Die Korrektur einer

Nase, ein Lifting, ein Pealing, auch größere Eingriffe am Körper wie eine Mammaplastik – das sind immer Einzeloperationen. Bei Ihnen aber wird der ganze Kopf verändert: Nase, Ohren, Augenstellung, Kinn, Lippenpartie, Augenbrauen. Das wäre normalerweise jedesmal eine Operation für sich.«

»Und warum muß das sein?« fragte Bubrow und stellte sich unter die Dusche. »Alles auf einmal?«

»Es wird so gewünscht, Mr. Jefferson.«

Cohagen hat es eilig, mich loszuwerden, dachte Bubrow. Ein neues Gesicht, ein neuer Name, ein neuer Lebenskreis: das ist der Lohn. Aber dann schnell weg mit ihm! Er ist jetzt zu nichts mehr nütze.

Gegen Mittag kam Cohagen zu Besuch. Er brachte die neuesten Zeitungen mit, ein paar Bücher, Magazine und die erotischen Memoiren eines galanten Herrn aus der Goethezeit. Irene betrachtete verwundert das Buch, blätterte darin herum, stieß auf einige sehr eindeutige Kupferstiche und legte es weg. Cohagen grinste.

»Ich habe mir gedacht: Als Erinnerung . . .« sagte er jungenhaft unbekümmert.

»Ronny!«

»Immerhin ist es klassische Literatur. Ich würde mir nie erlauben, Ihnen einen modernen Porno mitzubringen. War gut gemeint, Irene! Borja wird in den nächsten zehn Tagen ausfallen. Sein Gesicht muß absolut ruhig bleiben.«

»Halten Sie mich für eine Messalina, Ronny?!«

»Wenn ich Sie sehe, kann ich verstehen, daß ein Mann hinter Ihnen herläuft wie ein Windhund hinter einem Hasen.«

»Ronny, nun halten Sie mal die Luft an!« sagte Irene lachend.

»Borja ist zu beneiden. Ich kann begreifen, daß man Ihretwegen Flugzeuge entführt.« Er nahm das galante Buch vom Tisch, blätterte darin herum und steckte es dann in seine Rocktasche. »Sorry, Irene. Vergessen Sie es. Ich habe manchmal solche Touren . . .« Er klopfte gegen die Tasche und sah Irene blinzelnd an. »Oder soll ich es hierlassen? Wollen Sie Borja daraus vorlesen?«

»Ronny, Sie fliegen gleich 'raus!«

Cohagen hob beide Arme hoch in die Luft, als ergebe er sich. Dann setzte er sich auf den Balkon, der nach beiden Seiten mit Markisen abgeschirmt war und nur den Blick auf den Park freigab. Blumenkästen verhinderten, daß man von unten den Bewohner des Appartements sehen konnte.

Im Park lagen drei Frauen in der Sonne. Sie trugen Kinnbinden, die das Gesicht nach einem Lifting ruhig hielten. Ein dicker Mann spielte Minigolf und schlug die Bälle ohne Gefühl immer weit aus den Bahnen hinaus.

»Kommt Borja nicht zum Essen?« fragte Cohagen und lümmelte sich in einen der Liegestühle.

»Keine Ahnung. Ich habe ihn seit neun Uhr nicht mehr gesehen.«

»Sie testen ihn durch.« Cohagen reckte sich genüßlich in der Sonne. Ein warmer Frühsommer war es, vom Ozean wehte laue Luft über das östliche Staten Island. »Haben Sie sich schon überlegt, wo Sie später leben möchten, Irene?«

»Nein. Ich kenne Amerika nicht, jedenfalls nicht so gut, um sagen zu können: Da möchte ich leben. Boris meint, weit weg vom Weltgeschehen wäre es am besten, zum Beispiel im Mittleren Westen, an der kanadischen Grenze, in den Wäldern, in den Rockies . . .«

»Ich hielte es für sicherer, erst einmal in New York zu bleiben«, sagte Cohagen. »Wovon wollen Sie leben? Ihre deutschen Ersparnisse dürften bald aufgebraucht sein. Die Bankumbuchungen sind fertig. Sie haben 34 678,– Dollar auf dem Konto. Das ist nicht viel für ein ganzes Leben, das ist schnell verbraucht. Sie könnten damit natürlich eine kleine Farm anzahlen – in Kalifornien, in Florida, in Kansas oder Nebraska. Aber haben Sie oder Borja Ahnung, wie solch ein Farmbetrieb läuft? Das ist etwas anderes, als in Oberbayern Kühe auf die Alm zu treiben. Farmer in Amerika – das ist ein knallharter Job!« Cohagen beobachtete Irene, wie sie neben ihm in einem Liegestuhl Platz nahm und mit unruhigen Händen durch ihr rötlichbraunes Haar strich. »Ich wiederhole es, Irene: In New York, unter reichlich sieben Millionen Menschen, sind Sie völlig anonym! Sie könnten in einem Krankenhaus arbeiten, könnten außerhalb New Yorks, vielleicht am Hudson, in der Gegend von Hastings, Irvington oder Tarrytown, wohnen. Ein nettes, kleines Landhaus im Grünen, eine Parklandschaft zum Verlieben – das alles würden wir für Sie arrangieren.«

»Das heißt: Es ist schon alles vorbereitet. Sie haben mit dem Krankenhaus gesprochen, Sie haben das Häuschen im Grünen schon angemietet, wir brauchen nur ja zu sagen?«

»Ich wußte, daß Sie logisch denken können, Irene.«

»Und was hat Borja zu tun? Seine Frau verdient das Geld. Er kocht und putzt und gräbt den Garten um und führt den Hund ins Grüne. Ronny, das bringt ihn um!«

»Glauben Sie nicht, wir täten das alles aus purer Humanität! Hinter meinem Vorschlag steckt viel Eigennutz. Ich möchte Borja in meiner Nähe haben. Ganz klar: Ich möchte Bubrow in der Abteilung ›Nachrichten Ost‹ beschäftigen.«

»Weiß Boris das schon?«

»Nein. Ich wollte zuerst mit Ihnen darüber reden.«

»Ich glaube nicht, daß Boris zustimmt.«

»Warum nicht?«

»Wenn er für die CIA arbeitet, wäre das eine Arbeit gegen sein Vaterland. So gut kenne ich ihn nun doch: Was auch geschehen ist in den letzten Monaten – Boris bleibt immer ein Russe, der seine Heimat glühend liebt. Er würde nie, nie für die CIA arbeiten. Ahnen Sie überhaupt, Ronny, welche seelische Qualen Boris durchgestanden hat, als er sich Ihnen stellte und Ihnen, als Gegengabe, den Europaring des KGB preisgab? Er hat es mir erzählt! Er hatte das Gefühl, innerlich zu verbluten. Und er hat es auch nur getan, weil Orlowskij ihm deutlich zu verstehen gab, daß Moskau ihn umbringen will. Das war keine leere Drohung; er hat oft genug erlebt, wie das KGB reagiert.« Irene schüttelte den Kopf. »Boris wird Ihr Angebot nicht annehmen, Ronny.«

»Er brauchte nur als Übersetzer zu arbeiten. Keine Spionagetätigkeit! Eine sture Arbeit, wenn man so will: Er liest sowjetische Zeitungen und übersetzt uns die Artikel, die interessant sind. Das ist das Legalste, was es gibt. Da kann auch sein russisches Herz nicht zucken!«

»Und wo soll *ich* arbeiten?«

»In Yonkers. Im Sprain Ridge Hospital. Ein Riesenkomplex mit einem eigenen Friedhof, St. Marys Cemetary!« Cohagen liebte solche Witze. »In der II. Inneren Abteilung wäre ein Platz frei. Auch auf der Kinderstation und bei den Gynäkologen. Sie können wählen. Über die Prozedur der Arbeitserlaubnis brauchen Sie sich den Kopf nicht zu zerbrechen; das regelt unsere Zentrale.«

»Die vollkommene Verplanung der Menschen. Mir scheint, Sie sind eine Verkörperung amerikanischen Organisationstalents!«

»Danke. Darauf kann ich stolz sein.« Cohagen streckte sich und schob die Hände unter seinen Nacken. »Das habe ich in Old Germany so bewundert: Für uns Amerikaner weht da in mancher Beziehung noch ein Hauch vom alten Kaiserreich, und trotzdem klappt es bei den Deutschen! Bei uns ist jeder Job eine Jagd ums Überleben.« Im Hintergrund ging die Tür. Cohagen hob den Kopf. »Aha! Unser Frankenstein kommt! Borja, kommen Sie her, lassen Sie sich ansehen. Hat man Ihnen schon die Ohren beschnitten?«

Bubrow trat auf den Balkon, beugte sich über Irene, gab ihr einen Kuß und schlug Cohagen auf die Schulter.

»Ich bin fertig!« sagte er. »Dieser Dr. Haddix hat mich geschafft. Aber nun weiß ich: Ich bin kerngesund.«

»Das merkt man.« Cohagen massierte seine Schulter. »Ich
hatte mit Irene ein tolles Gespräch über Erotik in der Goethezeit.«

»Er hat für uns bereits ein Haus im Grünen und eine Arbeit. Ich in einem Krankenhaus in Yonkers, du als Übersetzer sowjetischer Zeitungen.« Sie sah ihn groß an. »Für
alles ist gesorgt.«

»Erst das neue Gesicht.« Bubrow setzte sich zwischen
Irene und Cohagen auf einen weißlackierten Hocker.
»Wieviel kann ich verdienen?«

»Im Monat dreitausend Dollar. Das ist ein Spitzenge-
halt.«

»Darüber sprechen wir noch, Ronny.«

Cohagen nickte und sah Irene vielsagend an. Er ist nicht
grundsätzlich dagegen, dachte er. – Damit ist schon viel
gewonnen.

An diesem Tag flog Leutnant Ruslan Michejewitsch Strelenko mit vier Mann Begleitung von London nach New
York. Sie besaßen einwandfreie britische Pässe und das
US-Besuchervisum. Am Kennedy Airport wurden sie abgeholt von einem Mr. Christie, der in Wirklichkeit Schol-
towsky hieß. Bubrows Tod war in Amerika gelandet.

Die Operation war auf Freitag, 8 Uhr, anberaumt.

Schon am Donnerstagmittag bekam Bubrow kein Essen
mehr und trank nur noch Mineralwasser. Am Abend
spielte er mit Irene Schach und ließ sich nicht die geringste Aufregung anmerken.

Noch einmal hatten sie mit Prof. Tucker das neue Gesicht
durchgesprochen. Die eingehenden Messungen machten
einige Änderungen in der Zeichnung notwendig, aber als

das Bild fertig war, hatten Irene und Bubrow nichts mehr dagegen einzuwenden.

Es war ein männliches, sehr prägnantes Gesicht mit eckigem, kräftigem Kinn, einer fast römischen Nase, dichten Augenbrauen und vollen Wangen. Mit Kunststoff, Knochenspänen und Silikon kann man allerhand zaubern. Für ein Genie wie Jeff Tucker glich diese Neuformung eines Gesichtes der Arbeit eines Bildhauers. Er war ein Pygmalion der Chirurgie.

Noch ein Problem stellte sich am Rande. Tucker fragte: »Wie alt wollen Sie sein?«

»Das steht doch im Paß. Sechsunddreißig.«

»Das besagt doch nichts, Mr. Jefferson.« Tucker tippte auf die Zeichnung. »Man kann mit dreißig aussehen wie sechzig und mit sechzig wie ein Apollo, den alle Weiber anhimmeln.«

»Ich möchte meinem Alter gemäß aussehen«, sagte Bubrow gelassen. »Sie können ruhig ein paar Falten einarbeiten, Herr Professor.«

»Das wollte ich nur wissen.« Jeff Tucker nahm die Zeichnung an sich. »Die Laboruntersuchungen haben ergeben, daß Sie wirklich das haben, was man ›gutes Heilfleisch‹ nennt. Gratuliere, Mr. Jefferson.«

In der Nacht schlief Bubrow tief und mit ruhigem Atem, während Irene im Bett saß und ihn immer wieder ansah. Ich muß Abschied nehmen von diesem Gesicht, dachte sie und spürte, wie sich alles in ihr verkrampfte. Dieses Gesicht, das ich so liebe, das in den schönsten Augenblicken über mir war, zwischen meinen Brüsten, an meinem Körper, dieses Gesicht, das ich zwischen den Händen hielt, das ich küßte, das zärtliche Worte zu mir sprach; ein Spiegel der Seele, seiner Seele, in die es mich tief hineinblikken ließ.

Was wird davon übrigbleiben?

Nichts! Die Zeichnung war brutale Wirklichkeit: Wenn

Boris aus dem OP zurückkam, war er ein fremder Mensch. Aber alles andere ist noch Bubrow, dachte sie. Seine Hände, sein Körper, seine Sprache, sein Gang, seine Bewegungen, sein Geist, seine Liebe . . . Alles wird bleiben, wird nicht zu Anthony Jefferson gemacht. Auch seine Augen werden bleiben, diese geheimnisvollen Augen.

Sie vergaß, daß auch die Augen geändert wurden. Sie sollten, mittels Haftschalen, tiefbraun gefärbt werden.

Immer wieder beugte sie sich über ihn, küßte ihn vorsichtig, damit er nicht wach wurde, streichelte sein Gesicht und prägte sich jede Kleinigkeit ein. Einmal lächelte er im Schlaf, und das sah so hinreißend aus, daß sie versucht war, laut »Nein! Nein!« zu schreien. Aber dann dachte sie an Ussatjuk und an die Gewißheit, daß man Bubrow jagen würde und daß nur ein neues Gesicht die Gewähr bot, der Rache des KGB zu entrinnen.

Um halb acht wurde Bubrow abgeholt.

Die süße, platinblonde Vanessa Wildie erschien. »Sind Sie bereit, Sir?« piepste sie, machte ihren artigen Knicks und sah Irene strahlend an. »Was kann ich für Sie tun, Madam?«

»Im Augenblick nichts.«

Bubrow wandte sich noch einmal um, ehe er das Zimmer verließ. Dann kam er zurück und nahm Ihrene in seine Arme. Sie küßten sich lange, mit geschlossenen Augen, und mit geschlossenen Augen riß er sich von ihr los und lief aus dem Zimmer. Es war Bubrows Abschied für immer. Wenn er zurückkam, war er Anthony Jefferson.

Irene öffnete die Augen, ging mit weichen Knien zu einem Sessel und ließ sich hineinfallen. Nun war es endgültig.

Sie legte den Kopf weit zurück, blickte hoch, zur pastellgrün getönten Decke, die eine beruhigende Wirkung erzeugen sollte, und vollzog in Gedanken das, was jetzt im OP mit Boris geschah. Als Ärztin waren ihr die operativen Grundhandgriffe geläufig, aber sie hatte noch nie bei Wiederherstellungschirurgie assistiert oder zugeschaut. Nur einmal hatte sie während ihrer MA-Zeit einer Brustvergrößerung beigewohnt; sie hatte hoch über dem OP in einer Glaskuppel gesessen und hinuntergeblickt auf den abgedeckten Körper im hellen Scheinwerferlicht. Es war Drüsengewebe ausgeschält und die Brustwarzen waren samt Hof auf den neuen, kleineren Busen versetzt worden.

Jetzt wird er auf dem Tisch liegen, dachte sie. Man deckt ihn ab mit warmen, sterilen Tüchern. Ob Tucker voll anästhesiert oder nur lokal? Bei kosmetischen Operationen wird eine Lokalbetäubung vorgezogen, aber hier handelt es sich ja um einen großen, alles verändernden Eingriff. Was hat Tucker gesagt? Es kann sieben oder mehr Stunden dauern.

Mein Gott, wie soll ich das überstehen?

Sie sprang auf, trat auf den Balkon und holte tief Luft. Im Park arbeiteten zwei Gärtner. Sie schnitten den Rasen, fegten Laub weg, säuberten den Minigolfplatz und harkten die Wege. Drei Schwestern mit gestärkten Häubchen trippelten vom Schwesternhaus herüber zum Dienst.

Irene trat ins Zimmer zurück und schloß die Balkontür. Alle Kliniken gleichen sich irgendwie, dachte sie. Dabei sind die, die hier leben, gar nicht krank, sie sind nur eitel. Freilich gibt es auch Anomalitäten des Körperbaus, die ernste seelische Schäden verursachen können.

Sie blickte auf die Uhr. Jetzt ist er in Narkose, dachte sie. Prof. Tucker kontrolliert Atmung, Puls und Herzfrequenz. Sogar die Hirnströme wollten sie während der Operation messen. Bloß kein Risiko, bloß kein Sauerstoffmangel, der zu Hirnschäden, zu Sehstörungen, zu Lähmungen führen kann! Jeff Tucker wollte ein Meisterwerk vollbringen.

Wo wird er zuerst ansetzen? Bei der Nase? Bei den Ohren? Oder mit dem größten Schnitt, am Kinn? Besonders kritisch sind Lippen und Wangen. Hier könnten beschädigte

Nerven aus einem schönen Mund ein Schiefmaul machen ...

Sie lief, die Fäuste zusammenschlagend, im Zimmer hin und her. Sei ruhig, redete sie sich zu. Beherrsch dich, Irene! Du bist doch Ärztin! Du hast das doch alles oft genug erlebt! Was hast du zu den wartenden Angehörigen gesagt? »Keine Sorge! Wir tun unser Bestes! Es ist ja eine ganz normale Operation.« – Aber was ist *hier* das Beste? Was ist *hier* normal? Alles klingt anders, wenn man es nicht zu Fremden, sondern zu sich selber sagt. Da hört sich alles fad an, abgedroschen. Da werden aus Trostworten sogar Alarmzeichen. Irene, du als Ärztin weißt ja am besten, was alles bei einer Operation passieren kann. Die immer möglichen, aber nie einzukalkulierenden Überraschungen, die sogenannten »Operations-Zwischenfälle«. Der Mensch ist keine Maschine, die man reparieren kann. Er ist und bleibt ein biologisches Wunder, das immer neue Wunder schafft. Wer weiß das besser als du, Irene ...

Das Telefon klingelte. Der Ton war ungewöhnlich laut und schrill. Sie stürzte zum Apparat und riß den Hörer hoch.

»Ich bin's, Ronny!« hörte sie Cohagens unbekümmerte Stimme. »Soll ich zu Ihnen kommen?«

»Nein. Bitte nicht!« sagte sie schwer atmend.

»Ich lade Sie zu einer Bootsfahrt ein. Und danach zu einem fulminanten Essen!«

»Wie könnte ich auch nur einen Bissen herunterbekommen, Ronny?«

»Sie können aber auch nicht sieben Stunden herumsitzen und warten. Nachher können Sie Ihre Nerven immer noch auswringen.«

»Wenn's nur erst nachher wäre ... Jetzt sind sie schon dran. Jetzt ist es schon nicht mehr Boris' Gesicht.«

»Das ist eben das Blöde! Sie haben zuviel Zeit zum Denken! Ich weiß, wie Ihnen zumute ist, Irene. Aber eben deshalb möchte ich Sie ablenken. Sie sollen ja keine wilde

Party feiern, sondern nur mit mir über den Hudson fahren. Ich möchte Ihnen gerne vier Häuser zeigen, die wir für Sie ausgesucht haben. Entzückende kleine Landhäuser, zwei im Kolonialstil. Wenn Mr. Jefferson aus dem OP zurückkommt, können Sie ihm schon sagen: Lieber Anthony, ich weiß, wo wir alt werden können . . . Na, wie ist's Irene?«

»Ich möchte hier warten, Ronny.«

»Okay! Dann bin ich am Abend da. Nur fünf Minuten. Ich will Tony bloß die Hand drücken.«

Irene legte auf. Tony . . . Er sagt nicht mehr Borja, er sagte jetzt Tony . . . Für ihn ist Boris bereits Vergangenheit.

Sie blickte gegen die Wand mit der Blumentapete und gab dem Psychiater gar nicht recht, der behauptete, Blumen und Gräser hätten eine nervenberuhigende Wirkung. Sie hätte die Blumen von der Wand reißen mögen.

Gegen zehn Uhr kam Dr. Haddix ins Zimmer. Vanessa Wildie mußte ihn alarmiert haben, als sie gesehen hatte, daß Irene ihr Frühstück nicht angerührt hatte. Sogar den Kaffee hatte sie stehengelassen.

»Es läuft alles hervorragend!« sagte er munter. »Prof. Tukker läßt Ihnen sagen, daß sein Angebot gilt, nach wie vor, Sie können in den OP kommen und zusehen.«

Sie sah Haddix mit großen Augen an und nickte. »Wenn – wenn ich in einer Ecke sitzen könnte. Nicht am Tisch. Irgendwo in einer Ecke.«

»Wo Sie wollen, Mrs. Jefferson. Sie können sich sogar mit Ihrem Mann unterhalten. Noch hat er nur eine Lokalnarkose. Wir haben mit den Ohren begonnen. Später müssen wir dann vollanästhesieren. Kommen Sie mit?«

»Ja.«

Das Zeremoniell der Waschungen und der Sterilisation überstand Irene wie in Trance. Man zog ihr einen bodenlangen, hellgrünen OP-Kittel an, eine netzartige Haube verdeckte ihre Haare, auf den Atemschutz verzichtete man, da sie nicht am OP-Tisch stand. Aber bevor sie in den OP trat, wurde sie in einem Vorraum noch einmal von oben bis unten mit einer Art Spritzpistole eingesprüht. Das Schutzmittel roch leicht nach Anis.

Durch die große Scheibe, die sie noch vom OP-Tisch trennte, sah sie Boris liegen. Er war völlig abgedeckt, nur sein Gesicht lag bloß, eingerahmt von Kompressen, Mulltupfern und blinkenden Instrumenten. Hinter seinem Kopf, auf einer Tafel aus Preßpappe, hatte man mit Heftzwecken die Zeichnung des neuen Gesichtes angeheftet, übersät mit Meßdaten und nur dem Operateur verständlichen Notizen.

»Hallo, hallo, da ist sie ja!« sagte Jeff Tucker, als Irene in den OP trat. »Anthony, Ihre Frau ist hier! Wenn Sie sprechen können, ohne den Kiefer viel zu bewegen, dürfen Sie jetzt sagen: ›Hallo, Darling!‹«

»Irininka–«. Ein Hauch war es nur, aber Irene verstand. Ihr Herz hämmerte bis zum Hals.

»Ich setze mich hinten an die Wand – Tony«, sagte sie gepreßt. Es fiel ihr unendlich schwer, diesen Namen auszusprechen, aber als sie es getan hatte, war es ihr, als sei viel Last von ihr abgefallen. »Ich bleibe bei dir.«

»Das ist schön . . .« sagte er mühsam, um den Unterkiefer nicht zu bewegen. »Ich liebe dich.«

Sie biß die Zähne zusammen und drückte den Hinterkopf gegen die kalte Kachelwand. Prof. Tucker klopfte Boris fast zärtlich die Wange.

»Nun sind wir alle froh und glücklich beieinander und können weitermachen. Keine Salbe ist so wirksam wie die Liebe! Anthony, jetzt gehen wir die Augenbrauen an. Sie werden sich gefragt haben, vor einer halben Stunde: Was macht das Ferkel von Chirurg an meinen Schamhaaren, da braucht man doch keine Veränderung? Mein Lieber, wir haben Ihnen da einige Hautpartien mit schönen Büschellöckchen abgetragen, die verpflanzen wir jetzt als markante buschige Brauen. Ich mache das zum erstenmal, das muß ich gestehen. War meine Idee!« Er warf einen Blick auf Irene, die auf einem Hocker an der Wand saß. »Mrs. Mabel, haben Sie dann bitte keine Hemmungen, wenn die Augenbrauen Ihres Mannes sie beim Küssen kitzeln ... Es sind dann wirklich die Brauen!« Jeff Tucker lachte und wechselte dabei die Handschuhe aus hauchdünnem Gummi. »Eigentlich amüsant: Schamhaare über den Augen! Das darf man nicht veröffentlichen. Wenn das in Hollywood bekannt wird, kann es dort zur Mode werden! – Mrs. Mabel, nun lachen Sie doch mal!«

Irene verzog ihren Mund, aber diese Art von Heiterkeit lag ihr nicht. Prof. Tucker nickte Dr. Haddix und einem jungen Assistenten zu. Die Instrumentenschwester postierte sich hinter ihrem Tisch. Die Anästhesistin, eine ältere Ärztin mit olivfarbener Haut und grünen Augen, umspritzte noch einmal die Brauenpartien mit einem Narkosemittel. Es war vollkommen still im OP, das fiel Irene sofort auf, als die Operation fortgesetzt wurde. Tucker arbeitete lautlos. Sie kannte andere Operateure, die herumbrüllten, die Schwestern beschimpften, mit Instrumenten um sich warfen und sich ausgesprochen flegelhaft benahmen. Sonderbarerweise nur während der Operation. Privat waren es oft sehr charmante oder sogar sanftmütige, scheue Männer.

»Merken Sie was, Anthony?« fragte Prof. Tucker manchmal.

»Nein«, antwortete Bubrow dann durch geschlossene Lippen. »Nichts.«

Darauf war wieder Stille, nur die Instrumente klapperten.

Irene konnte nicht sehen, wie Tucker arbeitete, sie sah nur auf seinen Rücken, auf den nach vorn gekrümmten Nakken, auf die gespreizten Beine. Aber sie sah, daß er sehr schnell war bei seinen Hantierungen, von einer artistischen Sicherheit. Vom Instrumententisch zu ihm flogen förmlich die benötigten Werkzeuge, Tupfer, Nadeln, Klemmen, Kompressen. Und alles ging lautlos, nur ab und zu ein Fingerschnippen, wenn die Instrumenten-schwester nicht schnell genug war.

Das beruhigte Irene. Cohagen hatte nicht übertrieben: Prof. Tucker war in seinem Bereich wohl unübertrefflich.

Nach einer Stunde erhob sie sich leise, nickte Tucker zu und schlich aus dem OP. Im Appartement erwartete sie bereits die kleine Vanessa mit heißem Tee, Zitrone und weißem Rum. Eine Silberschale mit Teegebäck stand auf dem Tisch.

»Jetzt müssen Sie aber etwas essen, Madam«, zwitscherte sie. »Sonst ist der Herr Professor böse. Oh, Sie kennen ihn nicht, wenn er böse ist. Das ist fürchterlich. Dann zittern die Fensterscheiben! Ob Personal oder Patient – er macht da keinen Unterschied. Einmal hat er einen berühmten Filmschauspieler zusammengebrüllt, zwei Tage lang hat der Arme geweint, bis der Professor ihn wieder anredete. Und nur, weil er sich heimlich ein Mädchen aufs Zimmer geholt hatte. Die Nachtwache hat es verraten.«

Irene aß ein paar Kekse, trank eine Tasse Tee ohne Rum und blickte wieder auf die Uhr. Fast vier Stunden waren herum. Nun kamen die großen Partien an die Reihe. Die Vollnarkose. Die totale Verwandlung des Gesichtes.

Nach sechs Stunden kam Dr. Haddix ins Zimmer. Er sah erschöpft aus, griff zu der auf dem Tisch stehenden Rum-flasche, setzte sie an den Mund, trank einen langen Schluck und atmete dann tief durch.

»Nichts verraten, Mrs. Jefferson!« sagte er. »Aber das hatte ich verdammt nötig. Der Chef ist nicht kleinzukrie-gen. Ich soll Ihnen bestellen, daß es doch länger dauert. Wir könnten jetzt die Operation abbrechen und in einigen Tagen fortführen, aber Tucker will einen einzigen Durch-gang! Er ist wie ein Marathonläufer.«

»Und – und wie geht es Tony?«

»Gut! Sein Herz arbeitet wie eine gut geölte Kreisel-pumpe. Er hält das besser aus als wir! Er bekommt neue Schönheit, wir behalten den Streß!«

Haddix ging zum Waschbecken, entnahm dem an der Wand montierten Eiswasserspender einen Pappbecher, spülte seinen Mund aus, damit Tucker den Rum nicht roch, und verließ den Raum.

Nach neunstündiger Operation rollte man Bubrow endlich zurück in sein Zimmer.

Neun Stunden Warten – das hatte selbst Irene zermürbt. Sie stand an der Balkontür mit rotumränderten Augen, als Prof. Tucker hereinmarschierte.

Man konnte es so nennen: Er marschierte vorweg! Er trug einen neuen weißen Kittel im Mao-Look, weiße Lederschuhe, ein weißes Seidenhemd und sah aus, als käme er erfrischt von einer kalten Dusche. Keine Spur von Müdigkeit oder gar Erschöpfung, nur seine Augen schienen etwas tiefer zu liegen.

»Der Bursche hat Knochen wie ein Stier!« sagte Tucker und blieb mitten im Zimmer stehen. »Pardon, Mrs. Jefferson, aber das mußte gesagt werden! Mit der Kinnpartie hat er uns aufs Kreuz gelegt. Eine Stunde länger als geplant! Man kann ja nicht einfach die Kieferknochen abmeißeln, wie ein Bildhauer das mit überflüssigem Stein macht. Ich habe da eine Knochenabschleiftechnik entwikkelt, so eine Art Schmirgelscheibe – profan ausgedrückt –, aber bei Ihrem Mann hatte ich das Gefühl, wir schleifen über Vanadiumstahl. Doch nun ist alles vorbei.«

»Sein – sein Gesicht ist fertig?« fragte Irene tonlos.

»Was daraus geworden ist, sehen wir erst, wenn wir ihn wieder auswickeln, Mrs. Mabel. Ihnen als Kollegin brauche ich nicht zu sagen, wie Anthony jetzt aussieht. Ein Mullbindenberg. Darunter könnte auch ein Gorilla liegen – man würde es nicht merken.« Tuckers Redeweise war bekannt, aber in dieser Situation fand Irene sie wiederum durchaus nicht witzig. Sie hatte sich schon früher über die Chirurgen geärgert, die nach einer Operation zu den verzweifelt wartenden Verwandten etwa zu sagen pflegten:

»Alles vorzüglich verlaufen. In vierzehn Tagen kann der Opa mit seinen Gallensteinen Murmeln spielen.«

Auf dem Flur hörte sie das typische Rollen des Transportbettes.

Schwester Vanessa riß die Tür auf, ein Pfleger schob Bubrow ins Zimmer. Er war zugedeckt, es sah aus, als bringe man einen Toten. Dr. Haddix folgte, mehr schwankend als gehend. Zu dritt hoben sie Bubrow in sein Bett und schlossen sofort die Meßinstrumente für Kreislauf und Herzschlag an. Zwei Infusionsflaschen an einem Galgen wurden hereingeschoben und die Schläuche mit den Infusionsnadeln, die in Bubrows Venen staken, verbunden.

Bubrow lag noch in Narkose. Sein Kopf war wirklich nur ein Mullberg, aus dem zwei Plastikröhrchen herausragten. Eins führte in die Nase, eins zwischen die Lippen. Durch sie vor allem mußte er atmen. Es gab ja an seinem Gesicht nichts, was nicht verändert worden war. Alles schwoll zunächst an, war von Fäden durchzogen, mußte ein- und anheilen, bis es die gewünschten Formen annehmen konnte.

»Ich gebe zu«, sagte Jeff Tucker freimütig, »es war eine mistige Operation! So etwas mache ich nicht noch einmal! Normalerweise baut man ein Gesicht Stück für Stück auf, aber hier mußte es im Durchlauf geschehen! Liebe Mrs. Mabel, die nächsten Tage werden für Anthony kein Zuckerlecken sein! Er wird künstlich ernährt werden, durch Infusionen und Sonden, aber er ist ja ein bullenstarker Kerl! Bis er wieder mit Wonne ein Steak kauen kann, wird's noch eine Weile dauern! Sie werden ihn eine Zeitlang mit Süppchen ernähren müssen. Aber später, wenn alles verheilt ist, wird er diese Zeit schnell vergessen haben.«

Irene trat zu Bubrow ans Bett. Ob er schon aus der Narkose erwacht war, konnte man nicht erkennen. Er lag auf dem Rücken, unbeweglich. Dr. Haddix, der gerade den Puls maß, blickte zu Irene auf.

»Er ist wieder da«, sagte er. »Tony! Hören Sie mich? Ballen Sie die Faust – das heißt dann ja. Strecken Sie die Hand flach aus, das heißt nein! – Hören Sie mich?«

Bubrows Hand schloß sich zu einer Faust. Irene hätte vor Erregung schreien können.

Sie setzte sich auf die Bettkante, streichelte über das vollkommen verbundene Gesicht und legte die Hand auf seine bloße Brust.

»Ich bin da . . .« sagte sie mit bemüht fester Stimme. »Liebling, es ist alles hervorragend gelungen, sagt Prof. Tucker. Hast du Schmerzen?«

»Er wird etwa eine Woche nicht sprechen können«, sagte Jeff Tucker fröhlich. »Der Traum von Millionen Ehemännern: – eine Woche lang eine schweigsame Frau! – Tony, wenn große Schmerzen kommen – sie dürften eigentlich nicht auftreten –, schlagen Sie mit der Faust irgendwohin. Dr. Haddix oder Vanessa werden Sie dann versorgen. Wissen Sie, wie lange Sie mich aufgehalten haben? Über neun Stunden! Und jetzt ist Schluß. Jetzt gehe ich ein Bier trinken! Und rauche eine dicke Zigarre! Mögen Sie auch so gern Bier?«

Die Faust schloß sich: Ja.

»Dann mal los, Tony.« Tucker klatschte in die Hände. »Ich verspreche Ihnen hoch und heilig: Das erste Getränk, das Sie wieder über Ihre Lippen schütten können, wird ein Glas Pilsener sein. Danach geht's rasend aufwärts.«

Er klopfte Irene auf die Schulter, blinzelte ihr schelmisch zu und verließ mit strammen, kleinen Schritten das Zimmer.

Dr. Haddix blickte ihm nach.

»Das ist schon keine Kondition mehr«, sagte er müde, »das ist zyklopenhaft! Er ist ein Moloch; alles um sich herum frißt er auf!« Er ging zu dem Medikamentenwagen, den Schwester Vanessa hereingerollt hatte, und zog eine Spritze auf. »Ihr Mann wird etwas Fieber bekommen. Kontrollieren Sie das, oder soll Vanessa es tun?«

»Ich mache das schon, Dr. Haddix. Sie fallen ja von den Knochen. Legen Sie sich hin.«

»Das werde ich. Beim Gedanken ans Bett schlafe ich schon ein.« Er ging noch einmal zu Bubrow und beugte sich über ihn. »Wie klappt es mit dem Atmen? Schwierigkeiten?« Die ausgestreckte Hand: Nein.

»Diesen Tag werde ich nie vergessen«, sagte Haddix und ging zur Tür. »Zu schade, daß man über diese Mammutoperation nicht schreiben darf. Bis morgen, Mrs. Jefferson.«

»Bis morgen, Dr. Haddix.«

Gegen acht Uhr abends setzte das Fieber ein. Nicht hoch, nur 38,8, aber Bubrows Gesicht unter den dicken Binden mußte glühen. Irene gab ihm die fiebersenkende Injektion und hielt seine Hand fest. Er drückte sie, hob den Arm und führte ihre Hand an seine Brust. Am regelmäßigen Auf und Ab des Brustkorbes merkte sie, daß er eingeschlafen war.

Sie tupfte den Schweiß von seinem Körper, kontrollierte die beiden Infusionsflaschen, aus denen langsam eine mit Antibiotika angereicherte Nährlösung tropfte, und hörte sein Herz ab. Es schlug regelmäßig und kräftig.

Jetzt sind wir Mr. und Mrs. Jefferson, dachte sie und legte sich angezogen auf das andere Bett. Ein Übersetzer sowjetischer Zeitungen im Dienste der CIA, eine Ärztin in einem New Yorker Riesenhospital. Ein Landhaus im Grünen am Hudson.

Oh, Boris Alexandrowitsch, was ist aus unseren Träumen und unserer Liebe in Sotschi geworden? Welch Schicksal ist über uns gekommen! Heimatlos, mit anderem Namen, anderem Gesicht.

Nur eins ist uns geblieben, unbegreiflich groß und herzlich: unsere Liebe.

Nach vier Tagen wurde der Verband zum erstenmal gewechselt.

Als Bubrow, auf die kleine Vanessa gestützt, vom OP zurückkam, waren Nase, Ohren und Haare frei. Die Augen waren noch verbunden. Blind tappte er neben Vanessa her. Um den Mund lag eine Spannbinde, in die man Löcher für die Plastikröhrchen geschnitten hatte.

»Ab heute darf er wieder schlucken!« hatte Jeff Tucker gesagt. »Das ist eine schöne Aufgabe für Sie, Mabel. Wir werden einen kleinen Trichter an das Röhrchen anschließen, und durch diesen Trichter gießen Sie ihm vorsichtig Suppe ein. Mein anderes Angebot gilt: Sobald er den Mund öffnen kann, bekommt er sein Bier!«

Bubrow blieb im Zimmer stehen, weil auch Vanessa anhielt. Er bewegte den Kopf nach rechts und links, wie ein Tier, das Witterung aufnimmt.

»Du hast blaue Ohren, eine Knollennase und eine Haut, als hättest du dich mit Schmirgelpapier gewaschen!« sagte Irene mit krampfhafter Fröhlichkeit.

Sie nahm ihn an der Hand, führte ihn zu einem Sessel und drückte ihn hinein. Sie öffnete die Balkontür und ließ die frische Luft ins Zimmer, die von der Raritan Bay herüberwehte.

»Spürst du den warmen Wind?« fragte sie. »Das ist Seeluft.«

Bubrow nickte, hob die Hände und tastete nach ihr. Sie kam näher zu ihm, ließ ihn greifen, seine Finger glitten über ihre Brüste, den Leib, die Hüften, die Schenkel und die Beine. Dann tasteten sie sich zurück, bis Irene sie in ihre Hände nahm.

Kurz danach kam Cohagen zu Besuch. Er war in den vergangenen vier Tagen nur einmal erschienen. Oberst Boone hatte schlechte Nachrichten für ihn aus Deutschland. Die ständige Überwachung der sowjetischen Botschaft hatte auf die Spur von Hanns Heroldt geführt, dem ehemaligen Verlobten Irene Walthers. Er war fotografiert worden, als er die Botschaft betrat und nach fast einer Stunde wieder verließ.

»Jetzt ist er tot«, sagte Phil Boone sauer. »Ist total besoffen in einen Baggersee gefahren und ertrunken. Die deutsche Polizei rätselt noch herum: Unfall oder Selbstmord.«

»Und daran glauben Sie, Sir?« fragte Cohagen mißtrauisch.

»Er hatte 2,5 Promille im Leib! Das bringt andere auch ohne Unfall um.«

»Was wollte Hanns Heroldt in der sowjetischen Botschaft?«

»Genau das wollten wir ihn fragen. Aber als wir zu seiner Wohnung kamen, war niemand da. Offensichtlich befand er sich da schon auf einer Sauftour, denn bereits am nächsten Morgen wurde er im Baggersee gefunden. Ronny, kitzeln Sie doch mal bei Irene heraus, was Heroldt von ihrer B-Bomben-Forschung wußte.«

»Nichts! Das weiß ich bereits. Steht auch in meinem Bericht.«

»Aber was wollte Heroldt dann den Sowjets verkaufen?«

»Das ist es eben! Etwas bleibt ungeklärt. Und deshalb glaube ich nicht, daß Heroldt freiwillig in den See gefahren ist.«

»Beweise?«

»Nur mein Gefühl! Phil, Sie lächeln, als hätte ich Ihnen einen sauren Hering verkauft. Aber bis jetzt hatte mein eingebauter Seismograph noch immer recht. Zuletzt bei Bubrow. Für euch alle war er der Narr mit dem Liebestick, das Schäfchen, das einen Jet entführt. Na, und was steckt dahinter? Denken wir logisch: Heroldt macht der sowjetischen Bootschaft einen Besuch. Am nächsten Tag ist er tot! – So einen Zufall akzeptiere ich nicht! Da hat jemand an der Kurbel gedreht.«

»Wer?« Cohagen sah seinen Chef mit schrägem Kopf an.

»Sie sagten, Sir, wir hätten den Besuch beobachtet . . .«

»Stopp, Ronny! Damit haben wir nichts zu tun! Gar nichts! Ich kann das versichern.«

»Dann hatte das KGB ein Interesse daran, daß Heroldts

Besuch in der Botschaft nicht bekannt wird, etwa durch Dummheit, Indiskretion oder sonstwas. Sie handelten schnell, ehe Heroldt sich wieder unter Menschen sehen lassen konnte.«

»Das ist eine mehr als abenteuerliche Kombination, Ronny!« Boone schüttelte den Kopf. »Ich glaube an einen Unfall. Aber irgend etwas muß Heroldt gehabt oder gewußt haben, was er den Sowjets anbieten konnte.«

Cohagen hatte einige Tage gebraucht, um sich zu informieren. Es sah so aus, als sei in der nun mieterlosen Wohnung, die von der Polizei versiegelt worden war, profihaft eingebrochen worden. Die Einbrecher schienen Geld oder Schmuckstücke gesucht zu haben; Teppiche, Bilder und Skulpturen von großem Wert ließen sie zurück. Durchgewühlt und aufgebrochen waren nur Schränke und Schubkästen – die Polizei konnte nicht sagen, ob sie etwas gefunden hatten.

»Nur warme Luft!« sagte Cohagen später zu Oberst Phil Boone. »Eine Menge Weiberfotos, Fotos, mit Selbstauslöser gemacht, Videokassetten mit knallharten Pornos – da werden Sie neidisch, Sir! –, vierzehntausend Mark in großen Scheinen und jede Menge Schmuck. Aber nichts von dem, was wir vermuten. Heroldt wäre immerhin gescheit genug gewesen, von allem, was er den Sowjets überreicht hat, ein Duplikat zu behalten. Aber da läuft nichts.«

»Also doch Unfall wegen Besoffenheit!« sagte Boone zufrieden. »Ihr Seismograph, Ronny, hat endlich mal Urlaub.«

So standen die Dinge, als Cohagen in der Klinik erschien. Er sprach zuerst mit Jeff Tucker, der nach wie vor sehr zufrieden mit Bubrows Heilfleisch war. Dann stürmte er ins Zimmer. Er brachte einen großen Blumenstrauß mit und eine Flasche Wodka.

»Junge, Sie sehen aus wie ein aus der Galaxis gefallenes grünes Männchen!« rief Cohagen und klopfte Bubrow behutsam auf die Schulter. »Und die süßen Röhrchen im

Maul! Da müßte man Ihnen Flöten einsetzen, das gäbe ein Konzert! Und diese Nase! Ein wahrer Riecherker! Tony, schnuppern Sie mal, das sind rote Rosen für Mabel!« Erst hielt er Bubrow den Blumenstrauß unter die geschwollene Nase, dann die geöffnete Wodkaflasche. »Und was. ist das? Richtig, Brüderchen, ein kristallklares Wässerchen! Der Duft aus Mütterchen Rußlands Schoß! Werden Sie schnell gesund, dann gießen wir sie uns übers Zäpfchen . . .« Er stellte die Flasche weg, überreichte Irene den Blumenstrauß und lachte jungenhaft. »Er kann nicht antworten – welch ein Glück! Und er kann mich nicht in den Hintern treten, er sieht ja noch nicht, wo ich bin.«

»Er wird es sich für später aufheben.« Irene lächelte. Cohagens Frechheit brachte etwas Schwung in die tristen Tage. »Wir haben Sie vermißt, Ronny.«

»Wirklich? Tony auch? Ich hatte 'ne Menge zu tun. Aber nun habe ich ein Stündchen frei, um mir den Mann vom anderen Stern anzusehen.«

Cohagen blieb eine Stunde, erzählte Witze und Erlebnisse aus seinem Beruf, sah zu, wie Irene durch den Trichter in Bubrows Mund eine kräftige Gemüsesuppe goß, und sagte dann, er müsse jetzt weg, weil er einem Girl, das Jenny hieß, versprochen habe, heute abend topfit zu sein.

Mit dem Kopf gab er Irene einen Wink. Sie begleitete ihn vor die Tür. »Ist etwas?« fragte sie mißtrauisch. »Hat Prof. Tucker Ihnen etwas gesagt?«

»Mit Tony? Nein, da läuft alles blendend. *Sie* machen mir Sorge.«

»Ich? Wieso? Ich fühle mich sehr gut.«

»Wann haben Sie Hanns Heroldt zum letztenmal gesehen?«

»Im Winter. Er lauerte mir auf und wollte mich überreden, Boris aufzugeben.« Sie starrte Cohagen fragend an. »Wie kommen Sie plötzlich auf Hanns?«

»Er weiß nichts von Ihren Forschungen?«

»Gar nichts. Ich schwöre! Er weiß nur, daß ich an einem

Projekt arbeite, das kann man ja nicht verschweigen, wenn man verlobt ist. Aber er kennt keine einzige Einzelheit.«
»Ich glaube Ihnen, Irene. Mein Gott, Sie heißen ja jetzt Mabel!«
»Was ist mit Hanns Heroldt, Ronny?«
»Er war in der Sowjetischen Botschaft in Bad Godesberg.«
Sie sah ihn ungläubig an. Cohagen ließ ihr Zeit. Endlich sagte sie:
»Was wollte er denn da?«
»Das ist die große Frage. Was wollte er?«
»Er hatte keinerlei Verbindung zu den Russen. Im Gegenteil, er ist glühender Antibolschewist.«
»Er war es«, sagte Cohagen langsam. »Heroldt ist tot.«
»Tot?« Ihre Augen wurden weit. »Wie ist denn das – passiert?«
»Ertrunken. Er ist mit 2,5 Promille in einen Baggersee gefahren und untergegangen.«
»Furchtbar«, sagte sie leise. »Mein Gott, wie furchtbar . . .«
»Nahm er gern einen zur Brust?«
»Ja. Hanns war öfters betrunken. Auch das trug zu unserer Entfremdung bei. In seinen Kreisen war Wett-Trinken so eine Art Sport.«
Alles paßt zueinander, dachte Cohagen enttäuscht. Keine Lücke, durch die eine überraschende Wahrheit sichtbar würde. Heroldt ist ersoffen. Aber er war zu Besuch bei den Sowjets . . .
»Denken wir also weiter nach«, sagte er und verabschiedete sich von Irene. »Er muß irgend etwas gemacht haben, das Ihnen und Jefferson schaden könnte.«

Man kann nicht behaupten, daß Strelenko eine beneidenswerte Aufgabe übernommen hatte.
Als er in New York landete und abgeholt wurde, war ihm zumute, als solle er einen kleinen struppigen Hund su-

chen, der irgendwo in der Riesenstadt seinem Herrchen entlaufen war. Mit einem Hündchen wäre es sogar einfacher gewesen: Man setzt in die Zeitungen eine Anzeige und ruft die Hilfreichen auf, die Augen offenzuhalten. Sogar ein Bild kann man veröffentlichen.

Strelenko aber hatte nichts als seinen Auftrag: Liquidiere Boris Alexandrowitsch! Die Hilfen, die Ussatjuk ihnen mitgegeben hatte, waren mager: Ein paar Kontaktadressen in New York und bei verschiedenen Behörden, sogar Polizei und FBI waren darunter, ein V-Mann saß in der CIA, arbeitete dort aber nur als Parkwächter, dazu kamen einige andere Unteragenten in der Industrie und im Bankgewerbe. Sonst besaß er nichts als Fotos von Bubrow und Irene Walther und etliche Phantomzeichnungen, die darstellten, wie die Gesuchten mit Perücken und anderen Verkleidungen aussehen könnten.

Sein Hauptquartier bezog Strelenko dort, wo er nicht auffallen konnte: in einem Bürohaus in der Avenue of the Americas. Im neununddreißigsten Stockwerk hatte dort eine Maklerfirma ihre Räume. Es gab sogar ein Sekretariat, Aktenschränke und ein imposantes Messingschild an der Außentür. Ein Haus oder ein Grundstück hatte diese Firma allerdings noch nie verkauft. Die hinteren Räume waren als Wohnschlafzimmer eingerichtet, und hier war auch ein großer Safe eingebaut, der weniger Geld, als vielmehr Sprengstoff, Munition, Handgranaten, einige Kalaschnikow-Maschinenpistolen, Präzisionsgewehre mit Zielfernrohren, Pistolen mit Schalldämpfern, Giftpistolen und sogar eine zusammenklappbare Panzerfaust mit hochbrisanten Raketensprenggranaten enthielt.

Chef dieser Maklerfirma war ein Mr. John McDunne, der eigentlich Nodar Wladimirowitsch Bashan hieß und aus Samarkand stammte. Er umarmte Strelenko wie einen Bruder, küßte ihn ab und sagte dann: »Ruslan Michejewitsch, mit diesem Auftrag hat man dir in die Stiefel gepißt! Die da drüben in Moskau kennen New York nicht!

Der Dschungel von Birma ist dagegen ein Kinderspiel-
platz!«

Strelenko richtete sich in einem Zimmer ein, seine vier Begleiter bezogen zwei weitere »Büroräume«. Dann stellte
ihm McDunne die vier Genossen vor, die seinen Sturm-
trupp verstärken sollten. Es waren in Rußland ausgebildete Einzelkämpfer. Scharfschützen von der Militärschule
in Frunse, durch die harte Lehre sibirischer Winter gegangen. Strelenko sagte sich, daß wenigstens dies ein Trost
sei. Seine Truppe war vorzüglich. Nach den Gesetzen der
Logik hatte Bubrow keine Chance mehr, wenn er erst einmal aufgespürt war.

»Gehen wir methodisch vor«, sagte Strelenko, nachdem er
sich zwei Tage zur Eingewöhnung durch New York hatte
fahren lassen, von der Bronx bis Coney Island, von Hobo-
ken bis Little Neck. »Die CIA hat Bubrow aus Deutschland
mitgenommen. Bei der CIA setzen wir also an! Wir müssen herausbekommen, wer Bubrow ›führt‹. Es ist völlig
undenkbar, daß man ihn frei herumlaufen läßt! Sein Todesurteil ist der CIA bekannt; sie wissen um die Gefahr,
also betreuen sie ihn auch. Nur bei der CIA können wir
eine Spur aufnehmen. Wassili muß da herumhören.«

Wassili war der Parkwächter bei der CIA. Er konnte überblicken, wer kam und wer wegfuhr. Und oft hielt er ein
Schwätzchen, wie es Parkwächter gern tun.

Nach drei weiteren Tagen wußte Strelenko, daß Bubrow
im CIA-Gebäude zusammen mit Irene Walther gewohnt
hatte. Wassili erfuhr von einer Putzfrau, daß sie die obere
Etage nicht hatte putzen dürfen und daß auch der Lift ta-
gelang nur bis zum Stockwerk darunter gefahren war.
Aber jetzt putzte sie wieder und erzählte dem netten Parkwächter kichernd, daß die hohen Herren von der CIA auch
nur normale Männer seien, die zur Abwechslung schon
mal ein paar Girls unterm Dach versteckten.

»Zwei Flaschen Parfüm lagen da«, sagte sie. »Ausländi-
sches! Und im Badezimmer waren im Abfalleimer Haare.

Rotbraune. Im Schlafzimmer lagen noch Pantoffeln unterm Bett. Die da gewohnt haben, müssen hastig aufgebrochen sein.«

Wassili ließ zwei Dollar springen, erwarb die Pantoffeln am nächsten Tag – sie waren der Putzfrau um zwei Nummern zu klein – und legte sie am Abend Strelenko auf den Tisch.

»Wasja, du bist unbezahlbar!« lobte Strelenko und betrachtete die Pantoffeln liebevoll. »Wirklich, unbezahlbar.«

»1200 Dollar bekomme ich, Genosse Leutnant! Eine Schande!«

»Sag es dem Genossen Ussatjuk.« Er drehte einen Pantoffel in den Händen und las den Eindruck in der Innensohle. »Salamander. Das ist eine deutsche Firma. Ganz klar: Der Schuh gehört Irene Walther. Bubrow hat unter dem Dach der CIA gewohnt. Dann mußte er schnell weg. Was weiß man darüber, Wasja?«

»Gar nichts. Das muß in der Nacht geschehen sein.«

»Was sagt der Nachtwächter?«

»Nichts. Er ist doch Beamter.«

»Immer derselbe?«

»Nein.«

»Stell fest, Wasja, wer an dem Tag, als Bubrow weggeschafft wurde, Nachtdienst an der Tür hatte.«

Das war nicht schwer. Schon am nächsten Morgen rief Wassili an und teilte mit, der Mann heiße Hubert Milton und wohne in Brooklyn. Junggeselle, neunundzwanzig Jahre alt, Dienstgrad Sergeant, Judokämpfer.

Am Nachmittag rief Hubert Milton bei seiner Dienststelle an und meldete sich krank. Man hörte es, er war stockheiser, hustete nach jedem zweiten Wort und kündete an, daß er jetzt ins Bett gehe, sich voll Schnaps pumpen und kräftig schwitzen wolle. »In drei, vier Tagen bin ich wieder okay!« hustete er. »Ist das nicht blöd, im Frühsommer so 'n Schnupfen?«

Bei der CIA wurde das notiert. Hubert Milton krank. Grippaler Infekt. Krankheitsdauer zirka vier Tage. Damit war Hubert Milton legal aus dem Blickfeld gerutscht.

Niemand kann der CIA den Vorwurf machen, daß sie hier versagt hätte. Milton war ein guter Mann, ein Erkälteter spricht immer durch die Nase, und dann noch der bellende Husten – wer kann ahnen, daß der Anrufer Juri Iwanowitsch Truschkin hieß, aus Irkutsk stammte und ein sowjetischer Einzelkämpfer war? Hubert Milton war längst auf dem Weg zu dem Bürohaus in der Avenue of the Americas, lag, mit Chloroform betäubt und verschnürt, im Kofferraum eines unauffälligen Dodge und hatte keine vier Stunden mehr zu leben.

In einem Sack, mit dem Lastenaufzug, kam Milton in das Maklerbüro. Strelenko hatte alles vorbereitet und wurde seinem Ruf gerecht, ein Mensch ohne Gefühl zu sein. John McDunne spürte ein Frösteln über seinen Rücken laufen, als er Strelenkos »Verhörtisch« betrachtete. Im Orient, wozu Samarkand historisch gehörte, war man nie kleinlich bei Befragungen von Gefangenen gewesen. Was aber Strelenko aus seiner asiatischen Lehrzeit mitgebracht hatte, konnte einem die Haare sträuben. Nodar Wladimirowitsch Bashan, der das Protokoll führen sollte, sehnte sich vorweg nach einem Becher mit 100 Gramm Wodka, aber an den kam er nicht heran. Strelenko ließ ihm keine Möglichkeit, aus dem Zimmer zu gehen.

Hubert Milton war wach, als man ihm den Sack vom Körper zog und ihn auf einen Stuhl setzte. Auch er warf notgedrungen einen Blick auf Strelenkos Tisch, weil er genau davor saß. Sein Blick wurde starr, die Augen traten vor Entsetzen hervor. Bei Lehrgängen der CIA hatte er einige Filme über asiatische Verhörmethoden gesehen, aufgenommen in Vietnam, Laos, Kambodscha und Korea. Er erkannte sofort wieder, was Strelenko aufgebaut hatte, und er dachte an die Bilder von Menschen, die man später gefunden hatte.

»Seien Sie unbesorgt, Mr. Milton«, sagte Strelenko mit satanischer Höflichkeit und nahm hinter dem Tisch Platz. »Ich bemerke, daß Sie die schönen Dinge kennen, die ich vor Ihnen ausgebreitet habe. Das Glüheisen ist harmlos, wir haben noch viel interessantere Dinge . . . Zum Beispiel die spitzen Bambusstäbchen, mit Pfeffersoße getränkt . . .«

»Wer sind Sie überhaupt?« fragte Milton tonlos. »Was wollen Sie von mir? Sie verwechseln mich sicherlich. Ich heiße Hubert Milton.«

»Richtig!« Strelenko lächelte freundlich. Sein mädchenhaftes Gesicht wirkte geradezu madonnenhaft. »An einem bestimmten Tag hatten Sie Nachtwache bei der CIA. Genau am 14. Juni.«

»Mag sein.« Milton starrte Strelenko an. Um was ging es hier? Torwache ist der harmloseste Job bei der CIA. Immerhin war ihm klargeworden, daß er Männern gegenüber saß, die sich für die CIA interessierten.

»Stimmt, Hubert!« Strelenko beugte sich etwas vor. »Erinnern Sie sich: Wer hat in dieser Nacht das Gebäude verlassen?«

»Oje! Wie soll ich das noch wissen?!«

»Milton! Sehen Sie sich die Instrumente an . . .«

»Das nützt mir nichts!« Auf Miltons Stirn sammelte sich kalter Schweiß. »Nachts ist wenig Betrieb. Aber wie soll ich mich an Einzelheiten erinnern?«

»Haben zwei Männer und eine Frau das Gebäude verlassen?«

»Nein! Das weiß ich genau. Eine Frau, nachts bei uns, das wäre mir im Gedächtnis geblieben.«

»Gibt es noch einen Ausgang, Milton?«

»Mit dem Lift durch die Tiefgarage. Da ist alles automatisch. Da sehen wir oben nichts.«

»Doch!« sagte Wassili, der Parkwächter. »Alles ist mit TV-Kameras ausgeleuchtet. Bei dir steht der Bildschirm . . .«

Milton lief der Schweiß über die Augen. »Ich habe den Kasten nie an. Glaubt mir. Ich sehe mir lieber im richtigen TV Baseball an . . .«

Zwei Tage später wurde Milton zu Hause in seinem Bett gefunden. Tot. Herzstillstand durch Alkoholvergiftung.

Zehn Tage nach der Operation sagte Jeff Tucker zu Irene: »Meine liebe Mabel, nun ist es soweit. Heute wickeln wir Anthony vollständig aus! Ich habe mir das gestern schon vorweg angesehen, wir können es wagen. Aber vorher müssen wir noch einiges bereden.«

Er saß Irene allein gegenüber. Die Balkontür war weit geöffnet, der Sommer flutete mit einem warmen Wind vom Meer in das Zimmer. Dr. Haddix hatte Bubrow vor einer halben Stunde abgeholt, aber nicht verraten, daß heute der große Tag sein würde: Mr. Anthony Jefferson wurde in seine neue Welt entlassen. Zu diesem Anlaß war Prof. Tucker selbst gekommen, wieder in seinem weißen Mao-Look-Kittel. Gleich beim Eintritt hatte er einen seiner giftigen Medizinerwitze losgelassen und dann in einem Sessel Platz genommen.

Nun sah er Irene forschend an. Sie hatte zehn Tage lang Bubrow gepflegt, in der letzten Zeit hatte sie sich schriftlich mit ihm unterhalten, denn nachdem Tucker die Augenpartien freigegeben hatte, waren die Augen nur noch von einer dünnen getönten Gaze geschützt, durch die Bubrow wie durch eine dunkle Sonnenbrille sehen konnte. Noch sah die abgeschliffene Haut für Laienaugen entsetzlich aus, aber Irene als Ärztin sah das anders. Auch die Fäden und Nähte erschreckten sie nicht. Schlimmer würde es natürlich sein, wenn Anthony Jefferson ohne alle Verbände ins Zimmer trat: ein fremder Mann.

»Ich weiß, was Sie sagen wollen, Herr Professor«, sagte Irene mit fester Stimme. »Ich soll keinen Schock bekommen. Keine Sorge, ich habe für diesen Tag lange trainiert. Ich bin jetzt dafür fit!« Sie blickte zur Tür. »Wann kommt er?«

»Er wird nur noch zurechtgemacht. Wir ziehen noch einige Fäden und pudern etwas nach. Wenn ich die Grundzeichnung mit dem Gesicht vergleiche – ich glaube, ich habe es gut hinbekommen. Das Problem sind auch nicht Sie, sondern Tony selbst! Er hat bis jetzt noch keinen Spiegel in der Hand gehabt, während Sie ihn schon stückchenweise gesehen haben und wissen, was Sie erwartet. Tony aber wird in einen Spiegel blicken und eine noch gequollene, von Nähten zerfurchte Fratze sehen. Man kann einem Patienten immer wieder erklären, es geht alles zurück, es verwächst sich alles, man sieht später gar nichts mehr, es sind atraumatische Nähte, was man jetzt sieht, sind lediglich natürliche Abwehrreaktionen des Körpers – es ist trotz allem verdammt schwer, einen Operierten vor dem Schock zu bewahren, wenn er sich zum erstenmal im Spiegel sieht. Und auch wenn alles verheilt ist: Man war zwar prinzipiell einverstanden mit einem neuen Gesicht, man hat die Entwürfe genehmigt, hat sich brav auf den Tisch gelegt, aber dann steht man eines Tages da und erkennt sich nicht wieder, ist sich selbst ein Fremder geworden und muß nun mit diesem fremden Gesicht weiterleben. Dazu braucht man ein starkes Herz!«

»Tony hat es. Wir haben lange über diese Stunde gesprochen.«

»Wir auch!« Tucker griff in seinen weißen Kittel und zog einen Zettel heraus. »Das hat er gestern im OP geschrieben, als ich ihm sagte, daß morgen die Verbände fallen.«

Er reichte Irene das Papier, sie las die wenigen Worte und legte es dann in ihren Schoß.

»Ich habe Angst!« stand auf dem Zettel.

Prof. Tucker kratzte sich die Nase. Jetzt hätte er sicher gern seine Weltkugel gedreht.

»Da liegt alles drin«, sagte er.

»Aber es war nur für Sie gedacht, Herr Professor.«

»Trotzdem sollten Sie es wissen, Mabel.«

»Ich weiß es ja«, sagte Irene leise. »Aber man darf es ihn nie wissen lassen, daß ich es weiß. Von Mann zu Mann, von Patient zu Arzt, das ist immer noch etwas anderes, als wenn man vor der eigenen Frau so völlig hilflos dasteht. Dazu ist Tonys Stolz zu groß. Ich habe ihn nur einmal schwach gesehen, in München, als er nicht wußte, ob ich mit ihm nach New York gehe. Als ich sagte: Ja, ich bleibe bei dir, fiel er auf die Knie. Das werde ich nie vergessen.«

»Also gut. Lassen wir Anthony Jefferson los!« Jeff Tucker erhob sich. »Er kommt allein, Mabel, und wir lassen Sie so lange allein mit ihm, bis Sie schellen. Ich bin immer in der Nähe.«

Tucker verließ das Zimmer, Irene schloß die Balkontür und lehnte sich gegen die große Scheibe. Das hatte den Vorteil, daß sie im Schatten blieb und Bubrow gegen das Licht blicken mußte. Ihr erstes Entsetzen, falls es eintreten und sich in ihrem Gesicht verraten sollte, würde er nicht bemerken. Sie gewann wertvolle Sekunden, in denen sie sich wieder fangen konnte.

In den Minuten des Wartens schlug ihr Herz bis zum Hals. Endlich ging die Tür auf. Ein fremder Mann in einem hellgrauen Anzug mit feinen Nadelstreifen, einem rosa Hemd und einer hellgrauen Krawatte mit blauen Tupfen kam herein. Er hatte dunkelbraune Lockenhaare, die an den Schläfen schon etwas ergrauten. Seine braunen Augen blinzelten gegen die Sonne, in der Irene wie ein Schattenriß stand.

»Ja, bitte, was wünschen Sie?« wollte sie gerade sagen, da erst sah sie die noch aufgetriebene Nase, das geschwollene Kinn mit den Nähten, die noch roten Ohren. Die schorfige Haut hatte man geschickt überpudert.

Der Schock war größer, als sie es je vermutet hätte. Es war ihr, als habe sie eine Faust in den Magen getroffen, als quetsche eine andere ihr Herz ab. Ihr Kopf war erfüllt von einem Rauschen, als tobe ein Sturm in ihrem Hirn.

Anthony Jefferson. Das ist Anthony Jefferson! Tony, dein Mann! Das ist von Boris Alexandrowitsch Bubrow übriggeblieben, von diesem schönen, blonden, fröhlichen Burschen mit den blitzenden und doch immer geheimnisvollen grauen Augen.

Und so sieht er jetzt aus. Für alle Zeit. Ein Gesicht, das er sich für dich hat machen lassen, Irininka, für dich und deine Sicherheit, für dich, damit er bis zum Ende seines Lebens mit dir leben kann.

Das ist Anthony Jefferson.

Sie stieß sich von der Balkontür ab, ging mit ausgebreiteten Armen auf ihn zu, auch er streckte die Arme vor, ein dumpfer Laut kam aus einem noch schiefen Mund, und dann umarmten sie sich, spürten beide das Zittern ihrer Körper und fanden keine Worte – nur Töne, irgendwelche Töne, die aus ihren Kehlen quollen, unkontrolliert, selbständig, Urtöne. Und dann küßten sie sich, ganz vorsichtig. Sie spürte seine rissigen Lippen und die Fäden an Kinn und Mundwinkel, sie tastete über sein Gesicht und nahm mit ihren Lippen seine schorfige Haut auf, sie schloß seine braunen fremden Augen mit ihren Küssen und streichelte seinen Nacken, die gelockten Haare, den Hals und immer wieder sein neues Gesicht und sagte endlich mit klarer Stimme: »Mein Liebling, wie schön liegt das Leben vor uns!«

Er legte beide Arme um sie, preßte sie wieder an sich, berührte mit den Wangen ihr Haar. Sein Herz hämmerte, sie spürte es an ihrer Brust.

»O Irininka! Irininka . . .«

Das Sprechen fiel ihm noch schwer. Das Kinn war noch nicht beweglich genug, der Gaumen aufgetrieben, die Lippen waren geschwollen und schief.

»Es ist Professor Tuckers Meisterstück«, sagte Irene tapfer. Sie hakte sich bei Boris unter und führte ihn zum Balkon, in die Sonne. Es kostete ihre ganze Kraft, in dieses fremde Gesicht glücklich hineinzulächeln. »Mein Gott, wie gut siehst du aus!«

»Die Spiegel . . .« Er senkte den Kopf. »Zeig mir keinen Spiegel! Im OP habe ich ihn – habe ich ihn zertrümmert. Oh, Irininka, es ist so fürchterlich . . .«

»Von Tag zu Tag wird es besser werden, Liebling. Alles wird abheilen, glaub es mir! In ein paar Wochen hast du ein schönes, glattes Gesicht, wie auf der Zeichnung. Man wird keine Narben sehen, und wenn sie sichtbar sind, wird man sie später abschleifen.«

»Ich habe zu Tucker gesagt, als ich mich im Spiegel gesehen hatte: Sie wird mich von sich stoßen! Sie wird entsetzt sein! – Ich bin ja ein Monster! – Aber du hast mich geküßt . . .«

»Du bist doch Borja geblieben!«

»Ich bin Anthony Jefferson!«

»Äußerlich! Ich mache die Augen zu und sehe, was hinter der Maske ist. Und ich sehe dich an, sehe durch deine neue Haut hindurch und weiß: Das ist Boris Alexandrowitsch, meine Welt.«

Er nickte, blickte durch die Scheibe in den Park und drehte sich dann langsam um.

»Können wir jetzt endlich heiraten, Irininka?«

»Morgen, wenn es geht. Auf der Stelle! Im Paß sind wir schon Mann und Frau.«

»Ich möchte dich als Bubrow heiraten.«

»Das muß Cohagen hinbiegen. In Reno oder Las Vegas ist das vielleicht möglich. Wir werden noch heute mit ihm sprechen.«

Sie kamen wieder aufeinander zu, umarmten sich und küßten sich, und trotz des Entsetzens, das hinter ihnen lag, gehörten diese Minuten zu den glücklichsten ihres Lebens.

Als Irene klingelte, erschien Prof. Tucker sofort, als habe er draußen vor der Tür gewartet. Er stürmte herein, balancierte ein Tablett mit drei gefüllten, schaumgekrönten Gläsern und rief:

»Ich halte mein Versprechen, Tony! Das Bier! Dieses Glas sei Ihnen tausendmal gegönnt!«

Bubrow-Jefferson saß in einem Sessel am Fenster, ließ sich von der Sonne bescheinen und hatte die Augen geschlossen. Das Licht war mitleidlos. Tucker setzte sich neben ihn, drückte ihm das Bierglas in die Hand und tätschelte ihm die mit Silikon ausgespritzten Wangen. Bubrows Gesicht war durch diese Maßnahme runder und voller geworden. Irene nahm ihr Glas vom Tablett und hockte sich auf die Lehne des Sessels.

»Schön langsam trinken, Tony!« sagte Jeff Tucker. »Genußvoll in den Gaumen laufen lassen! Und noch Vorsicht mit den Lippen! Dann also – prost!«

Tucker nahm einen langen Schluck, putzte sich den Schaum vom Mund und stieß diskret auf. Bubrow hob das Glas vorsichtig an den schiefen Mund, kippte etwas Bier über die Lippen und schluckte. Ein bißchen lief an den Mundwinkeln herab und tropfte über seinen Kragen. Die Partie um die Lippen war noch etwas taub.

»Prächtig, Tony! In zwei Tagen können Sie einen richtigen Schluck nehmen! Sie sind ein Heilphänomen!«

»Ich habe vorher nie gewußt, daß Bier von den Göttern stammen muß!« sagte Bubrow und trank noch einmal. Er sah Irene an, die ihm lachend zuprostete. Merkwürdig, dachte sie, ich habe mich schon an das neue Gesicht gewöhnt. Ich weiß: Das ist er! Ihn liebe ich! Zwei Menschen verbindet doch mehr als nur ein Gesicht. Es war schwer, daran zu glauben, aber jetzt ist es gar keine Frage mehr.

»Herr Professor, ich bitte um Verzeihung«, sagte Bubrow plötzlich.

»Wofür? Daß Sie Ihr Hemd beschlabbert haben?«

»Ich habe Ihnen den Spiegel aus der Hand geschlagen.«

»Na und? Ich habe ahnungsvoll den billigsten genommen. Ein Dollar bei Woolworth. Setze ich auf die Rechnung.«

Bubrow wollte lachen, aber das tat noch weh, vom Kinn bis zu den Wangen. Er grinste mühsam und sah dabei scheußlich aus. »Sie sind schuld, wenn mir die Nähte platzen!« sagte er. »Was wird denn jetzt noch mit mir gemacht?«

»Als nächstes schleifen wir von Ihrem Körper alle Narben ab, auch solche, die an Ihre Jugendsünden erinnern. Auch daran wird niemand Sie mehr erkennen können. Ihre Zähne sind gesund, kein Ersatzzahn, aber drei Plomben. Da fummeln wir auch noch rum. Sie werden noch drei Plomben dazu bekommen und zwei herrliche Kronen. Dann kann auch Ihr Zahnarzt in Rußland nicht mehr sagen, wer Sie sind.«

Bubrow sah Jeff Tucker groß an. »Sie wissen, wer ich bin?«

»Nein. Mr. Cohagen hat nichts herausgelassen. Aber so ganz blöd bin ich auch nicht. Ich habe gehört, wie man Sie Borja nannte. Und Mabel nannten Sie Irininka.« Tucker hob sein Glas. »Mich geht's nichts an! Ich freue mich, Mr. und Mrs. Jefferson kennengelernt zu haben.«

Am Abend kam Cohagen.

Bubrow saß auf dem Balkon in der warmen Abendsonne und ließ den Wind vom Meer über sein Gesicht gleiten. Zum erstenmal seit zehn Tagen hatte er wieder eine Zeitung gelesen, aber nicht lange. Die Augen mit den braun getönten Haftschalen tränten. Sie mußten sich erst an den dünnen Fremdkörper vor Pupille und Iris gewöhnen.

»Sie sehen blendend aus, Tony!« rief Cohagen. Er hatte keine Mühe, das neue, unbekannte Gesicht zu akzeptieren. Für ihn war das Bubrow mit Namen Jefferson. »Noch zwei, drei Monate, und die Mädchen stehen Schlange vor soviel geballter Männlichkeit. Wackeln Sie mal mit den Augenbrauen! Phänomenal! Was glauben Sie, wie hysterisch die Weiber würden, wenn sie die Wahrheit wüßten.«

»Ronny!« sagte Irene warnend. »Tony darf nicht lachen!«

»Und Wodka darf er auch noch nicht trinken, sagt Tucker. Das brennt noch zu sehr. Stellen wir die Flasche kalt.«

Die süße Vanessa brachte das Abendessen: für Irene kaltes Huhn und gemischte Salate, für Bubrow eine dicke Gemüsesuppe mit durchgedrehtem Fleisch. Auch für Cohagen hatte die Küche gesorgt: ein Porterhouse-Steak von ungeheurem Ausmaß. Dazu gab es eine Flasche kalifornischen Wein, einen Chardonnay.

»Was macht Moskau?« fragte Bubrow plötzlich zwischen zwei Löffeln Suppe.

»Still ruht der See. Was Sie betrifft.«

»Das sieht Sulfi Iwanowitsch gar nicht ähnlich.«

»Wer ist Sulfi!«

»Ussatjuk.«

»Was soll er auch tun? Ihre Spur ist weg!« Cohagen fuchtelte mit der Gabel durch die Luft. »Sie sind ohne Rückstand verschwunden. Wo soll er im weiten Amerika suchen? Und wie? Sie sind sicher, Tony!«

»Er könnte bei der CIA ansetzen. Bei Ihnen.«

»Mich kennt er nicht. Sooft ich mit ihm indirekt zu tun hatte und seine Leute austrickste, hatte ich andere Namen.«

»Dann heißen Sie auch nicht Cohagen?« fragte Irene interessiert.

»Ich schwöre Ihnen, daß ich Ronny heiße!« Cohagen grinste. »Wie wenig Namen bedeuten, sehen Sie jetzt. Da sitzt Borja und heißt Tony, und dort sitzt Irene und heißt Mabel. Nur wir untereinander wissen, wer nun wer ist. Ich bin Ronny.«

»Sie sind immer noch mißtrauisch, nicht wahr?« fragte Bubrow.

»Aus Prinzip. Ist es bei Ihnen im KGB anders? Unser Job verlangt, daß wir überall Augen haben, am Hintern wie am Nabel! Und man muß riechen können – riechen, wer einem gegenüber sitzt.«

»Und ich stinke, Cohagen?«

»Sie haben noch nicht bewiesen, daß Sie sich total von Moskau gelöst haben.«

»Mein Gott, ich bin hier in New York, ich habe mein Gesicht geopfert. Was wollen Sie denn noch mehr?!«

»Das war Selbstschutz, Tony!«

»Ist Ussatjuks Jagd auf mich nicht Beweis genug?«

»Man sollte das annehmen. Aber denken Sie zurück. Sie haben eine sowjetische Verkehrsmaschine gekidnappt, Ihr Land ließ wütende Proteste los, jeder hielt Sie für den ›Piraten aus Liebe‹ . . . Und was war wirklich? Eine, zugegeben, blendende Inszenierung Moskaus! Wer weiß denn, ob Ussatjuk Sie wirklich liquidieren will? Ob das nicht der zweite Genietrick ist: Sie als Laus der CIA in den Pelz zu setzen . . .«

»Ronny, das geht zu weit!« sagte Irene erregt. »Niemand auf der Welt weiß besser, wie Boris denkt!«

»Das haben Sie auch damals in München gesagt, als man ihn zum Helden hochjubelte. Und da war er noch der hundertprozentige Boris Alexandrowitsch Bubrow, Hauptmann im KGB!«

»Ronny, trauen Sie mir wirklich zu, daß ich mein Gesicht opfere, um mich bei Ihnen einzuschleichen?«

»Bei euch Russen ist alles möglich.«

»Danke!« Bubrow sah Cohagen mit seinen gefärbten Augen starr an. »Aber ich bin Anthony Jefferson. Für immer. Mehr kann ich nicht sagen, und andere Beweise als mein neues Gesicht habe ich nicht.«

»Sie können sich in der ›Information Ost‹ nützlich machen.«

»Das habe ich geahnt.« Bubrow schob seinen Teller weg. Erschrocken sah ihn Irene an. In diesem Augenblick verwünschte sie Cohagen. »Zum letztenmal, Ronny: Ich bin aus dem Geschäft endgültig ausgestiegen! Ob West oder Ost. Endgültig! Ich kann Sie nicht zwingen, mir das zu glauben. Aber Sie werden auch *mich* nicht zwingen können, meine Heimat zu verraten. Es gibt den Bolschewismus, es gibt Männer wie Ussatjuk oder Butajew, es gibt in ihrer Ideologie gefangene Politiker – auch bei Ihnen! –, aber es gibt auch Millionen Menschen ohne Stimme und ohne Willen. Das sind meine Brüder!«

»So etwas müßte in der Prawda stehen«, sagte Cohagen sarkastisch. »Der neue Paulus kommt aus Sotschi!« Er wedelte mit der Hand durch die Luft und nickte mehrmals. »Vergessen wir das Gespräch, Tony. Nächste Woche dürfen Sie mal ausfliegen. Tucker wird genehmigen, daß wir den Hudson hinauffahren. Ich will Ihnen die Häuser zeigen, die wir für Sie ausgesucht haben. Und Mabel« – er sah zu Irene hinüber – »muß sich ja auch bei ihrem neuen Klinik-Chef vorstellen. Es ist alles vorbereitet. Wenn Sie hier entlassen werden, springen Sie mit beiden Beinen ins volle Menschenleben.«

»Ich weiß nicht, was ich von Ihnen halten soll, Ronny«, sagte Bubrow gedehnt. »Sie jonglieren mit Zuckerbrot und Peitsche.«

»Das ist mein Job. Übrigens gehört das ganz allgemein zum Leben.« Cohagen füllte Wein nach. »Nur Zucker? Da würde man doch bald kotzen müssen.«

Der Tod von Hubert Milton hinterließ kein Mißtrauen. Natürlich wurden die Umstände seines Sterbens genau untersucht, schließlich war er ein Mann der CIA gewesen. Aber das war nur noch eine Formsache. Die Diagnose des Arztes war klar, der Blutalkoholspiegel war geradezu unglaublich hoch, aber es gab ja Zeugen, die Huberts Ankündigung gehört hatten, er werde sich jetzt mit Schnaps vollpumpen und schwitzen.

»Er hatte eine Grippe, so schlimm, daß man sich durch die Leitung anstecken konnte«, sagte der Personalbearbeiter der CIA von New York. »Armer Kerl, hat sich bis zum Kragenknopf vollaufen lassen. Das hat sein grippegeschwächtes Herz nicht ausgehalten.«

Milton wurde begraben, ohne daß die Nachricht von seinem Tod bis in die Chef-Etage zu Oberst Boone oder Cohagen vordrang. Er gehörte zum unteren Dienstpersonal, das den Stars der CIA oft völlig unbekannt war. Hätte Cohagen von Miltons Alkoholtod erfahren, hätte sein Seismograph wohl sofort reagiert; vielleicht hätte sein stets kombinierendes Hirn sogar eine Brücke nach München zu Hanns Heroldt geschlagen.

So aber fiel niemandem etwas auf, ganz so, wie es Strelenko erwartet hatte.

Im Geschäft der Geheimdienste gibt es keine Wunder. Es gibt nur große, manchmal unfaßbare Überraschungen. Das wußte auch Ussatjuk in Moskau. Zu den Überraschungen hatte der Erfolg von Günter Guillaume gehört. Das war der Mann der DDR, der bis in die Regierungsspitze der Bundesrepublik Deutschland vordringen konnte, mit seinem Kanzler Brandt in Norwegen spazierenging und Telegramme und Berichte von höchster Geheimstufe annahm. Das war selbst für den hartgesottenen KGB in Moskau eine Sternstunde, die so schnell nicht wiederholbar war.

Für Strelenko zumindest sah Ussatjuk eine solche Sternstunde nicht. Der saß in New York auf seiner Büro-Etage, wußte zwar, daß Bubrow und Irene Walther unter dem Dach der CIA gewohnt hatten, aber dann war die Spur eiskalt geworden.

Weder Wassili, der Parkwächter, noch Igor und Grischa, die von England mitgekommen und sich an zwei Sekretärinnen der CIA herangemacht hatten, konnten herausfinden, wo Bubrow und Irene Walther sich aufhielten.

Strelenko nahm, wie Ussatjuk, die Mißerfolge gelassen hin. Mit Geldmitteln gut ausgestattet, genoß er das Leben in New York, besuchte Discos und Bars, beteiligte sich an Champagnerschlachten der Jet-Prominenz und gelangte, dank seinem wunderschönen Aussehen, auch in die wirklich einflußreichen Kreise und damit fast zwangsläufig an die sagenhafte Donna Villagran.

Donna Villagran führte ein großes Haus in Baside am Crocheron Park. Sie hatte immer eine offene Tür, war ungewöhnlich gastfreundlich und ständig von guten, außergewöhnlich schönen Freundinnen umgeben, die sich in der weiträumigen, mit erlesenem Geschmack eingerichteten Villa hingebungsvoll den Gästen der Hausfrau widmeten.

Rauhe Gemüter würden sagen, Donna Villagran war eine Puffmutter – aber das traf nicht zu. Im Haus am Crocheron Park verkehrten nur Gentlemen, die es auch waren.Hätte Donna eine Gästeliste geführt, so hätte man die meisten Namen auch in den Mitgliederlisten der exklusivsten Golfklubs gefunden. Man kannte sich untereinander, tauschte seine Erfahrungen aus, und wer würdig war, die Herrin des Hauses in ihrem rosaseidenen Schlafzimmer besuchen zu dürfen, erfreute sich eines besonderen Ansehens.

Da tauchte nun der wunderschöne Strelenko auf. Wofür andere Herren mit Schmuck oder Dollars bezahlten – er bekam es umsonst. Schon nach der ersten Nacht sagte Donna Villagran: »Du bist der Engel, der den Teufel im Leib hat!«

Für Strelenko war das nichts Neues. Was ihn hingegen faszinierte, war Donnas erlesener Freundeskreis, in dem Staatsanwälte ebensowenig fehlten wie hohe Offiziere, Industriebosse und einflußreiche Politiker. Und da die clevere Donna in jedem Zimmer, hinter Spiegeln und Putten, unter den Betten und in nackten Skulpturen, ein paar Mikrofone installiert hatte, fühlte sich Strelenko sozusagen in vertrauter Atmosphäre.

Es ist erstaunlich, aber erwiesen, daß es ein paar Situationen gibt, wo selbst die schweigsamsten Männer zuweilen in ungehemmten Redefluß ausbrechen: beim Psychiater, beim Friseur, im Taxi und bei einer Hure. Das ist ein psychologisches Rätsel, über das schon viel geschrieben wurde. Donna Villagran hätte es mit Freud erklärt: Wir sind der unverbindliche Mutterersatz.

Strelenko war weit davon entfernt, solche Überlegungen

anzustellen. Für ihn war Donna ein angenehmes, nützliches Werkzeug. Schon am dritten Tag seiner Bekanntschaft mit der »göttlichen Hetäre von Baside«, wie ein Politiker sie überschwenglich nannte, hörte er ein Bettgespräch in Zimmer 12 ab, wo ein Abteilungsleiter der New Yorker Obersten Sicherheitsbehörde erzählte, die Japaner hätten einen Stahl erfunden, den man mit Radar nicht orten könnte.

Das war eine Information, die Strelenko am Rande mitnahm. In Moskau würde man das an die Japanabteilung weitergeben, zwecks Überprüfung.

Strelenkos Ausdauer bei Donna Villagran hatte eine ganz reale Basis. In einem zärtlichen Gespräch hatte Donna, um ihren süßen Engel zu erheitern, ein paar Berufsgruppen genannt, deren Angehörige sich bevorzugt ihrer Gastfreundschaft erfreuten, und dazu gehörte offenbar auch die CIA.

Strelenko bedankte sich artig mit einfühlsamem Rhythmus – und wartete ab. Er hatte das Gefühl, dem Zufall zugearbeitet zu haben.

Nach Moskau meldete er: Ich habe ein Spur aufgenommen. Ich weiß nur nicht, ob es die richtige ist. Man muß Geduld haben.

Ussatjuk sah das ein. Wir haben Zeit, dachte er. Irgendwo wird auch in der CIA eine Lücke sein. Irgendwann einmal verrät sich einer, und der Name Bubrow fällt. Dann wird Strelenko wie ein Wolf sein, der Blut wittert. Wenn man nur wüßte, wer Bubrow führt. Er muß doch einen an der Seite haben, der ihn betreut. Und dieser Unbekannte hat ein Umfeld: einen Vorgesetzten, ein paar Untergebene, vielleicht ein Sekretariat. Niemand lebt allein auf dieser Welt.

Ussatjuk beschloß, unabhängig von Strelenko noch einmal dort anzusetzen, wo die weichste Stelle war: in Deutschland. Und das hieß in erster Linie: Irene Walther.

Die Ausbeute war mager, konnte aber dennoch weiterhelfen.

Dr. Irene Walthers Münchener Bankkonto war aufgelöst. Der gesamte Geldbetrag war in die USA überwiesen worden, auf die Chase Manhattan Bank in New York. Einige wertvolle Möbel, von denen sich Irene nicht hatte trennen wollen, waren von Bremen aus mit einem Containerschiff unterwegs nach New York. Das Haus in Steinebach am Wörthsee war geräumt. Ein Makler hatte das besorgt. Er berichtete dem Agenten Ussatjuk, der sich als Versicherungsvertreter ausgab, daß sein Auftraggeber ein Amerikaner gewesen sei. Was nicht mit dem Container in die USA schwamm, hatte der Makler verkauft und den Erlös wunschgemäß einer wohltätigen Stiftung überwiesen.

Mehr war nicht zu erfahren. Aber Ussatjuk genügte es. Strelenko bekam Anweisung, die Kassenhalle der Chase Manhattan Bank zu überwachen, Kontakt mit Angestellten aufzunehmen und herauszufinden, wer von dem Konto abhob, wohin Überweisungen gingen, wer die Kontenauszüge bekam, mit wem man korrespondierte oder telefonierte. Ein Glücksfall wäre es natürlich, wenn Irene Walther eines Tags selbst in der Bank erschiene. Dann hätte niemand mehr Strelenko aufhalten können.

Die zweite Spur war der Container. Ussatjuk gab den genauen Einlauftermin des Schiffes im New Yorker Hafen bekannt. Bis dahin hatte Strelenko Zeit genug, einen Mann unter die Schauerleute zu bringen, der beim Ausladen der Container zugegen wäre. Irgendwohin mußten die wertvollen Möbel ja gebracht werden. Und wo der Container entleert wurde, da war auch Bubrow.

»Jetzt haben wir ein Netz gespannt!« sagte Ussatjuk zufrieden zu General Butajew, der ihn fast jeden Tag besuchte, Tee mit ihm trank und ihn tröstete. »Er wird hineinschwimmen, da bin ich ganz sicher. Es kann sein, daß wir ihn durch eine alte Kommode bekommen. Die kleinen Dinge am Rande sind es, die uns wohlgesonnen sind.«

»Und was soll die alte Kommode?«

»Sie führt uns zu Bubrow. Ohne Umwege!« Ussatjuk lachte laut über Butajews dummes Gesicht. »Lassen Sie sich überraschen, Genosse General.«

Auch Strelenko mußte Ussatjuk recht geben. Das Bankkonto und der Möbel-Container: die waren mehr wert als all die Schnüffelei in der CIA und im Etablissement der Donna Villagran. Das waren zwei echte Spuren, und Strelenko wußte nun, daß Bubrow ihm nicht entgehen konnte. Wo der Container auch abgeliefert wurde – Ruslan Michejewitsch würde beim Ausladen dabeisein und dann auch Bubrow gegenüberstehen.

Die Fahrt den Hudson hinauf, durch eine blühende Landschaft unter warmer Sommersonne, empfand Bubrow wie die Rückkehr ins Leben. Ab und zu ließ er das Auto halten, stieg aus, stand am Ufer des Flusses und blickte den Schiffen nach, stapfte über üppig blühende Wiesen und zerrieb Rosenblätter zwischen den Fingern.

Kam er dann zurück zum Wagen, umarmte er Irene und sagte immer wieder: »Wie schön das alles ist! Jetzt kann ich es gestehen: Ich hatte Angst. Verrückte Angst, daß ich nichts mehr sehen könnte, nichts mehr riechen, nichts mehr fühlen. – Ich weiß, das ist dumm, das alles konnte nicht geschehen – aber man redet sich so etwas ein, wenn man hilflos daliegt, eine Binde vor den Augen, Röhrchen zwischen den Lippen und in den Nasenlöchern.«

Sein Gesicht heilte vorzüglich. Die Nase bekam langsam die gewünschte Form, der schiefe Mund wurde gerade, als die Schwellungen abklangen, und auch das veränderte Kinn schmerzte nicht mehr.

Von allen Häusern, die sie besichtigten, gefiel ihnen ein weißes Landhaus am besten. Es lag inmitten einer Parklandschaft zwischen Ardsley on Hudson und Irvington, nicht weit vom Golfplatz entfernt. Es war ein Holzhaus mit grünen Fensterrahmen und geschnitzten Gesimsen, das Vordach über der Tür wurde von zwei dicken Säulen getragen. Rückwärts lag ein schöner Garten mit einem Swimming-pool; es gab auch eine kleine Terrasse mit geblümter Markise und vier Holzkübeln voller Blumen.

»Das ist es!« sagte Irene sofort. »Was meinst du, Liebling?«

»Mir gefällt alles, was dir gefällt.« Er wandte sich zu Cohagen um, der aus dem Wohnzimmer auf die Terrasse trat. »Die Frage ist nur: Können wir das bezahlen?«

»Sie arbeiten beide. Kein Problem. Die erste Monatsmiete zahlt die Firma. Als Überbrückung.«

»Ohne Gegenleistung?«

»Ohne.«

»Gehört die CIA einer Wohltätigkeitsorganisation an?«

»Warum sollen Behörden nicht auch mal großzügig sein?« sagte Cohagen säuerlich. »Sie werden noch Geld genug ausgeben dürfen. Lassen Sie sich mal von Mabel erzählen, was in solch ein Haus alles hineingesteckt werden muß. Möbel, Gardinen, Wäsche . . . Es ist ja nichts mehr da.«

»Mit dem Schiff kommen ein paar sehr schöne Stücke«, sagte Irene. »Auch Teppiche sind darunter. Das reicht für den Anfang. Nur ein Schlafzimmer brauchen wir noch.«

»Das vor allem!« Cohagen grinste. »Das Bett ist die Basis allen Wohlbefindens.« Dann wurde er plötzlich ernst und hakte sich bei Irene ein. »Den Möbelcontainer wollen wir zunächst vergessen.«

»Aber warum denn? Es ist wertvolle –«

»*Zunächst*, habe ich gesagt. Der Kasten bleibt erst einmal ein paar Wochen im Hafen stehen. Dann fahren wir ihn ein bißchen spazieren. Nach Arizona. Von dort nach Arkansas. Dann geht's weiter nach Oregon. Am Ende landet er in Harlem. Und von dort endlich wird jedes Stück einzeln hierhergebracht. Da gibt es keine Kletten mehr, die haben wir unterwegs weggepflückt.«

»Ich verstehe das nicht, Ronny.« Irene hob die Schultern. »Das müssen Sie mir erklären.«

Bubrow verstand Cohagen sofort und nickte. »Wir sind Jeffersons«, sagte er. »Wir haben mit den Möbeln nichts zu tun.«

»Aber Boris –«

»Wir kaufen sie eines Tages von irgendeinem Mann zurück. Sie kommen schon noch in das Haus, nur auf vielen Umwegen.«

Ihre Augen wurden weit vor Schrecken.

»Ussatjuk?!«

»Ja. Er könnte den Weg der Möbel verfolgen, in der Hoffnung, mich dann zu entdecken.«

»Und das versalzen wir ihm. Spätestens beim dritten Besitzer der Möbel resigniert er. Denn wir verkaufen sie zwischendurch an diesen und jenen, der Tarnung wegen.« Cohagen gab Irene einen Kuß auf die Schläfe. »Mabel, Sie bekommen Großmütterchens Vertiko, ich verspreche es Ihnen. Aber es kann ein Jahr dauern. Wir müssen jetzt mehr Geduld haben als Ussatjuk. Sie haben ein neues, langes Leben vor sich, was macht's da schon aus, wenn man ein Jahr auf seine Möbel wartet. Im übrigen können Sie in New York auch Möbel leihen. Es gibt Firmen, die richten Ihnen das Haus nach Ihren Wünschen ein.«

»Und wer bezahlt *das*?« fragte Bubrow.

»Lieber Tony, Sie kennen Amerika noch nicht. Das erste, was wir Ihnen jetzt beschaffen, ist ein Haufen Kreditkarten. Damit können Sie sich auf Pump Ihren Bedarf fürs ganze Leben zusammenkaufen und zahlen monatlich immer nur soviel ab, wie Sie können. Das ist Amerikas wirtschaftlicher Blutkreislauf. Hier lebt jeder auf Kredit. Wenn plötzlich auf einen Schlag alle ihre Schulden zahlen würden – das wäre eine Katastrophe! Wir würden im Geld ersaufen und einfach pleite sein! Im Wirtschaftsleben ist nicht der Geldsack in der Ecke wichtig, sondern der Geldumlauf.« Cohagen klopfte dem irritierten Bubrow auf den

Rücken. »Sie werden das schnell lernen, Tony. Nichts ist leichter, als auf Pump zu leben. Sie gehen in einen Laden, sagen: ›Dort, die Sesselgarnitur gefällt mir!‹ Dann zücken Sie lediglich Ihre Kreditkarte, und schon rollt der Möbelwagen an. Wehe, wenn Sie bar bezahlen! Dann sind Sie sofort verdächtig! Wer bar bezahlt, ist nicht kreditwürdig – das rangiert in Amerika gleich hinter Mord!«

Cohagen lachte über Bubrows zweifelnde Miene, faßte Irene wieder unter und ging mit ihr durch den blumenduftenden Vorgarten zum Wagen zurück.

Auf der Straße sah sich Irene noch einmal nach dem schönen, weißen Holzhaus um. Es war wirklich ein Schmuckstück. Erst jetzt bemerkte sie an der Seite das kleine Schild: »For sale«.

»Man kann es sogar kaufen?« rief sie.

»Ja. Darüber kann man reden.«

»Und warum gibt es der Besitzer ab?«

»Er hat sich ein größeres Haus drüben in Rockland, am Rockland Lake, gekauft. Natürlich auch auf Kredit. Aber wohnen Sie erst einmal ein paar Monate zur Miete. Wenn's Ihnen dann noch immer so gut gefällt, kaufen wir es. Auf Kredit.«

Sie fuhren zur Klinik von Prof. Tucker zurück. Es war Abend, der Glutball der untergehenden Sonne spiegelte sich im Hudson. Die Silhouette von Manhattan, ein Wald aus Betonsäulen, stand violett gegen den Abendhimmel. Eine wie Perlmutt schimmernde Wolke hing zwischen den beiden Türmen des World Trade Center.

»Selbst New York kann schön sein«, sagte Bubrow bewundernd. »Ich glaube, wir werden uns bald eingelebt haben.«

Sie blieben nur noch zehn Tage in der Klinik. Jeff Tucker behauptete, er habe noch nie in seiner langen Praxis einen so schnellen Heilvorgang beobachtet.

»Trotzdem möchte ich Sie erst entlassen, wenn ich genau weiß, daß Ihr Kinn keinen Alleingang macht«, sagte er.

»Die Ohren, die Nase, die Augenpartien, die Wangen, überhaupt alles, was anders an Ihnen geworden ist, sitzt vorzüglich! Beim Kinn will ich noch abwarten. Das muß ich Ihnen übrigens sagen, Tony: Boxer können Sie nicht mehr werden! Sie haben jetzt ein sogenanntes ›gläsernes Kinn‹. Ein Bums, und schon kann es erbärmlich aus der Form kommen. Da müssen Sie aufpassen! Dort sind Sie unheimlich verwundbar! Wenn Sie also mal Ski laufen und hinfallen – immer Kopf hoch! Ich würde überhaupt von manchen sportlichen Aktivitäten abraten. Mindestens ein Jahr lang radikale Abstinenz von Ski und Reiten. Spielen Sie Golf; Sie haben ja bald einen Platz vor der Tür.«

Irene benutzte diese zehn Tage, um das Haus in Ardsley einzurichten. Cohagen hatte dafür gesorgt, daß sie mit Kreditkarten eingedeckt war. In New Yorks größtem Warenhaus, »Bloomingdale's«, einem Einkaufsparadies, suchte sie Möbel und Gardinen, die Schlafzimmereinrichtung sowie Geschirr und Gläser aus und empfand dabei eine so kindliche Freude, daß Cohagen, der sie immer begleitete, sagte:

»Man könnte neidisch werden und Tony eine Frau wie Sie mißgönnen, Mabel. Oder andersherum: Wenn ich Sie so im Alltag erlebe, glaube ich, daß ich viel versäumt habe, indem ich bis heute vor einer Ehe davongelaufen bin. Es muß herrlich sein, eine Frau wie Sie zu verwöhnen.«

Natürlich bezahlte Irene bei »Bloomingdale's« alles mit Kreditkarte. Die Kontrollabschnitte wanderten zur Chase Manhattan Bank, wo sie vom Konto abgebucht wurden. Basil Victorowitsch Kaschenjew, ein Mitarbeiter des Makler-Büros von Mr. McDunne, der als Harry Pierce Freundschaft mit einem Kassierer der Chase Manhattan Bank geschlossen hatte und nächtelang mit ihm in Greenwich Village herumsoff, brachte Strelenko die neue Spur.

»Es kommt Bewegung in das Konto«, sagte er und legte Strelenko Fotokopien vor. »Zunächst hier: das Konto Walther wurde umgebucht auf ein Konto Jefferson. Und von

M. Jefferson – die Unterschrift ist klar zu lesen – kommen jetzt Abbuchungen zugunsten von ›Bloomingdale's‹ herein. M heißt Mabel. Das Konto gehört einer Mabel Jefferson. Bei ›Bloomingdale's‹ gekauft wurden ein Schlafzimmer, Kleinmöbel, Gardinen, Geschirr, Bestecke, Töpfe, Pfannen, Küchengeräte, Wäsche. So ziemlich alles, was man braucht, wenn man sich erstmals einrichtet.«

Strelenko, sonst kein Mann großer Gefühlsausbrüche, küßte Basil Victorowitsch auf die Wange und sagte feierlich:

»Das sind die schönsten Sätze, die ich seit Wochen höre! Genossen, jetzt haben wir die Spur! Ich sehe Bubrow vor mir! Jefferson heißt er jetzt. Mabel ist Irene. Wohin die Möbel von Bloomingdale's gehen, ist leicht zu erfahren. Ich mache das selbst. Genossen, welch ein schöner Tag!«

In Moskau rief Oberst Ussatjuk sofort General Butajew an. »Mein lieber Victor Borissowitsch, Sie können Ihren Krimsekt kaltstellen! Strelenko berichtet gerade aus New York: Er hat Bubrow gefunden! In Kürze ist das Problem gelöst.«

»Dieser Ruslan Michejewitsch! Ein Teufelskerl! Wie hat er das herausgekriegt?«

»Ich weiß noch keine Einzelheiten. Aber wenn Strelenko meldet, ich habe ihn, dann darf man das glauben! Der beste Beweis ist, daß wir jetzt seinen neuen Namen kennen: Jefferson. Irene Walther heißt Mabel Jefferson.«

»Gratuliere, Sulfi Iwanowitsch!« General Butajew schmatzte durch das Telefon. »Das war ein Bruderkuß, mein Lieber. In Kürze werden wir wohl den *Generalmajor* Ussatjuk begrüßen können, samt neuem Orden . . .«

Schon nach wenigen Stunden stellte sich heraus, daß Strelenko etwas voreilig telegrafiert hatte. Er hütete sich allerdings, das nach Moskau zu melden. Immerhin war die Spur gefunden, man kannte den neuen Namen, die Zeit des Wartens auf einen Zufall war endgültig vorbei.

Als Strelenko im Versandbüro von »Bloomingdale's« er-

schien, sich als Kollege von der Firma Electric Shops vor-
stellte und klagte, eine Mrs. Mabel Jefferson habe bei ihnen Lampen gekauft, er habe die Adresse verloren, wisse
jedoch, daß sie auch bei »Bloomingdale's« bestellt habe,
und bitte nun um die Anschrift, da sagte man ihm: »Die
Lieferadresse wird erst noch bekanntgegeben. Bis auf wei-
teres bleibt alles bei uns auf Lager.«

»Und Sie haben keine Ahnung, wann geliefert werden
soll?«

»Nein.«

»Würden Sie mich benachrichtigen, wenn Sie die Adresse
haben?« Strelenko gab die Adresse von McDunnes Maklerbüro an. »Ich kann dann mit unseren Lampen auch
gleich anrücken.«

»Wir rufen Sie an, Mister«, sagte der Versandleiter höflich. »Eine Kundenadresse verlieren, ist verdammt peinlich.«

Vier Tage später saß Strelenko am Telefon, legte den Hörer hin und fluchte wie ein Fischweib am Don. Seine Genossen standen betreten um ihn herum.

»Die Adresse ist bekannt«, sagte Strelenko mit vor Wut
heiserer Stimme. »Das Gebäude der CIA!« Er machte eine
Pause und schluckte mehrmals. Dann brach es aus ihm
heraus: »Aber es wird ihnen nichts nützen! Es nützt ihnen
gar nichts! Eines Tages werden die Möbel auch von dort
weggeschafft! Und das wird Wassili genau beobachten!«

Doch Strelenko wurde vom Unglück verfolgt.

Wie Wassili meldete, wurden die Möbel und Kartons in
einem Raum neben der Tiefgarage aufgestapelt. Aber drei
Tage später waren sie plötzlich verschwunden. Weggebracht in der Nacht, wahrscheinlich mit Fahrzeugen der
US-Army.

Strelenko meldete auch das nicht nach Moskau. Aber sein
Haß auf Bubrow wurde grenzenlos.

Mabel Jefferson hatte die Stellung als zweite Assistenz-
ärztin der II. Inneren Abteilung im Sprain Ridge Hospital
angetreten.

Ihr Chef, Prof. Harold Rogers, ein internationaler Experte
für Hämatologie, begrüßte sie sehr herzlich in seinem Ar-
beitszimmer, machte sie dann mit den anderen Kollegen
der Abteilung, vor allem mit den wichtigsten Personen in
einem Krankenhausbetrieb bekannt: der Oberschwester
und der Leitenden Schwester der Station. Was der Chef
der Klinik über einen denkt, ist zweitrangig; wichtig
ist die Sympathie der Stationsschwester. Wer es als Arzt
mit ihr verdorben hat, läuft täglich gegen dicke Mauern
an.

Irene-Mabel übernahm eine Frauenstation der »Inneren«;
meistens handelte es sich um Magengeschwüre und
Darminfektionen, auch zwei Ephyseme und einige Gal-
lenentzündungen waren dabei. Sie bekam ein schönes
Zimmer mit Blick ins Grüne, bis zum Grassy Sprain Reser-
voire, einem langgestreckten See, an dessen Ende das riesige Salvation Army Camp lag und der herrliche Platz des
St. Andrews Golf Club.

In Cohagens Augen bedeutete das absolute Sicherheit. Alles, was Bubrow von nun an betraf, insbesondere alle Möbel, Einrichtungsgegenstände und Lieferungen, wurde in
das Militärlager gebracht. Hier mußte für jeden noch so
findigen Sowjetmenschen die Spur zu Ende sein. Der im-
merwährende Lastwagenverkehr der Army, Tag und
Nacht, nach allen Richtungen, war auch mit den raffinier-
testen Methoden nicht zu kontrollieren.

Cohagen war auf seine Idee erst gekommen, als er auf
dem Stadtplan Irenes Fahrtstrecke von Ardsley nach Yonkers nachmaß, um den besten Weg auszukundschaften.
Dabei fiel ihm das Army-Lager auf, und er rief sofort den
Kommandeur an.

Nach einem kurzen Gespräch war Cohagens Wunsch erfüllt. Wer kann der CIA etwas abschlagen? Ein Army-

Transporter holte die Sachen in der Tiefgarage der CIA ab, brachte sie nach Sprain, und von dort, zwei Tage später, in das schöne, weiße Haus bei Ardsley. Auch den Container, der noch auf See schwamm, wollte Cohagen so verschwinden lassen. Das war schneller und einfacher als der erste Plan mit den wechselnden Besitzern.

Bubrow schien glücklich zu sein.

Er hängte Gardinen auf, arbeitete im Garten, strich Fenster und Treppengeländer nach, pflanzte Blumen und isolierte eine Dachkammer. Cohagen hatte ihn noch nicht in die Übersetzerabteilung geholt, bezahlte aber vom 1. des Monats an das Gehalt.

»Ich will warten, bis Ihr Gesicht vollkommen geheilt ist«, sagte er. »Keine sichtbare Narbe mehr, keine Schwellungen, keine Hautverfärbungen. Ihr Gesicht muß glatt wie ein Kinderarsch sein. Ich will vermeiden, daß Ihre Kollegen Sie fragen: Was ist denn, Tony? Biste unter'n Fleischhacker geraten?! – Sie müssen erst der reinrassige Jefferson sein.«

Die erste Nacht im neuen Haus, im neuen, eigenen Schlafzimmer war ein kleines Fest.

Cohagen hatte zum Einstand eine Magnumflasche Champagner mitgebracht, Irene servierte Spickbraten und Bubrow geschmorte Gurken nach russischer Art mit saurem Rahm, das köstliche Ogurzy w smetanje, wie man es in der Ukraine ißt. Zum Nachtisch gab es Erdbeeren mit Vanilleeis und eisgekühlten Wodka.

»Das war kein Essen, das war eine Orgie!« stöhnte Cohagen, als er die Champagnerflasche öffnete und den Korken knallend gegen die Decke schießen ließ. »Jetzt könnte man mir gebündelt alle Ziegfield-Girls überreichen – ich wär' zu faul, auch nur Killekille zu machen! Du lieber Himmel, was könnt ihr Russen fressen!«

Gegen 23 Uhr verabschiedete sich Cohagen. Bubrow brachte ihn bis vors Haus und hielt seine Hand fest.

»Wie kann ich Ihnen danken, Ronny?«

»Indem Sie künftig solche albernen Fragen unterlassen.«

»Was Sie für uns getan haben, ist ohne Beispiel. Ich habe mich immer gefragt, in all den Wochen: Warum tut er das? Für die CIA bin ich doch jetzt wertlos. Von mir kommt nichts mehr.«

»Können wir nicht mal Menschenfreunde sein – ohne Gegenleistung?«

»Das wäre völlig neu in unserem Beruf.«

»So wertlos sind Sie für uns gar nicht, Tony.« Cohagen war sehr ernst geworden. »Sagen Sie Mabel nichts davon, halten Sie sie da 'raus. Ich erwarte immer noch Aktionen aus Moskau.«

»Ich auch.«

»Theoretisch kann man Sie nicht mehr finden. Ein neues Gesicht, ein neuer Name, die Spur verläuft im Nichts. Trotzdem werden Ihre Genossen keine Ruhe geben. Und darauf warte ich.«

»Anders ausgedrückt: Ich bin für Sie eine Art Lockvogel. Irgendwo zwitschert er, und dann wollen Sie mal sehen, wer da mit dem Fangnetz auszieht.« Bubrow wartete, bis Cohagen im Wagen saß. Dann beugte er sich durch das Fenster zu ihm. »Ronny, Sie sind ein eiskalter Hund – und dennoch der beste Freund! Verrückt – was?«

»Wie unser Job, Tony! Bis morgen! Ich komme nachsehen, wie Sie die Nacht überlebt haben, und ob sich Ihr Kinn nicht verschoben hat . . .«

Bubrow blieb vor dem Haus stehen, bis Cohagens Rücklichter hinter der nächsten Straßenecke verschwanden. Dann kehrte er ins Haus zurück, schloß es sorgfältig ab. Irene räumte in der Küche das Geschirr in die Spülmaschine.

»Was wollte Ronny noch von dir?« fragte sie.

»Nichts. Er hat nur einen Witz erzählt, der nichts für Frauen war.«

Später, im Bett, Haut an Haut, sagte sie:

»Du hast gar kein anderes Gesicht. Du bist immer so gewesen. Ich kann mich nicht erinnern, dich jemals anders gesehen zu haben . . .«

Auch dieser Wunsch Bubrows wurde von Cohagen erfüllt: Er konnte sich mit Irene trauen lassen. Diesen Gedanken hatte er schon längst als undurchführbar aufgegeben, als Cohagen ihm bei einem seiner abendlichen Besuche sagte:
»Morgen ist Sonnabend. Da fliegen wir nach Las Vegas. Es ist alles vorbereitet: Boris Alexandrowitsch kann Dr. Irene Walther heiraten. Und dann saufen wir bis Sonntag!«
Irene fiel Cohagen um den Hals und küßte ihn, Bubrow boxte ihn zwischen die Schultern und war sprachlos.
»Wie haben Sie denn auch das noch geschafft?« fragte er endlich. Sein Jefferson-Gesicht glühte vor Freude, ein Beweis, daß seine neue Haut gut durchblutet wurde.
»Die CIA kann alles!« sagte Cohagen. »Ob Anstiftung zur Revolution oder Beschaffung eines Pfarrers – wir machen das schon! Unsere Firma bürgt dafür, daß Sie Bubrow heißen – wie sollten Standesamt oder Kirche da noch nachfragen? Also, meine Lieben, morgen früh um 7 Uhr geht's ab nach Las Vegas!«
Die zweite wichtige Nachricht besagte, daß der Container im New Yorker Hafen eingetroffen war. Er stand in einem Schuppen und wartete auf den Weitertransport. Cohagen wollte ihn noch ein paar Tage lagern, in der Hoffnung, eine Spur sowjetischen Interesses zu entdecken.

In der Tat lief Strelenko bereits auf vollen Touren. Er hatte einen Mann als Hafenarbeiter einschleusen können, unter Umgehung der strengen Hafenarbeiter-Gewerkschaft, die jeden Schauermann kontrollierte. Aber der Meister der

Pier, an der man das Containerschiff vertäut hatte, sagte nicht nein, als man ihm hundert Dollar in einer Zigarettenpackung überreichte, und ließ den Arbeitslosen Harry Ford in der Lagerhalle aufräumen. In der Lohnliste wurde Harry nicht geführt. Warum er überhaupt in der Lagerhalle herumlungerte, fragte der Piermeister nicht. Hundert Dollar Cash sind eine Realität, Fragen nur Dummheit.

»Der Container ist unter unserer Kontrolle«, meldete Strelenko nach Moskau. Aber Ussatjuk antwortete nicht. Daß Strelenko die heiße Spur von »Bloomingdale's« hatte kalt werden lassen, drückte ihm noch auf die Seele. Der Spott von General Butajew kam hinzu. »Die pinkeln Ihnen in die Stiefel!« jubelte Butajew und ließ Ussatjuk weiß vor Kummer werden. »Ihr süßer Knabe Strelenko ist doch nur eine Zuckerstange!«

»Ich bekomme Bubrow!« sagte Ussatjuk verbissen. »Jeder Mensch macht mal einen Fehler.«

Am Sonnabend flogen sie nach Las Vegas, bezogen ihre Zimmer im »Golden Nugget« und fuhren dann zur Trauung.

Die Kirche der »Kongregration zum Heiligen Gefäß« lag in einer Seitenstraße, war aus buntbemaltem Holz mit einem winzigen Türmchen im altspanischen Stil und sah aus wie eine vergessene Filmkulisse. Pfarrer Dr. Archibald Ramsey kam ihnen feierlich im Talar entgegen, woraus zu entnehmen war, daß Cohagen sie telefonisch vom Hotel aus angemeldet hatte, drückte Irene und Bubrow die Hände, sagte: »Gott ist immer glücklich, wenn zwei Menschen sich vor ihm zu ihrer Liebe bekennen!« und schritt ihnen voraus in den Kirchenraum. Dabei drückte er auf einen Knopf neben der Tür, eine elektrische Orgel begann rasselnd, einen Choral zu spielen, den Pfarrer Ramsey mit sonorem Gesang begleitete. In vier riesigen Leuchtern flackerten Kerzen, und über dem Altar hing ein Poster, das einen von goldenen Strahlen umgebenen Gral darstellte. Ein Meßdiener, der auch als zweiter Trauzeuge vorgesehen war, schwenkte das Weihrauchgefäß.

Die Trauung lief in einem vereinfachten Verfahren ab. Archibald Ramsey verlas einen Bibeltext, stellte die üblichen Fragen, Bubrow und Irene antworteten mit ja, Ramsey segnete sie und erklärte sie vor Gott für Mann und Frau. Dann unterzeichneten alle die Urkunde. Verblüfft sah Bubrow, daß Cohagen mit Bill Gilman unterschrieb.

Pfarrer Ramsey gratulierte dem jungen Ehepaar, schob eine kleine Kiste mit einem Schlitz näher heran und verließ die Sakristei. Die elektrische Orgel verstummte.

Cohagen grinste, steckte zehn Dollar in den Kastenschlitz und wartete, bis Bubrow fünfzig Dollar geopfert hatte. Der Meßdiener bekam drei Dollar.

»Bitte dort hinaus, Sir«, sagte er höflich. »Wir haben in zehn Minuten die nächste Trauung. Danke, Sir. Viel Glück.«

Dann standen sie wieder auf der Straße, sahen, wie die nächste Hochzeitsgesellschaft vorfuhr, viel feierlicher, die Braut in weißen Spitzen, der Bräutigam im Cut, die Frauen der Verwandtschaft in bonbonbunten Festkleidern, die Männer meistens in Dunkel bis auf einen, der einen Texashut trug und anscheinend der reiche Onkel war.

Irene sah Cohagen zweifelnd an. »Und das gilt?«

»Was?«

»Diese Trauung.«

»Und wie! Bombenfest. Wird sogar in Deutschland anerkannt. Sie haben einen ordentlichen Trauschein. Drei Straßen weiter wohnt der Friedensrichter, der ist auch informiert und besiegelt die Ehe amtlich!« Cohagen lachte. »Nun ist es passiert, Tony! Sie sind verloren!«

»Warum haben Sie mit Bill Gilman unterschrieben?« fragte Bubrow.

»Das war mein Name in Beirut.«

»Und er gilt auf einem Dokument?«

»Ich habe dafür einen einwandfreien Paß. Aber nun zum Friedensrichter und dann zu Tisch! Und heute abend sprengen wir mal die Spielkasinos! Ihnen müßte das gelingen, Tony, Sie sind ein Glückskind!«

Nichts geschah, was Ussatjuk hätte erheitern können.

In New York saß Strelenko rettungslos fest. Er hatte fünf Pfund Gewicht verloren – nicht in den Armen von Donna Villagran, sondern aus Kummer und auch aus Angst, wenn er daran dachte, daß er ja einmal nach Moskau zurückkehren mußte.

Der Container war abgeholt worden. Hilflos mußte Harry im Lagerschuppen zusehen, wie Pioniere der US-Army den Kasten wegrollten, in einen schweren Truck hievten und damit losfuhren. Zwar raste Harry in einem unauffälligen Chevy hinterher, aber in Yonkers war Ende. Der Army-Wagen bog in das Salvation Camp ein, und Harry blieb keine andere Wahl, als elegant und unbeteiligt auf der Jackson Avenue weiterzurollen.

Strelenko tobte, was aber half das?! Er fuhr selbst nach Yonkers, umrundete das Gelände des Army Camps und fuhr dann verbiestert den New York State Thruway zurück nach Manhattan.

In das Camp war nicht hineinzukommen. Es zu überwachen, hatte auch keinen Sinn. Es besaß mehrere Ausfahrten, Hunderte von Lastwagen fuhren täglich aus und ein, und unter die Planen konnte man ja nicht blicken. Die letzte heiße Spur war verödet. Nun wußte Strelenko auch, wo die Sendung von »Bloomingdale's« abgeliefert war: sinnigerweise über die CIA.

Müde und zermürbt kehrte Strelenko zum Büro Mr. McDunnes zurück, ließ sich einen starken Tee machen und schloß sich in sein Zimmer ein. Er war nie ein Mensch gewesen, der sich mit Illusionen getröstet hätte. Er hatte sich, sosehr auch sein zuweilen fast verträumt wirkendes Gesicht dagegen sprach, immer als harter Realist bewährt. Erhielt er einen Auftrag, konnte man sicher sein, daß er zu Ende geführt wurde. Die Liste der Toten, die Strelenko vorweisen konnte, war imponierend. Es hatte noch keiner überlebt, der in Strelenkos Auftragsbuch stand, selbst jener afghanische Politiker nicht, der sich Tag und Nacht mit einer Leibwache umgab und sogar auf der Toilette nicht allein war. Er flog mit seinem Auto in die Luft, als ihn außerhalb Kabuls eine magnetische Rakete traf.

In New York erlebte Strelenko zum erstenmal, daß er gegen Gummiwände rannte und sich in Sackgassen verirrte, weil die CIA mit ihm zu spielen schien, als sei er ein dummes Kätzchen. Er sah Bubrow vor sich, wußte, daß er jetzt Jefferson hieß, wußte auch, daß aus Irene Mabel geworden war. Gleichsam vor seinen Augen kaufte sie ein, die Ware wurde ausgeliefert – und landete im Depot der US-Army. Das war so genial einfach, daß Strelenko sich beherrschen mußte, um nicht vor Wut zu heulen.

Zweimal telefonierte er mit Ussatjuk, voller Angst, er würde jetzt hören: Abbrechen! Zurück nach Moskau. Aber Ussatjuk ließ ihn in New York.

»Lernen Sie warten, Ruslan Michejewitsch«, sagte er väterlich. »Bubrow taucht schon noch auf. Alles deutet darauf hin, daß er in New York bleiben will. Beobachten Sie weiter das Umfeld der CIA. Da *muß* etwas kommen! Aber vergessen Sie vor lauter Hurerei nicht Ihren Auftrag!«

»Aber Genosse Oberst!« sagte Strelenko. »Ich denke an nichts anderes.«

»Daß die Versorgung Bubrows durch das Militär erfolgt, ist ein Beweis, daß Bubrow in den Händen der CIA bleibt.«

Ussatjuk war immer stolz auf seine Logik gewesen. »Da müssen Sie rein, Strelenko! Jede Behörde ist auch eine Klatschzentrale. Lassen Sie nachforschen, ob in der letzten

Zeit Neueinstellungen erfolgt sind. Da könnte Bubrow dabei sein.«

»Nein! Kein Jefferson.«

»Ist die Information sicher?«

»Ganz sicher.« Strelenko mußte nun doch grinsen. »Im Bett erworben.«

»So wie Sie, Ruslan Michejewitsch, möchte ich mein Geld auch mal verdienen.« Ussatjuk wurde wieder ernst. »Aber behalten Sie den Bürobetrieb der CIA im Auge, Genosse! Ich möchte schwören, daß Bubrow-Jefferson dort auftaucht, vielleicht wenn alle denken: Nun hat Moskau die Akte Bubrow geschlossen.«

Der weise Zuspruch aus Moskau nutzte Strelenko wenig. Eine Idee führte er noch aus: Harry, der Lagerarbeiter, wurde zum ambulanten Autowäscher. Wassili, Parkwächter bei der CIA, jagte ihn dreimal weg, bis er ihn endlich, aus Mitleid, doch in seinem Bereich duldete und ihn die Autos der Beamten säubern ließ.

Damit hatte Strelenko vier Horchposten bei der CIA: zwei in der Region Parkplatz und Garage, zwei bei Sekretärinnen auf der Matratze. Wenn sich Neuigkeiten im Gebäude herumsprachen – sie mußten bei Strelenko landen.

Als Duzfreunde kehrten Bubrow, Irene und Cohagen aus Las Vegas nach Ardsley zurück.

Im Haus erwartete sie eine Überraschung: ein echter Messing-Samowar stand auf dem Wohnzimmertisch. Cohagens Hochzeitsgeschenk.

»Du bringst mich noch zum Heulen!« sagte Bubrow gepreßt. »Ronny, du bist verrückt geworden. Das ist ein Modell aus Nowgorod!«

»Genau! Man hat mir versichert, daß es aus dem Jahre 1863 stammt. Ein historisches Stück, aber voll funktionsfähig.«

»Das hat ein Vermögen gekostet!«

»Als Junggeselle spart man die Frau, da kann man sich das leisten!« Cohagen rieb sich die Hände. »Außerdem – jetzt wird es bitter – ist es zugleich mein Abschiedsgeschenk.«

»Das ist nicht wahr, Ronny!« Irene sah ihn betroffen an. »Was heißt hier Abschied?«

»Ich warte auf einen neuen Einsatz.« Cohagen setzte sich und griff nach dem Whisky, den Bubrow aus der Küche geholt hatte. »Ich muß nach Ägypten. Sadat macht uns große Sorgen. In Libyen spielt Gaddhafi verrückt und verkündet offen, daß er ihn umbringen will. Seit der Schah im ägyptischen Asyl ist, ist die ganze Moslemwelt närrisch geworden. Auch Khomeini klopft wüste Sprüche. Ich werde wohl eine Zeitlang in Kairo leben müssen. Dort heiße ich übrigens Rik Holland.«

»Wann mußt du fahren?« fragte Irene.

»Ich habe noch keine Instruktionen. Bei der letzten Konferenz wurde lediglich angeregt, mich in Ägypten zu stationieren. Es gärt dort. Sadat will die Russen hinauswerfen.«

»Das ist gefährlich, Ronny!« sagte Bubrow ernst.

»Wem sagst du das?! Wenn Sadat die Sowjets in den Hintern tritt, wird über kurz oder lang die massive Quittung aus Moskau kommen! Da kennt man weder Scham noch Skrupel. Sadat kommt ins Schußfeld.«

»Wie schön könnte das Leben sein«, sagte Bubrow stockend, »wenn es die verdammten Ideologen nicht gäbe, kein Machtstreben, keine Interessensphären und keine Militärblöcke. Wenn wir alle Brüder wären . . .«

»Dann wären wir keine Menschen mehr!« Cohagen trank seinen Whisky aus. »Machen wir uns doch nichts vor: Der Mensch ist am glücklichsten, wenn er zerstört!«

Ein paar Tage später, Cohagen war noch nicht abgeflogen, trafen mit zwei Army-Lastwagen die Möbel aus dem Container ein.

Zwar wunderten sich die Nachbarn, daß die neuen Mieter

ihre Möbel von der Armee geliefert bekamen, man sprach auch zwei Tage darüber in Ardsley, aber dann war es schon wieder vergessen. Man hatte die Jeffersons zur Kenntnis genommen und würde sie zum nächsten Wohltätigkeitsfest einladen. Dann würde sich an der Höhe ihrer Tombola-Stiftung ablesen lassen, ob man näher mit ihnen verkehren konnte. Mr. Anthony Jefferson sollte Literaturwissenschaftler sein, Mrs. Mabel Jefferson Ärztin. Das waren immerhin honorige Berufe; sie paßten in den kleinen, exklusiven Kreis von Ardsley. Vor allem der Golf Club hoffte, daß Mr. Jefferson den Weg ins Clubhaus finden und um Aufnahme bitten würde. Von weitem besehen, das ließ sich schon jetzt sagen, waren es annehmbare Menschen.

Bubrows neues Gesicht wirkte nun fast normal. Es war sehr männlich mit dem markanten Kinn, der ausdrucksvollen Nase, den vollen Wangen und den buschigen Augenbrauen. Die Falten neben seinen Mundwinkeln machten auf sarkastische Aphorismen gefaßt. Eines war auf keinen Fall mehr vorhanden: eine auch nur entfernte Ähnlichkeit mit Boris Alexandrowitsch Bubrow.

Dieser Mensch war endgültig ausgelöscht.

»Am nächsten Ersten kannst du anfangen«, sagte Cohagen. »Wir haben es so eingerichtet, daß dir das Übersetzungsmaterial ins Haus gebracht wird. Man holt es auch wieder ab.«

Das Leben normalisierte sich. Die Jeffersons wurden unauffällige Bürger von Ardsley, die man auf der Straße grüßte, und mit denen man im Supermarkt zwischen den Regalen oder an der Kasse gern ein paar nette Worte wechselte. Sie besuchten sogar – auf Anraten Cohagens – den sonntäglichen Gottesdienst und spendeten 200 Dollar für spastisch gelähmte Kinder, was man sehr wohlwollend vermerkte.

Als das hübsche weiße Holzhaus komplett eingerichtet war, gaben Irene und Boris eine kleine Party, um sich den

Nachbarn näher vorzustellen. Das Fest dauerte bis zum Morgen, war ein voller Erfolg, und die Jeffersons gehörten nun fest zur Gemeinde Ardsley. Entzückend fand man, daß Mrs. Mabel, die Ärztin, aus Schweden stammte, wie sie sagte. Man hörte es an ihrem nordisch gefärbten Englisch. Anthony Jefferson sprach sehr gepflegt, was mit seinem Beruf als Literaturwissenschaftler zu tun haben mochte; zudem kam er ja aus dem Staate Oregon, wo man natürlich etwas anders spricht als am Hudson.

Im Spätsommer schliff Jeff Tucker die letzten Narben von Bubrows Körper weg. »Nun sind Sie perfekt, Tony!« sagte er, stolz auf sein Meisterwerk. Auch das Gebiß war verändert worden; zwei schöne Goldzähne blitzten, wenn Bubrow herzhaft lachte. »Ich kann Sie aus meinen ärztlichen Klauen entlassen. Viel Glück auf Ihrem weiteren Lebensweg!«

Cohagen war tatsächlich nach Ägypten abgestellt worden, um auf Sadat aufzupassen. Er schrieb ein paar Ansichtskarten vom Nil, von den Pyramiden und aus Abu Simbel, aber die Briefe, die Bubrow ihm schickte, kamen als unzustellbar zurück. Cohagen oder Rik Holland, wie er in Ägypten heißen sollte, gab es dort nicht. Er war im Untergrund verschwunden. Seine bunten Postkarten hatten Mabel und Tony nur zeigen sollen, daß er noch lebte.

»Ein fürchterlicher Beruf!« sagte Irene einmal.

»Man kann sich daran gewöhnen.« Bubrow nickte erinnerungsschwer. »Ich war nicht anders. Welch ein Glück, das hinter sich zu haben!«

Einem harten, eisigen Winter folgte ein samtweicher Frühling. Die Gärten und Parks entlang des Hudson blühten auf, Bubrow entfernte den Strohschutz von den Rosenstöcken und tapezierte die Eingangsdiele neu. Es waren erfreuliche Tage, zumal Cohagen seine Rückkehr aus

Ägypten angekündigt hatte. Anscheinend war die Gefahr für Sadat vorüber. Bubrow hatte sich allerdings immer wieder gefragt, welche Aufgabe Cohagen dort gehabt haben mochte.

Die Jeffersons waren nun voll in das gesellschaftliche Leben ihrer neuen Welt hineingewachsen. Es gab Partys bei den Klinikärzten, Besuche der Broadway-Theater, in der Metropolitan-Oper, in der Carnegie Hall oder der Radio City Music Hall; man machte gemeinsame Ausflüge, und selbstverständlich war Anthony Jefferson Mitglied des Golf Clubs geworden, obwohl er vom Spiel nichts verstand. Das sollte sich jetzt im Frühjahr ändern; der Trainer war schon informiert.

In diesen Tagen wollte man im Globe Theatre am Broadway die festliche Premiere eines Musicals besuchen, von dem man schon wochenlang vorher die tollsten Gerüchte gehört hatte.

Irene kaufte sich für diesen Gala-Abend ein wundervolles Abendkleid aus einem blausilbern schimmernden Stoff, ein sündhaft teures Stück aus einem Modesalon auf der Park Avenue. Sie probierte auch eine neue Frisur mit hochgesteckten Haaren aus, und Bubrow sagte, als er sie zum erstenmal so sah: »Du siehst gemeingefährlich schön aus, Irininka. Man dürfte dich so nicht unter die Menschen lassen! Ich platze vor Stolz!«

Die Musical-Premiere war eines der großen Frühjahrsereignisse in New York. Die Fernsehanstalten gaben sich alle Mühe, den Aufmarsch der Prominenz zu filmen. Was da in das Globe Theatre strömte, aus Cadillacs und Rolls-Royces, Mercedes und Bentleys ausstieg, schmuckbehangen, in wertvollste Pelze gehüllt oder in brokatglänzende Smokings, nach allen Seiten lächelnd und winkend, war etliche Millionen schwer und immer für eine Schlagzeile gut.

Cohagen hatte sich noch nicht gemeldet, obwohl er mittlerweile aus Ägypten zurück sein mußte. So fuhren Bu-

brow und Irene mit Nachbarsleuten, die eine kleine Karto-
nagenfabrik besaßen, nach New York hinein, um den großen Premierenabend zu erleben. Die heißbegehrten Ein-
trittskarten hatte ihnen Irenes Chefarzt besorgt, der ein
Verehrer Mozarts war und Musicals haßte.

Auch Strelenko erlebte die Premiere mit, freilich nur in
seinem Zimmer vor dem Bildschirm. Er hatte das Videogerät eingeschaltet, um den ersten Akt des Musicals auf
Band zu nehmen; die beiden anderen Akte wurden nicht
übertragen. Die sollte man sich gefälligst im Globe Theatre ansehen. Eine raffinierte Werbung.

Die Monate, die Strelenko in New York hinter sich hatte,
waren ihm allmählich zur Qual geworden. Von Donna
Villagran hatte er sich im wahrsten Sinne des Wortes gelöst, weil die Bettgespräche der illustren Gäste doch nicht
soviel Neues, wie er anfänglich vermutet hatte, erbrachten. Donna tobte zwar wie eine Furie, als Strelenko, ihr
Engel, kalt sagte, er komme nun nicht mehr zu ihr; sie
drohte auch, ihm Säure ins Gesicht zu spritzen, wollte sich
aufhängen, die Pulsadern durchtrennen oder von der Wa-
shington-Bridge springen, aber mit dergleichen konnte
man Strelenko nicht imponieren. Als nichts mehr half,
ohrfeigte er die schöne Donna, bis sie ohnmächtig wurde
– das endlich überzeugte sie, daß der süße Engel für sie
verloren war.

Strelenko, der jeden Tag auf seinen Rückruf nach Moskau
wartete, versuchte in diesen Monaten, Ussatjuk mit anderen Nachrichten zu besänftigen. Seine vier Männer in der
CIA brachten allerhand heran, vom Behördenklatsch bis
zu der Information, daß die CIA an der pakistanisch-irani-
schen Grenze und auch im Irak sogenannte Beobachter installiert hatte, und daß auch in Ägypten eine starke Crew
am Werke sei.

Ussatjuk sagte ab und zu danke schön zu Strelenko, ließ
ihn in New York und erwähnte den Namen Bubrow nicht
mehr. Aber er vergaß ihn nicht – schon deshalb nicht, weil

er seine damalige Niederlage noch immer nicht verkraften konnte. Daß es ausgerechnet Bubrow, sein Schüler, war, der ihn der Lächerlichkeit preisgab, zernagte seine Seele.

Strelenko hatte es sich vor dem Fernsehapparat bequem gemacht. Ein Teller mit Schinkenschnittchen, zwei Flaschen Bier in der Kühlbox, auf dem Rauchtischchen eine Packung Zigaretten, die Beine auf einen Hocker gelegt, so erwartete er den Abend im Globe Theatre.

Mr. McDunne, der »Makler«, war nach Hause gefahren. Die anderen Genossen vergnügten sich irgendwo in der Stadt. Strelenko war allein und genoß den gemütlichen Abend.

Auf dem Bildschirm erschien jetzt die Schrift »Premiere im Globe«. Dann blendete die Kamera auf und zeigte den festlich geschmückten Eingang des Theaters und den Beginn der Prominentenauffahrt: ein Rausch aus Samt und Seide, Gold und Brillanten, Haarfärbemitteln und Porzellangebissen.

Strelenko kannte einige der Berühmten aus den Magazinen. Gelangweilt kaute er an einem Schnittchen, das Videogerät nahm lautlos auf. Strelenko ärgerte sich über den sinnlosen Luxus, der ihm hier vorgeführt wurde, und wünschte Amerika eine genügsame kommunistische Lebensweise. Welche Dekadenz, dachte er. Welcher Hochmut! In der Bronx durchwühlt man Abfalleimer nach Eßbarem, und dort spazieren Millionen durch die Scheinwerfer. Mit einem dieser Ohrringe könnte man ein Jahr lang eine fünfköpfige Familie ernähren . . .

Plötzlich durchfuhr es Strelenko wie ein Blitzschlag. Er ließ das halb gegessene Schnittchen fallen, seine Beine rutschten vom Hocker, er warf sich auf die Knie, um ganz nahe am Bild zu sein, sein Herz begann zu pochen, und die Erregung preßte seinen Magen zusammen bis zur Übelkeit.

»Das ist sie!« rief Strelenko. »Das ist sie . . .« Und plötzlich schrie er, obwohl er allein war: »Genossen, das ist sie!!«

Er kniete noch immer vor dem Fernsehgerät, die Kamera war längst weitergeschwenkt, aber Strelenko sah nichts als die ins Theater drängenden Gäste, und in ihrer Mitte diesen Frauenkopf, dieses Gesicht, das er sich eingeprägt hatte wie kaum jemals ein anderes Bild; ein Gesicht, das sich voll in die Kamera drehte und etwas verschämt lächelte.

Strelenko drückte auf die Tasten und suchte einen anderen Sender. Vier Stationen übertrugen das Theaterereignis, die Kameras waren im Globe verteilt.

Der zweite Sender: Bilder von der Auffahrt.

Der dritte Sender: Im Zuschauerraum. »Very important persons« gehen zu ihren Plätzen. Ein Kommentator stellte sie vor.

Der vierte Sender: Aufnahmen aus der Garderobe. Pelze werden weitergereicht. Geschmeide funkeln, Filmstars lächeln in die Kamera und winken. Ein gewaltiges Gedränge. Und da war sie wieder: vor dem Spiegel! Sie ordnete ihre hochgesteckten Haare, war ein paar Sekunden lang im Bild, als habe der Kameramann sich in sie verliebt. Jetzt trat ein Mann zu ihr, sprach mit ihr, dann kam noch eine Frau, kleiner, etwas pummelig (es war das Kartonagenehepaar), während Bubrow noch in der Masse vor der Garderobentheke stand und die Mäntel loswerden wollte (aber das konnte Strelenko nur vermuten). Die Kamera schwenkte weiter, erfaßte Fred Astaire und Ginger Rogers und andere Stars.

Strelenko erhob sich von den Knien, ging zu seinem Sessel zurück, trank eine ganze Flasche Bier leer und war fast schwindelig vor Glück. Dann rief er Wassili an, von dem er wußte, daß er, nach einem langen Parkwächtertag, zu Hause war, und befahl ihm, vor dem Globe Theatre Posten zu beziehen.

»Ich komme selbst hin!« sagte Strelenko mit vor Erregung zitternder Stimme. »Jetzt darf nichts mehr danebengehen. Wenn wir diese Spur verlieren, sollten wir uns umbringen! Ja, sie ist im Theater. Irene Walther. Der Genosse Ussatjuk hatte recht: Der Weg zu Bubrow führt nur über sie! Wassili – weißt du, wo die anderen sind?«

»Nein, Genosse Leutnant. Irgendwo . . .«

»Jetzt braucht man sie, die Hurensöhne, und wo sind sie?«

»Wer konnte das ahnen? Nach so vielen Monaten!«

Strelenko rief auch noch McDunne an, aber auch der war nicht in seiner Wohnung. Er saß im Italienerviertel in einem Restaurant und verzehrte köstliche Canneloni.

Strelenko nahm den ersten Akt des Musicals noch auf Band, fand das Stück reichlich flach und dumm, aber offenbar genau der amerikanischen Mentalität angepaßt, denn nach dem 1. Akt brach ein Beifallsjubel los, wie man ihn selten erlebt hatte. Dann zog er sich um.

Er wählte eine Lederjacke, in die Taschen für die automatische Pistole, für Handgranaten, zwei Wurfmesser und zwei Sprengsätze eingearbeitet waren. Dann stülpte er einen Motorradhelm über seinen hübschen Kopf und war somit unkenntlich wie ein Marsmensch. Er nahm auch kein Auto – das wäre ihm nicht wendig genug gewesen –, sondern stieg auf eine schwere Yamaha-Maschine, mit der er allen davonrasen konnte.

So tauchte er, während der 2. Akt lief, vor dem Globe Theatre auf und sah dort Wassili mit einigen Schoffören reden. Strelenko fuhr an ihm vorbei, Wassili hob die Hand, zum Zeichen, daß er ihn erkannt hatte. Dann stellte er nach zwei Runden das Motorrad auf dem Times Square ab und setzte sich dort auf eine Bank.

Der Wolf hatte seine Beute gefunden.

Im Theater brüllten die Zuschauer über die Späße eines Komikers, der Bob Hope imitierte. Bob Hope saß in der zweiten Reihe und lachte sich krumm.

In der Pause nach dem 2. Akt sagte Irene zu Bubrow: »Sieht man mir etwas an?«

Er starrte sie entsetzt an und schüttelte den Kopf.

»Nein! Mein Gott, was denn? Du siehst blendend aus!«

»Mir geht es sauschlecht . . .«

»Irininka!«

»Mir ist übel, schwindelig, ich habe plötzlich Platz-
angst . . .« Sie hakte sich bei ihm unter und legte den Kopf
an seine Schulter. »Ich lasse mich morgen untersuchen.
Ich glaube, wir bekommen ein Kind . . .«

Es war, als habe Bubrow eine göttliche Inspiration bekommen.

Er küßte Irene vor allen Leuten, die ihm beifällig zugrin-
sten, rannte zur Garderobe, holte Irenes Mantel, entschul-
digte sich bei seinen Nachbarn, den Kartonfabrikanten,
und es fehlte nicht viel, und er hätte Irene durch den Hin-
terausgang des Globe Theatre, der auf die 43. Street West
führte, getragen.

»Nach Ardsley«, sagte er zum Taxifahrer. »Das ist hinter
Hastings, vor Irvington. Und fahren Sie vorsichtig, mein
Freund. Meine Frau bekommt ein Kind!«

Er sagte das mit so viel Stolz, daß der Taxidriver sich um-
drehte, Irene anlachte und antwortete:

»Wenn's im Auto kommt, muß ich Pate werden! Darauf
bestehe ich.«

»Es kommt in sieben Monaten.«

»Ach so!« Er sah Bubrow strafend an. »Daß Männer bei
Kindern immer so verrückt werden! Aber ich war ge-
nauso, Sir. Keine Angst, ich werde nach Ardsley wie auf
Wolken fahren.«

Gegen 11 Uhr abends, als die letzten Premierengäste das
Globe Theatre verlassen hatten und die Lichter im Eingang verlöschten, wußte Strelenko, daß er wieder verloren
hatte. Er hockte im Sattel seiner Yamaha-Maschine, der
Helm verbarg sein Gesicht unter der getönten Scheibe,
und weinte vor Wut. Wassili tat gut daran, sich ihm nicht
zu nähern; er stand abseits, kaute an den Nägeln und
dachte daran, was Strelenko vorhin gesagt hatte: Wenn
wir diese Spur verlieren, können wir uns umbringen.

Wassili war nicht bereit, das zu tun. Er war kein Samurai.

Ohne sich um Wassili zu kümmern, trat Strelenko das Motorrad an und raste davon. Er fuhr in die Hafengegend, bezahlte in einem Bordell hundert Dollar, ging auf ein Zimmer, das schalldicht angelegt war, zog sich völlig aus und starrte die Dirne aus hohlen, leeren Augen an. An den Wänden hingen Peitschen, Ketten, Zangen, Lederriemen. Die Dirne war in eng anliegendes schwarzes Leder gekleidet.

Strelenko warf sich auf die Liege.

»Nun mach schon!« schrie er. »Worauf wartest du?«

Als ihn der erste Peitschenschlag traf, schloß er die Augen und schluchzte.

Strelenko bestrafte sich selbst.

Das Päckchen, das mit der Kurierpost der sowjetischen Botschaft aus Washington gekommen war, packte Ussatjuk mit ungeduldigen Händen aus. Strelenko hatte ihm am Telefon nur knapp berichtet, daß die Tante endlich zu Besuch gekommen sei und daß es ihr gutgehe. Sie lasse grüßen und werde eine Ansichtskarte senden.

Bis dahin hatte Ussatjuk verstanden, was Strelenko meinte. Nur was die Ansichtskarte bedeutete, war ihm unklar. Er verständigte sich deshalb über chiffrierten Funk mit der sowjetischen Botschaft in Washington und erfuhr dort, daß Leutnant Strelenko eine Videokassette auf den Weg gebracht hatte. Das irritierte ihn noch mehr, denn es war ja nicht anzunehmen, daß Bubrow im Fernsehen auftrat.

Nun war die Sendung eingetroffen. Ussatjuk betrachtete die schwarze Kassette kritisch, ging mit ihr in den Filmvorführraum, wo man alle denkbaren Systeme abspielen und auch Fernsehbilder auf eine riesige Spezialleinwand projizieren konnte.

»Ich brauche Betamax-System!« sagte Ussatjuk zu dem Genossen Techniker. Dann schaltete er die rote Warnlampe über dem Eingang ein und wußte, daß er jetzt ungestört war.

Nach einer halben Stunde verließ Ussatjuk den Filmraum, ging auf sein Zimmer, trank einen großen russischen Wodka und rief General Butajew an.

»Ich möchte Sie gern einladen, Victor Borissowitsch«, sagte er freundlich. »Nein, nicht zu Tee und süßem Kuchen, sondern zu einem kleinen Theaterabend. Ein neues Musical vom Broadway. Uraufführung im Globe Theatre. Ich habe gerade ein Videoband bekommen. Hochinteressant, verspreche ich Ihnen. Man sieht ja bei uns diese Musicals nicht. Eigentlich schade. Immer nur ›Fürst Igor‹ oder ›Eugen Onegin‹, das ermüdet auf die Dauer. Kommen Sie gleich?«

General Butajew, von Ussatjuk mancherlei Kapriolen gewöhnt, sagte zu. Eine neue Verrücktheit, dachte er. Sitzt der Sulfi Iwanowitsch da in seinem Fuchsbau und sieht sich nackte Girlsbeine an! Na, so was! Und wir vom GRU sind für die halbe Welt zuständig und müssen dafür sorgen, daß es an allen Enden knistert und brennt.

Er setzte sich in seinen schwarzen Wagen und nahm sich vor, Ussatjuk wieder einmal gründlich aufzuziehen.

Der Oberst erwartete ihn bereits ungeduldig, schluckte klaglos die Bemerkung »Jaja, wenn so ein paar nackte Hintern wackeln!« und ging mit Butajew zum Vorführraum. Dort setzten sie sich in die Mitte, wo das Bild am klarsten war.

Ussatjuk nahm einen ferngesteuerten Taster in die Hand, mit dem er das Abspielgerät dirigieren konnte, und ließ das Licht löschen.

In völliger Dunkelheit saßen sie nebeneinander. Butajew räusperte sich.

»Ich muß Ihnen vorweg etwas erklären«, sagte Ussatjuk. »Das Band hat Strelenko aufgenommen, rein zufällig, weil ganz New York von dieser Premiere sprach. Ich habe Ihnen einmal gesagt: Es gibt in unserem Beruf zwei Bundesgenossen: die Sorglosigkeit und den Zufall. Auf diesem Videoband haben wir sie beide. Und noch etwas vorweg: Ich bestehe auf der Kiste Krimsekt, die Sie mir versprochen haben . . .«

Die Leinwand leuchtete auf. Butajew wandte sich zur Seite und starrte Ussatjuk an: »Wollen Sie damit andeuten, daß Bubrow im Globe Theatre als Tänzer oder Sänger auftritt? Sulfi Iwanowitsch, mir juckt die Kopfhaut.«

»Passen Sie genau auf! Dann werden Sie verstehen, daß ich mich auf den Sekt freue.«

Ussatjuk drückte auf die Wiedergabetaste. Auf der Leinwand flimmerte es. Die Schrift blendete auf: Premiere im Globe Theatre. Dann sah man die Auffahrt der Prominenz, die Demonstration des Reichtums und des Glanzes.

»Dagegen sind wir beschissene Kulaken!« sagte Butajew rauh. »Sehen Sie sich diesen Schmuck an! Da! Himmel, hat das Weib eine Brust! Warum müssen die Männer alle so dämlich grinsen? Ha, den kenne sogar ich! Fred Astaire! Der mit den Gummibeinen!«

Ussatjuk hob die Hand. »Aufpassen, Victor Borissowitsch! Nur noch ein paar Sekunden. Es ist wirklich ein Glücksfall . . .«

Das Fernsehbild zeigte wieder den hellerleuchteten Eingang des Globe Theatre. Zu beiden Seiten stauten sich die Neugierigen, klatschten und jubelten bei jedem bekannten Star. Das Bild war von größter Schärfe, in dem starken Scheinwerferlicht sah man alle Gesichter genau. Die Kamera fuhr näher, holte einige Gruppen heran.

»Achtung!« rief Ussatjuk. »Jetzt!«

Die Kamera erfaßte einen Menschenpulk, der sich in den Eingang drängte. Smoking an Smoking, Abendkleid an Abendkleid . . . Und jetzt eine Frau in blausilbernem Kleid, mit hochgesteckten Haaren. Sie drehte den Kopf, lächelte, vom grellen Licht geblendet, etwas unsicher in die Kamera.

Ussatjuk drückte auf den Taster. Das Bild blieb stehen: Groß und klar das Gesicht. General Butajew seufzte tief und legte Ussatjuk die Hand auf den Arm.

»Sie ist es«, sagte er geradezu erschüttert. »Ohne Zweifel, das ist sie! Unverkennbar! Das ist Irene Walther. Der Zufall des Jahrhunderts!« Butajew starrte auf das Bild. »Aber sie ist allein, wo ist Bubrow?«

»Es scheint so, als sei sie allein. Aber denken wir weiter!« Ussatjuk ließ den Film wieder laufen. Irene Walther wurde von der Kamera noch ein paar Sekunden verfolgt, bis sie im Eingang des Theaters verschwand. Dann flimmerte es wieder, unzusammenhängende Bilder tauchten auf – in diesen Sekunden hatte Strelenko die anderen Sender gesucht. Dann wechselte die Szene, man sah in die Garderobe hinein, und wieder drückte Ussatjuk auf Stillstand.

Irene Walther richtete sich vor dem Spiegel die Haare.

»Sie ist wirklich eine schöne Frau!« sagte Butajew begeistert. »Als Mensch kann man Bubrow verstehen, daß er dabei hirnlos wird! Aber sie ist allein.«

»Ich lasse jetzt den Film in Zeitlupe ablaufen.« Ussatjuk drückte auf den Taster. Von der Garderobe näherte sich mit schwebenden Schritten ein älterer Mann, der mit Irene sprach. Ihm folgte eine rundliche Frau – es sah köstlich aus, wie auch sie in der Zeitlupe anscheinend schwerelos heranschwebte.

Ussatjuk drückte auf Halt.

General Butajew schüttelte den Kopf. »Wo ist Bubrow?«

»Das haben wir uns auch gefragt.« Ussatjuk lehnte sich zurück. »Aber wir haben auch gefragt: Läßt Boris Alexandrowitsch seine schöne Frau allein zu einer solchen Premiere gehen? Warum sollte er? Er fühlt sich doch sicher. Und warum fühlt er sich so sicher? Weil ihn keiner kennt! Weil ihn keiner mehr erkennt!« Ussatjuk holte tief Atem.

»Als ich den Film sah, kam mir die Idee. Eine verrückte Idee, ich gebe es zu.«

»Solche Ideen bin ich von Ihnen gewöhnt, Sulfi Iwanowitsch«, sagte Butajew trocken.

»Es ist eine der wenigen Möglichkeiten, die Bubrow blieben, um aus unserem Blickfeld zu entschwinden: Er sieht nicht mehr aus wie Bubrow! Er hat ein anderes Gesicht bekommen. Man hat ihn gründlich verändert. Zeit genug hatte er. Er sieht völlig anders aus! Und nur noch Irene Walther weiß, daß der Mann mit dem anderen Gesicht Bubrow ist.«

»Sie meinen, Boris hat sich operieren lassen?« Butajew starrte auf die Leinwand. Ussatjuk ließ den Film zurücklaufen und brachte die Szene noch einmal von Anfang an. »Das wäre doch allzu verrückt!«

»Sehen Sie sich die Männer an! Jeder kann es sein.« Ussatjuk hielt ein Bild fest: Irene drängte inmitten der Leute zum Eingang. »Da – der Weißhaarige! Oder der Mann mit der getönten Brille. Oder der da, mit dem runden Mondgesicht. Der Chirurgie ist alles möglich. Oder ist es der mit den buschigen Augenbrauen und den dunklen Lokken . . .?«

Ussatjuk ließ den Film weiterlaufen.

»Wir werden jeden dieser Männer herausvergrößern, ihre Gesichter zerlegen, Millimeter um Millimeter. Irgendwo im Umkreis von Irene Walther ist auch Bubrow! Er läßt sie nicht allein.« Ussatjuk blickte Butajew an. »Habe ich zuviel versprochen?«

»Er hat sein Gesicht geopfert?!« Butajew wischte sich über die Augen. »Darüber komm' ich nicht hinweg.«

»Verglichen mit dem, was ihn sonst erwarten würde, ist es eine Bagatelle«, sagte Ussatjuk kalt. »Aber auch das war umsonst! Wir werden ihn finden.« Er schaltete den Film ab und das Licht an. »Strelenko wird sich in allen New Yorker Spezialkliniken umsehen. Jeder Patient hat seine Karteikarte mit dem Operationsbericht. Wenn wir die haben, können Sie die Kiste Sekt liefern, Genosse General. Die Schlußphase ist dann nur noch ein technischer Akt.« Butajew konnte nicht umhin, Ussatjuk zu bewundern.

Man sollte meinen, ein so hübsches, fröhliches, herzerquickendes Mädchen wie Vanessa Wildie leide keinen Mangel an Männern und lasse seine Verehrer tanzen wie Marionetten. So verhielt es sich auch: Wer Schwester Vanessa gefiel, brauchte nicht lange wie ein Auerhahn zu balzen, er kam sehr schnell unter Wildies Steppdecke, aber ebenso schnell wurde er auch wieder entfernt. Von festen Bindungen hielt die süße Platinblonde nichts. Vierzehn Tage waren für sie schon eine Ewigkeit, und wenn einer ihrer Boys sich nicht damit abfand, alarmierte sie Ben.
Ben war Krankenpfleger, ehemals Champion von New Jersey im Mittelgewicht und ausgebildeter Karatekämpfer. Mit ihm hatte Wildie noch nicht im Bett gelegen; es war eine Art Vater-Tochter-Verhältnis, das sie miteinander verband. Wenn Ben in Erscheinung trat, gab es keine ungelösten Probleme: Vanessas Bett wurde geräumt.
»Sie ist eine perfekte Krankenschwester, aber nymphoman«, sagte Prof. Tucker einmal zu Irene. »Immerhin: an Patienten geht sie nicht. Das ist erstaunlich, denn die meisten Männer laufen ihr nach. Patienten sind für sie tabu, und solange das so bleibt, wird Vanessa bei mir arbeiten. Ich kann mir keine bessere Schwester denken.«
Strelenko und seine Mannschaft waren nun unterwegs und hörten sich in den Spezialkliniken um. Vom Gesundheitsdepartment hatten sie bereitwillig eine Liste aller in Frage kommenden Häuser erhalten. Strelenko war zunächst über die Menge der Kliniken erschrocken, in denen man Gesicht und Figur überholen lassen konnte.
Die Nachforschungen nach Bubrow waren jedoch in der Regel einfach: Irgend jemand vom Personal, ob Putzfrau

oder Lernschwester, blieb an einem der charmanten Burschen aus Strelenkos Truppe kleben, freute sich über eine Einladung zum Essen, über einen Kinobesuch, über ein ausgiebiges Petting oder einen Discoabend. Spätestens nach drei Tagen zeigten Strelenkos Leute »Erinnerungsfotos« und ließen dabei auch ein Bild von Bubrow hineinrutschen.

Es war wie bei einer Lotterie: Wann würde der Glückstreffer fallen? Wann würde ein Mädchen sagen: »Den kenne ich ja! Der war doch bei uns!«?

Sechs Wochen lang aber geschah nichts, und nach wie vor hakte Strelenko mißmutig auf seiner Liste Klinik um Klinik ab. So geriet man bei dieser systematischen Arbeit eines Tages auch zu der Klinik von Prof. Jeff Tucker.

»Das ist ein stinkfeiner Laden!« sagte Stepan Mikolajewitsch, der unter dem Namen Spencer Holmes auftrat. »Nur Geldsäcke! Da hat sich Bubrow bestimmt nicht hingelegt. Bei denen kostet ja eine Warze schon 100 Dollar!«

»Fragen kostet nichts.« Strelenko hakte die Klinik schon im voraus ab. »Steck die Ohren hinein.«

So geriet Spencer Holmes an Vanessa Wildie. Er sah sie aus der Klinik kommen, pfiff durch die Zähne, und diesen Ton kannte Vanessa. Sie drehte sich um, musterte Spencer kritisch, fand ihn annehmbar und fragte frech: »Haben Sie eine Zahnlücke? Sie pfeifen so komisch beim Atmen.«

»Deinetwegen würde ich mir noch ein paar Zähne ziehen lassen!« sagte Spencer Holmes.

Vanessa fand das schlagfertig; sie lächelte Spencer süß und unschuldig an, zupfte an ihrem Kleid, wobei der Ausschnitt noch tiefer rutschte, und hatte nichts dagegen, daß der junge Mann sie ein Stück begleitete.

Am Abend rief Spencer bei Strelenko an. Seine Stimme klang etwas verstört.

»Was ist los, Stepan Mikolajewitsch?« fragte Strelenko. »Bist du erkältet?«

»Ich bin an ein Mädchen geraten, aus der Tucker-Klinik.

Genosse Leutnant, ich glaube nicht, daß ich das durchstehe! Sie hat heute ihren freien Tag, liegt oben im Bett. Ja, ich rufe aus einer Telefonzelle an, bin in so einem kleinen Hotel ... Wissen Sie, wie das ist, wenn man meint, das Rückgrat sei einem abhanden gekommen?«

»Nein!« sagte Strelenko böse und hängte ein.

Mitten in der Nacht schrak Strelenko hoch. Neben ihm klingelte das Telefon. Spencer Holmes war wieder am Apparat.

»Wir haben ihn, Genosse Leutnant«, jubelte er, »wir haben ihn! Die Süße hat Bubrow erkannt. Das ist ja Anthony Jefferson, sagte sie. Der hat bei uns ein neues Gesicht bekommen! Jawohl: Anthony Jefferson, den Namen hab' ich mir gemerkt! – Wir sind am Ziel, Genosse Leutnant!«

»Wo ist das Mädchen?«

»Oben. Endlich schläft sie!«

»Du mußt durchhalten, Stepan!« sagte Strelenko, erfüllt von einem unbeschreiblichen Glücksgefühl. »Du mußt herausbekommen, wo die Patientenkarteien sind, die Operationsberichte, die Akten. Weiß die Kleine, wo Jefferson wohnt?«

»Nein. Hat sich nie darum gekümmert. Ich habe behauptet, daß ich Jefferson von der Armee her kenne. Wir wären Freunde, hätten uns nur aus den Augen verloren.«

»Das ist gut, Stepan! Sehr gut! Frag nach den Akten!«

»Auf allen vieren werde ich zurückkommen, Genosse Leutnant. So etwas von Weib darf es gar nicht geben!«

»Und wenn du mit der Ambulanz gebracht wirst: ich muß jetzt wissen, wo die Akten sind!«

Strelenko legte auf, faltete die Hände über der Brust und begriff, daß einem vor Glück das Herz stehenbleiben kann.

In der folgenden Nacht wurde in der Klinik von Prof. Tukker eingebrochen.

Es waren Profis. Sie kamen durch die Heizung, brachen

ein paar Türen auf und erreichten den Archivraum, wo die Krankengeschichten lagerten, geordnet nach Jahrgängen und nach dem Alphabet. Die Einbrecher mußten es eilig gehabt haben, sie hatten nur den letzten Jahrgang durchwühlt, die Akten auf den Boden geworfen und sich aus dem Staube gemacht.

Es war Strelenkos größter und entscheidender Fehler, daß er die Akte Jefferson nicht in aller Ruhe gesucht und unmerklich entfernt hatte. Und es war, wie so oft, auch nur ein Zufall, daß Dr. Haddix Nachtdienst hatte. Der Assistent pflegte die letzten Nachtstunden auszunutzen, indem er eine wissenschaftliche Arbeit über kosmetische Operationen schrieb, mit der er sich an einer Universität als Dozent habilitieren wollte.

Dazu brauchte Dr. Haddix laufend Patientenmaterial, das er natürlich mit aller Diskretion verarbeitete. Und so stieg er auch in jener Nacht in den Archivkeller, um drei interessante Fälle herauszusuchen. Die aufgebrochenen Türen und das Chaos im Archiv jagten ihn die Treppe wieder hinauf, und kurz darauf stand er mit Prof. Tucker, der noch im Schlafanzug war, im Keller und sichtete die Krankengeschichten. Schon sehr bald fand der Professor seinen Verdacht bestätigt: Nichts fehlte – nur die Akte Jefferson.

»Ich habe es geahnt!« schrie er Haddix an. »Ja, ich habe es fast gewußt: Hinter diesem Jefferson steht eine ganz dicke Schweinerei. Wissen Sie, daß er Russe ist? Heißt Boris, und sie wird Irininka genannt! Und warum bezahlt die CIA ohne Wimpernzucken jede Rechnung? Warum wohl? Haddix, wir stecken ganz tief in der Scheiße!«

Sie liefen, und von seinem Zimmer aus rief Jeff Tucker die CIA an. Nachts ist selbst bei der CIA der Blutkreislauf vermindert. Tucker brüllte die Wache an, verlangte einen hohen Offizier und erfuhr, daß hohe Offiziere um diese Zeit im Bett liegen. Aber ein Leutnant sei immerhin da.

»Hören Sie«, keuchte Tucker, als der Wachhabende sich

endlich meldete. »Weder steht der Russe am Rhein, noch hat Fidel Castro Manhattan erobert. Aber hier sind die Akten eines gewissen Jefferson gestohlen worden, und dieser Jefferson muß bei Ihnen eine große Rolle spielen! Natürlich kennen *Sie* ihn nicht, den soll anscheinend niemand mehr kennen, aber ich sage Ihnen, es gibt eine Katastrophe, wenn ich keinen Ihrer Herren erreiche. Ich muß Oberst Boone oder Major Cohagen haben! Mit denen habe ich immer verhandelt. Schmeißen Sie beide aus dem Bett! Sagen Sie ihnen: Die Akte Jefferson ist bei Tucker geklaut worden! Heute nacht! Es kann noch nicht lange her sein, höchstens eine halbe Stunde! So – und damit ist die Sache für mich erledigt!«

Tucker warf den Hörer hin, starrte Haddix an, als sei dieser der Dieb, und holte dann eine Flasche Kognak aus dem Schrank.

»Trinken Sie, Bret!« sagte er, etwas milder gestimmt. »Mensch, haben Sie ein Glück gehabt! Wären Sie eine halbe Stunde früher ins Archiv gekommen – wer da eingebrochen hat, der hätte nicht gezögert, Ihnen das Licht auszublasen . . .«

Phil Boone wußte sofort, in welche Lage die CIA gekommen war, als der Wachhabende ihn aus dem Bett telefonierte. Auch Cohagen, der, später als geplant, aus Ägypten zurückgekommen und erst seit einer Woche wieder in New York war, sprang aus dem Bett wie katapultiert.

Die Akte Jefferson gestohlen! Das ganze Material! Die Fotos, die Zeichnungen, der Operationsbericht, die Fotos mit dem neuen Gesicht in allen Phasen. Vor allem aber die Adresse! Dafür gab es nur *eine* Erklärung.

Während Cohagen die Nummer des Salvation Army Camps wählte, bewunderte er drei Sekunden lang die Arbeit der sowjetischen Gegner. Dann meldete sich im Camp der Wachhabende und ließ beinahe den Hörer fallen, als

Cohagen im Namen des Chefs der CIA die oberste Alarm-
stufe durchgab.

»Da kann ja jeder kommen!« sagte der junge Leutnant.
»Ich werde Sie mit dem Kommandeur verbinden. Das
kann ich nicht entscheiden.«

»Sie Rindvieh!« brüllte Cohagen. »Es geht jetzt gegen die
Uhr! Ein sowjetisches Killerkommando ist unterwegs! Begreifen Sie das?«

»Nein! Ich rufe durch zum Kommandeur.«

Oberst Boone hatte unterdessen die Polizei von Dobbs
Ferry und Irvington alarmiert. Von beiden Seiten rasten
nun je zwei Streifenwagen nach Ardsley. Auch das FBI
von New York wurde angerufen. Boone erklärte, daß es
sich hier um eine Ausnahme handele, bei der alle mitmachen müßten.

»Ein sowjetischer Liquidationstrupp ist unterwegs! Er will
einen Überläufer töten, der sehr wichtig für unsere Nation
ist! Hoffentlich kommen wir nicht zu spät.«

Cohagen tat das Nächstliegende, nachdem er erfahren
hatte, daß man zwei gepanzerte Wagen der Army nach
Ardsley losgeschickt hatte: Er rief bei Bubrow an. Es dauerte unendlich lange, bis sich Irene meldete. Es waren Sekunden, die Cohagen fast zerrissen.

Sie sind schon da! schrie es in ihm. Sie haben sie schon liquidiert! Wir kommen zu spät! Alles ist schon gelaufen!
Von Tuckers Anruf bis jetzt ist schon über eine Stunde
vergangen. Diese Trägheit der Dienststellen! Diese Lahm-
heit! Daran werden wir eines Tages krepieren. Ehe unsere
Maschine anläuft, ist der erste sowjetische Schlag schon
vorbei.

»Mabel!« schrie er ins Telefon. »Mabel! Jag Tony aus dem
Bett! Legt die schußsicheren Westen an! Geht an kein Fen-
ster, laßt euch nicht blicken, verbarrikadiert die Türen!
Wartet, bis die Army kommt. Sie ist mit zwei gepanzerten
Wagen unterwegs. Ich komme auch! Auch wenn sie das
Haus in Brand schießen – bleibt drin, bis die Army da ist!«

Irene konnte nicht antworten. Bubrow hatte ihr den Hörer weggerissen, als er sah, wie sie sich verfärbte. »Wer ist da?« brüllte er.

»Tony!«

»Ronny? Du? Was ist los?«

»Moskau steht vor der Tür. Jeden Augenblick können sie da sein. Die Schutzwesten an! Und in Deckung bleiben. Die Army ist unterwegs. Auch die Polizei!«

Bubrow legte auf. Stumm sah er Irene an, reichte ihr dann die Hand und zog sie hoch.

»Ich wußte es«, sagte er heiser. »Ich kenne Ussatjuk! Ich bin gespannt, wer nun schneller ist – er oder Cohagen?«

»Du bist gespannt?!« schrie sie. »Das ist alles, was du sagst?«

»Mehr kann ich nicht tun, Irininka.«

»Sie wollen dich töten, Boris!«

»Und ich muß warten.« Bubrow hob beide Hände und zeigte die leeren Handflächen. »Das ist alles, was ich habe! Ich kann nicht zurückschießen, ich kann nur abwarten, wer schneller ist.«

»Wir können noch flüchten!« schrie sie. »Der Wagen steht auf dem Gartenweg.«

»Zu spät. Sie könnten schon draußen sein.«

Jetzt hörten sie von weitem das Jaulen von Polizeiwagen, das schnell näher kam. Irene umklammerte Bubrow und drückte ihr Gesicht gegen seine Brust.

»Es wird alles nicht so schlimm werden«, sagte er ruhig. »Die Polizei ist schon da. Damit ist das Rennen gewonnen. Wenn die Genossen jetzt doch noch angreifen sollten, wird es eine Schlacht. Aber wer wird schon so dumm sein?!«

Vor dem Haus quietschten die Bremsen der Streifenwagen. Polizisten sprangen heraus und schwärmten aus. Sie umstellten das Haus. Mit starken Handscheinwerfern beleuchteten sie den Garten. Ein Lautsprecher dröhnte durch die Nacht.

»An alle Bewohner dieser Straße und Umgebung: Bleiben Sie in Ihren Häusern! Gehen Sie weg von den Fenstern! Versammeln Sie sich in der Mitte Ihrer Häuser! Schließen Sie alle Türen und Fenster! Lebensgefahr! Bleiben Sie im Haus!«

»Wir sollten uns anziehen«, sagte Bubrow ruhig. »Und morgen, wenn alles vorbei ist, werden wir packen. Es ist doch klar, daß wir in Ardsley nicht mehr bleiben können. Wir würden wie Aussätzige sein!«

»Wie war das bloß möglich?« stammelte Irene. Sie zog Jeans und einen Pullover an und darüber die schußsichere Nylonweste. »Ronny hat immer gesagt: Es gibt keine Spur mehr! Wir sind sicher. Keiner, außer Tucker und Dr. Haddix und Boone, kennt den neuen Jefferson! Und trotzdem . . . Da ist doch eine Lücke!«

»Das werden wir nie erfahren, Irininka. Es fängt jetzt wieder von vorn an, das Verwischen unserer Spuren.« Er sah sie an und legte die Hand auf ihr Haar. »Ich liebe dich unendlich.«

»Warum sagst du das jetzt?« Ihre Stimme brach.

»Man muß es immer sagen, wenn man Kraft für dieses Leben braucht.«

Auf der Straße dröhnte wieder der Polizeilautsprecher. Bubrow schnürte seine Kugelweste zu und stieg die Holztreppe hinunter zur Eingangsdiele und Haustür. Irene folgte ihm.

Ihm war jetzt unklar, wie das sowjetische Kommando noch an ihn herankommen sollte. Und während er Stufe für Stufe hinunterstieg, überlegte er, wie er es anstellen würde, wenn man *ihm* den Befehl gegeben hätte . . .

Plötzlich wußte er, wie man ihn töten konnte, und er sehnte die Ankunft der gepanzerten Armywagen herbei.

Auch Strelenko wußte, daß er gegen die Zeit handeln mußte. Aber er hatte das Hindernis der langen Wege gegen sich.

Die Klinik von Prof. Tucker befand sich auf Staten Island, das Haus von Bubrow-Jefferson lag am Hudson in Ardsley. Dazwischen breitete sich Groß New York aus, von Brooklyn bis Yonkers.

Strelenko hatte seinen Trupp auf zehn Mann erhöht. Auch Wassili mußte mit, obwohl er nicht zum Kommando, sondern zum Stammpersonal gehörte, und auch »Makler« McDunne konnte sich nicht wehren, als Strelenko sagte: »Ich bringe aus Moskau die Vollmacht mit, alles einzusetzen, was ich für nötig halte! Ist hier ein Genosse, der sich drücken will?«

Wassili und McDunne nahmen ihre Waffen in Empfang. In drei großen Limousinen fuhren sie zum Einsatz. Mit Maschinenpistolen, Handgranaten, Sprengsätzen, einem leichten Maschinengewehr und drei tragbaren Raketenwerfern. In Metallkästen lag die Munition, neben Patronen auch zwölf panzerbrechende Granaten.

Sie waren es, an die Bubrow gedacht hatte. Er kannte ja diese Einsätze. Es war so einfach, ihn zu töten, auch wenn das Haus von Polizei und Militär umstellt war.

Solange sie in den Straßenschluchten waren, mußten sie langsam fahren. New York ist eine Stadt, die nie schläft. Auch in der Nacht rollt der Verkehr durch die Avenues, und die Seitenstraßen sind vollgepackt mit parkenden Wagen. Erst auf dem Broadway, wo er zur Staatsstraße 9 wird und den ganzen Hudson hinaufführt bis Ossining in Westchester, drehte Strelenko auf, ungeachtet der Geschwindigkeitsbegrenzung. McDunne, der neben ihm saß, zwischen den Beinen seine Kalaschnikow-MPi, stieß ihm mit dem Ellenbogen in die Seite.

»Die nächste Streife hält uns an. Dann sind wir kassiert, bevor es noch angefangen hat.«

»Es gibt keine Streife!« sagte Strelenko hart.

»Unter Garantie lauert eine am Straßenrand, wenn wir New York City verlassen. Das ist eine sichere und bequeme Einnahmequelle.«

»Sie wird uns sehen und vergessen. Weil es sie dann nicht mehr gibt! Das sind zwei Mann, wir sind zehn.« McDunne starrte Strelenko entgeistert an, schob den Kopf in die Schultern und wußte von diesem Augenblick an, daß dieser Mann mit dem Engelsgesicht wahnsinnig war. Es hatte nur bislang noch keiner bemerkt. Er lehnte sich zurück, umklammerte die Maschinenpistole und nahm sich vor, beim Sturm auf das Haus von Bubrow in eine andere Richtung zu laufen. Er hatte keinerlei Ehrgeiz, später in Moskau auf einer Ehrentafel zu stehen. Das freie Leben in New York war ihm lieber. Sie rasten durch Yonkers, ohne von einer Polizeistreife angeblinkt zu werden, jagten über das gerade Straßenstück am feudalen Hudson River Country Club, erreichten den Stadtrand von Hastings on Hudson und durchfuhren das stille, schlafende Städtchen mit heulenden Motoren.

Parallel zu ihnen, auf dem breiten Saw Mill River Parkway, donnerten die beiden gepanzerten Wagen der Army nach Ardsley on Hudson. Zwei Jeeps, mit Captain Richard Swanton als Kommandoführer im ersten Wagen, flitzten ihnen voraus und machten mit heulenden Sirenen die Straßen frei. Vom Landeplatz des Man State Hospitals auf der kleinen Insel Ward vor Manhattan im East River startete ein Hubschrauber mit Boone und Cohagen an Bord. Das FBI von New York war mit drei Wagen unterwegs.

»Sie glauben, wir fangen sie noch ab?« fragte Boone, als sie über Manhattan donnerten, unter sich die faszinierende bunte Lichterkette der Avenues und der leuchtenden Beton- und Glassäulen der Wolkenkratzer.

»Auf jeden Fall ist Bubrow gewarnt und wird sich so verhalten, wie er es gelernt hat. Er kennt die Tricks seiner Genossen am besten.« Cohagen blickte auf seine Uhr. Die Zeit raste.

»Wie konnte das überhaupt passieren, Ronny?« fragte Boone. »Bei uns war doch alles dicht. Woher wußten die Sowjets, daß Bubrow bei Tucker in Behandlung war?«

»Ich weiß es nicht.« Cohagen hob hilflos die Schultern. »Wir werden der Sache nachgehen, wenn Bubrow alles überlebt hat.«

Der Hubschrauber schwenkte ab und überflog die Bronx. Boone blickte in die Ferne – es war eine klare, warme Sommernacht, man konnte weit sehen, bis hinüber zu dem großen dunklen Fleck des riesigen Cortlandt Parks mit seinem See und dem daneben liegenden ebenso riesigen Woodlawn Cemetery, einer grandiosen Stadt der Toten.

»Was meinen Sie, Ronny: ist da ein Einzelgänger unterwegs? Sie kennen die Russen doch besser als viele andere von uns.«

»Ich befürchte es. Ein einzelner ist unauffällig. Er kann sich überall hinschleichen. Er kann sogar in der Uniform eines Cop mitmachen bei der Absperrung und hat dann plötzlich Bubrow vor sich. Es ist gleichgültig, ob man ihn erwischt oder erschießt – er hat seinen Auftrag ausgeführt, ist in jedem Fall ein Held. Es ist die Kamikaze-Mentalität. Selbstvernichtung für das Vaterland. Für uns ist es schwer, so etwas zu begreifen.«

Die Army-Kolonne hatte jetzt die Abzweigung Ardsley-City erreicht und donnerte die Ashford Avenue hinunter nach Dobbs Ferry. Auf dem Broadway rasten die drei Wagen Strelenkos heran. Noch drei Kilometer trennten ihn von Bubrows Haus. Als sie Dobbs Ferry verließen, sahen sie von weitem die Blinklichter der Polizeiwagen.

Strelenko verminderte das Tempo, blinkte nach rechts und hielt auf einer Ausweichstelle vor einem kleinen Park. McDunne schnaufte erregt durch die Nase.

»Scheiße!« sagte er laut.

Strelenko stieg aus. Er wußte jetzt, daß er das Rennen verloren hatte – aber auch nur dieses! Bubrow gab er nicht auf.

»Und wenn sie Panzerplatten um ihn aufstellen, wir bekommen ihn!« sagte Strelenko. Er blickte seine Männer an. Sie standen um ihn herum, er sah den Zweifel in ihren

Augen und wußte, es war sein Fehler, daß er sie mitgenommen hatte.

»Wir sollten uns ganz still verdrücken und irgendwann wiederkommen«, meinte McDunne.

»Irgendwann! Noch heute nacht bringen sie Bubrow weg. Dann ist er endgültig verschwunden. Soviel Glück und Zufall kommen nicht ein zweitesmal zusammen.«

Über ihnen knatterte ein Hubschrauber hinweg, ging tiefer und schien auf dem nahen Golfplatz landen zu wollen. Strelenkos Gesicht, dieses schöne, reine Botticelli-Gesicht, verzerrte sich.

»Ich mache es allein!« sagte er. »Ihr habt nur die Aufgabe, die Aufmerksamkeit von mir abzulenken. Die Aktionen müssen von drei Seiten kommen, mit einer solchen Stärke, daß die vierte Seite so gut wie unbewacht bleibt. Der Überraschungseffekt ist wichtig!« Strelenko senkte den Kopf. Auf der Straße rollten die beiden Jeeps und die gepanzerten Wagen vorbei. McDunne wischte sich über das Gesicht.

»Wie sollen wir dagegen ankommen?« stotterte er.

»Wir können!« Strelenko sah sich im Kreise seines Kommandos um. »Sind hier nur Feiglinge?!« schrie er plötzlich. »Glotzäugige Schafe?! Wovor habt ihr Angst? Vor den Gewehren? Vor den gepanzerten Autos? Etwa vor den heulenden Sirenen? Ihr steht hier für das ganze Sowjetvolk, das dieser Bubrow verraten hat! Eure Väter und Mütter, eure Brüder und Schwestern erwarten seine Bestrafung. Wollt ihr, daß sie euch als Feiglinge anspucken und sich schämen, daß ihr aus ihrer Mitte kommt?!«

Die Männer schwiegen. Sie luden die Waffen aus den Wagen, bepackten sich damit und hörten sich dann Strelenkos taktischen Plan an. Minuten später marschierten sie durch die Nacht, erreichten den Golfplatz und verteilten sich dort. Strelenko blieb allein zurück. Er schulterte sein Raketenabschußgerät, schob den Leinensack mit den beiden Granaten weiter nach hinten an seine Hüften und fühlte in den Taschen nach den Handgranaten, dem Verzögerungssprengsatz und der Pistole.

Dann ging auch er in Richtung Golfplatz, schwenkte aber an einem Buschgelände ab und stieg eine leichte Anhöhe hinauf, von der aus man das Gelände überblicken konnte. Bubrows Haus lag günstig. Überall blinkten die Blaulichter, sein Garten war taghell erleuchtet, der Hubschrauber war am Rande des Golfplatzes gelandet. Es war, nach menschlicher Logik, ein Wahnsinn, jetzt noch gegen dieses Haus anzurennen.

Aber das wollte Strelenko auch nicht. Er musterte in aller Ruhe die Umgebung und fand, daß ein Hügel, ungefähr zweihundert Meter vom Haus entfernt, der beste Platz für ihn sei. Die Erhebung gehörte noch zum Golfplatz und war mit Büschen dicht bewachsen. Zwischen ihr und dem Haus parkte der Hubschrauber. Jetzt fuhr auch einer der gepanzerten Wagen der Army auf. Niemand käme auf den Gedanken, daß hinter diesem Schutz der Tod in Stellung ging. Strelenko nutzte das Gelände aus, erreichte den Hügel von hinten, stieg hinauf und fand seine Annahme bestätigt: Das Haus lag in bester Schußposition. Von hier aus traf eine Rakete mitten hinein.

Ohne Hast baute er eine Art Stativ auf, montierte darauf den Werfer, steckte die Rakete in das Abschußrohr und wartete. In wenigen Minuten würde sein Trupp mit dem Ablenkungsmanöver beginnen. Er richtete die Rakete auf den Mittelbau des Hauses, in der richtigen Annahme, daß sich Bubrow dort befinden mußte. Ein Holzhaus, dachte Strelenko fast glücklich. Diese Rakete durchschlägt auch eine Panzerung. In dieses Haus wird sie eindringen wie in Pudding, und nichts wird von ihm übrigbleiben. Auch von dir nicht, Boris Alexandrowitsch Bubrow . . .

Strelenko zuckte doch zusammen, als plötzlich links und rechts von ihm, aus einigen Baumgruppen heraus, das Feuer seiner Truppe begann. Genau nach Anweisung zündeten sie zuerst die verzögernden Sprengladungen, die sie in Richtung der Polizei und des Militärs geworfen hatten. Auch das FBI traf in diesem Augenblick ein und bekam sofort die Wirkung dieses Schlages zu spüren. Ein Wagen stürzte um, der andere fuhr steuerlos auf ein Polizeiauto auf und verkeilte sich in ihm. Von zwei Seiten krachten die Detonationen, schleuderten Erdfontänen hoch und durchsetzten den Nachthimmel mit zuckenden Flammen.

Dem ersten Schlag folgte eine Art Feuerwerk. Zischend jagten Brandgeschosse in die Reihen der Polizisten und Soldaten, ein Jeep fing sofort Feuer und explodierte Sekunden danach. Der Ring um das Haus brach auf. Polizei und Militär gingen in Deckung. Captain Swanton, von einem Eisenstück seines auseinandergesprengten Jeeps an der Stirn getroffen, rannte geduckt zum Haus und schrie Kommandos. Die FBI-Beamten waren aus ihren Wagen gehechtet, lagen flach auf der Erde und schossen in Richtung der Sprengsätze. Auch das Militär und die Polizei eröffneten das Feuer.

An fünf Stellen loderten jetzt Brände, sehr wirkungsvoll, aber für Bubrow völlig ungefährlich. Der nächste Sprengsatz explodierte im Vorgarten. Wassili und zwei Mann rannten jenseits der Straße durch den Garten eines Nachbarhauses, feuerten aus ihren Kalaschnikows ununterbrochen über die Köpfe der Soldaten hinweg und verwundeten vier Mann. Zwei FBI-Beamte, die in einen besseren Schußwinkel springen wollten, wurden von einer gestreuten Garbe getroffen, wirbelten wie weggeschleuderte Puppen herum und waren sofort tot.

Boone und Cohagen hatten den Hubschrauber verlassen und gerade das Haus betreten. Bubrow öffnete ihnen, nachdem er Cohagens Stimme erkannt hatte. Irene stand neben ihm, ganz dicht. Wenn es Bubrow traf, sollte es auch sie treffen.

»Raus!« brüllte Cohagen und riß Irene von Bubrows Seite. »Draußen steht ein gepanzerter Wagen! Lauf los, Boris!«

Bubrow starrte Irene an. Cohagen gab ihm einen Tritt. Es gab keine andere Möglichkeit mehr, hier war jede Sekunde lebenswichtig.

Bubrow stürzte aus dem Haus. Im gleichen Augenblick erfolgte der erste Feuerschlag, blendete ihn die Detonation. Jemand riß ihn weiter, schob ihn in den Panzerwagen, drückte ihn gegen die Stahlplatten.

»Irina!« schrie Bubrow. »Wo ist Irina! Laßt mich los! Irina!!«

Cohagen erschien, schob Irene vor sich her und schlug hinter sich die Panzertür zu. Um sie herum barsten die Sprengkörper, glühten die Brandgeschosse, hämmerte es gegen die Panzerung, wenn die MPi-Garben einschlugen. Draußen kroch Captain Swanton herum und brachte Ordnung in die total verwirrten Männer. Von allen Seiten rasten jetzt Verstärkungen heran, vier Militärhubschrauber schwebten ein. Sie mußten zu spät kommen. Ehe sie eingreifen konnten, war das Drama abgelaufen.

»Es müssen Verrückte sein!« keuchte Cohagen und legte den Arm um Irene. Sie zitterte und war unfähig, zu denken. »Total Verrückte. Liefern uns hier eine Schlacht! Hast du das erwartet, Boris?«

»Nein! So etwas hat es noch nicht gegeben . . .« Bubrow nahm mit beiden Händen Irenes Kopf und küßte sie. »Ich lebe«, sagte er tröstend. »Irininka, ich lebe doch! Sei ganz ruhig, hier sind wir sicher.«

Neben ihnen ertönte eine gewaltige Explosion. Der Boden unter ihnen schwankte, der gepanzerte Wagen schien sich zu heben und zu schweben. Irene schrie auf und klammerte sich an Bubrow.

»Das war das Haus!« sagte Cohagen heiser. »Sie haben mit irgend etwas das Haus in die Luft gesprengt.«

»Raketen.« Bubrow legte beide Arme um die weinende Irene. »Darauf habe ich gewartet. Es war die einzige Chance, mich zu erwischen.«

Das Holzhaus brannte, ein bizarrer Trümmerhaufen. Auf

dem Golfplatz landeten die Army-Hubschrauber. Vierzig Soldaten rannten auf das flammende Chaos zu. Sie gerieten in das Feuer von Strelenkos Kommando und feuerten zurück.

Dort traf es Wassili. Es erwischte ihn, als er zu den Bäumen zurücklaufen wollte. McDunne kniete neben dem leichten MG, blutete aus dem Mund und wußte, daß es vorbei war. Er hatte zwei Lungenschüsse, blickte in den warmen Nachthimmel und begann zu weinen. Mit seinem letzten Gedanken verfluchte er Strelenko.

Auf der linken Seite arbeiteten sich Polizei, FBI und Militär gegen eine Buschgruppe vor. Hier lagen vier Russen und schossen auf alles, was sich vor ihnen bewegte. Es waren ausgebildete Scharfschützen – die Soldaten verloren zwei Mann. Als die Russen sahen, daß man sie einkesselte, sahen sie sich an, nickten sich zu, erhoben sich und gingen mit hochgereckten Armen aus ihrer Deckung heraus. Strelenko auf seinem Hügel schloß die Augen. Er bebte vor Wut. Die Abschußvorrichtung seines Raketenwerfers hatte geklemmt. Als die Rakete endlich herauszischte und das weiße Holzhaus auseinandersprengte, war es genau eine Minute zu spät. Bubrow und Irene saßen in dem gepanzerten Wagen.

In dieser Minute wußte Strelenko, daß sich sein Leben erfüllt hatte. Es gab kein Zurück mehr. Das hier war eine Schlacht gewesen, er hatte sie verloren, und er war Offizier.

Er griff in die Tasche, holte die verzögernde Sprengladung aus der Hülle, warf seine Lederjacke ab und riß aus der anderen Hosentasche seine Militärmütze, das schmale Schiffchen. Er setzte es auf, kontrollierte den Sitz und verließ den Hügel. Unter der Lederjacke war die Militärbluse der Roten Armee zum Vorschein gekommen, und bis auf die Hose sah er nun aus wie ein Offizier, der über das feuerleuchtende Manövergelände geht, nachdem die Übung beendet ist.

Captain Swanton, unkenntlich unter dem Blut, das sein Gesicht übergoß, rannte mit sechs Soldaten in Richtung Golfplatz, woher die Rakete gekommen sein mußte. Er stutzte, als er den Offizier der Roten Armee auf sich zukommen sah, blieb stehen und starrte Strelenko an wie einen Geist.

»Das gibt's doch nicht«, sagte er keuchend. »Das kann doch nicht wahr sein ...«

Strelenko ging ruhig weiter. Rechts, zur Straße hin, wurden die letzten zwei seines Kommandos erschossen, das zerstörte Haus war zu einer einzigen, riesigen Flamme geworden, die ihm mit ihrem flackernden Licht wie ein Fanal erschien. Er lächelte, hob die Hand an die Mütze, grüßte den sprachlosen Captain Swanton und ging ungehindert bis zu dem Panzerwagen, in dem Bubrow und Irene saßen. Dort hob er den rechten Arm, während aus seiner linken Hand, von keinem bemerkt, die Sprengladung neben den Wagen fiel.

Moskau grüßt dich, Boris Alexandrowitsch, dachte Strelenko voll Triumph. Du hast noch sieben Minuten Zeit zu glauben, daß du der Sieger bist. Sieben Minuten, Genosse, schenke ich dir noch.

Er drehte sich um, ging von dem Wagen weg, marschierte auf Captain Swanton zu und riß plötzlich aus dem Gürtel seiner Hose die Militärpistole.

Hoch aufgerichtet, legte er sie auf Swanton an, und so, die Waffe von sich gestreckt wie auf einem Schießplatz, mit stolz erhobenem Kopf und einem traurigen Lächeln in den Mundwinkeln, trafen ihn die Garben aus neun Maschinenpistolen und durchsiebten ihn.

Als erster stieg Cohagen aus dem Panzerwagen und sah sich um.

Das Haus war eine einzige Flammensäule. Oberst Boone, der neben dem Hubschrauber in Deckung gelegen hatte, stand jetzt bei den vier gefangenen Russen und gab Cohagen Armzeichen, daß alles vorbei sei. Swanton schwankte herbei, starrte Cohagen mit seinem blutgetränkten Gesicht an und sagte heiser:

»Das müssen doch Wahnsinnige sein! Haben Sie das gesehen? Diesen sowjetischen Offizier? Macht Krieg, mitten in New York. In Uniform!«

Cohagen hob die Schultern, beugte sich in den Wagen zurück und gab Irene die Hand. »Ihr könnt wieder 'raus!« sagte er trocken. »Leider sind Großmutters schöne Möbel hin. Es war in der Eile nicht möglich, sie noch hinauszutragen. Aber wenn du darauf bestehst, schicke ich Ussatjuk eine Rechnung.« Er lachte voll Bitterkeit. »Aussteigen in das neue Leben.« Das ist nun dein drittes, Boris. Du kannst deine Hebammen wirklich zur Verzweiflung bringen.«

Er half Irene auszusteigen. Sie starrte auf das Feuermeer, das einmal ein schönes, weißes Haus gewesen war, und ging langsam den Flammen entgegen. Cohagen folgte ihr, legte den Arm um ihre Hüfte und sagte:

»So ist das nun mal: Gut abgelagertes Holz brennt vorzüglich. Leid tun mir nur die Holzwürmer, ich bin ja ein großer Tierfreund.«

In diesem Augenblick zündete Strelenkos Zeitbombe mit einem trockenen, bellenden Klang. Cohagen riß es herum, er warf sich vor Irene mit ausgebreiteten Armen.

Mit ausgebreiteten Armen stand auch Bubrow vor dem Panzerauto. Erde und Gras regneten auf ihn nieder, sein Blick suchte Irene, aber er faßte sie nicht mehr. Er hörte auch nicht ihren gellenden, unmenschlichen Schrei, als er nach vorn umfiel.

Nach fünf Monaten wurde Bubrow aus einer Spezialklinik in Tulsa, Oklahoma, entlassen. Irene und Cohagen schoben den Rollstuhl, in dem er sein Leben nun beenden würde.

Das Urteil der Ärzte war klar: Es gab keinen Chirurgen auf dieser Welt, der die Querschnittlähmung rückgängig machen konnte. Ein Splitter der Bombe hatte das Rückgrat durchschlagen. Ein Wunder war es schon, daß Bubrow überlebt hatte. Und zwei Wunder nebeneinander hat Gott nicht vorgesehen. Von der Hüfte an war Bubrow gefühllos geworden, seine Beine baumelten an seinem Rumpf wie zwei unnütze Auswüchse. Die CIA hatte alles versucht, was möglich war, sie hatte Gutachten aus Europa und Asien eingeholt, aber es war fast immer der gleiche, hoffnungslose Text, der zurückkam.

»Ich lebe!« hatte Bubrow gesagt, als Irene ihm endlich die volle Wahrheit sagen mußte. »Irininka, ich lebe! Ich lebe mit dir! Ich kann dich sehen, ich kann dich hören, ich fühle dich, die Welt ist offen für uns mit all ihrer Schönheit! Ist das nicht ein Geschenk? Wir sollten dankbar sein.«

Über den anderen Verlust sprachen sie nie: Drei Wochen nachdem Bubrow zum neuntenmal operiert worden war und noch niemand sagen konnte, ob er überleben würde, verlor Irene ihr Kind. Die Fehlgeburt hielten alle geheim, Bubrow hatte mit sich selbst genug zu tun. Erst als man wußte, daß er das Leben wiederum gewonnen hatte, wollte man es ihm schonend beibringen. Aber Bubrow sagte von selbst: »Vielleicht das nächstemal, Irininka. Wir haben ja Übung darin, mit der Hoffnung zu leben . . .«

Irene küßte ihn, nahm seine Hände und legte ihr Gesicht hinein. Er ist ein einmaliger Mann, dachte sie. Wie armselig bin ich gegen ihn. Er hat sein Gesicht verloren und nun auch seine Beine. Für mich! Wie kann man diese Liebe überhaupt begreifen?

In Moskau verfolgte man das Weiterleben Bubrows mit Interesse. Leutnant Strelenko hatte eine Gedenktafel an der Kremlmauer erhalten, obwohl General Butajew sagte, sein Sterben in sowjetischer Uniform in New York sei billiges Theater gewesen. Als man erfuhr, daß Bubrow für immer gelähmt bleiben würde, strich Ussatjuk ihn von der Liste.

»Er wird langsam sterben«, sagte er zu Butajew, der trotz des nur halben Erfolges die versprochene Kiste Krimsekt bei Ussatjuk abgeliefert hatte. »Jeden Tag ein Stückchen mehr wird er sterben. Wer Boris Alexandrowitsch kennt, weiß, daß er an dem Bewußtsein, ein Krüppel zu sein, zerbricht.«

Aber Bubrow, der weiterhin Anthony Jefferson hieß, zerbrach nicht.

In Oklahoma, bei Pawhuska, in der Nähe des Bluestem Lake, kauften sie sich eine kleine Farm. Sie züchteten Rinder und Wollschafe, Mais und eine ganz bestimmte Sorte schwarzer Schweine, die saftige, fast fettlose Steaks lieferten.

Mit einem elektrisch betriebenen Rollstuhl fuhr Bubrow über sein Land und freute sich, wenn Irene neben ihm herritt.

Er war überall, sang mit seinen Arbeitern, machte den Paten bei den Kindern, feierte Feste und war der Boß, den alle akzeptierten.

An den langen Winterabenden saßen Irene und Boris oft vor einer kleinen Leinwand und spielten Filme ab, die Irene in Sotschi gedreht hatte. Da war das unwahrscheinlich blaue Meer wieder bei ihnen, die schimmernde Küste, die grünen Parks, die Teeplantage von Dagomys, das Jagdhaus von Krasnaja Poljana oben in den kaukasischen Bergen, der verträumte Rizasee und immer wieder Boris Alexandrowitsch, wie er im Motorboot saß und der Wind zerzauste seine blonden Haare, wie er im Meer schwamm, wie er Gitarre spielte und dazu sang und wie er den ersten Strauß Rosen brachte und fast verschämt sagte: »Ich liebe dich, Irinuschka . . .«

Es war keine Trauer in ihnen, wenn sie das alles wiedersahen. Das Leben war anders geworden, schwerer oder leichter, wie man's nimmt.

Das Schicksal eines Menschen ist so vielfältig wie die Stunden, die er lebt.

»Was will man mehr«, sagte Bubrow, wenn er in seinem Rollstuhl saß und über sein Land blickte. »Wenn einen das Leben so reich beschenkt, darf man ausruhen und nachdenken. Irininka, gib mir die Hand! Sag, daß wir glückliche Menschen sind.«

Die Romane
von Heinz G. Konsalik
bei C. Bertelsmann:

Eine glückliche Ehe
Roman. 384 Seiten

Das Haus der verlorenen Herzen
Roman. 382 Seiten

Sie waren Zehn
Roman. 608 Seiten

Eine angesehene Familie
Roman. 384 Seiten

Wie ein Hauch von Zauberblüten
Roman. 416 Seiten

Die Liebenden von Sotschi
Roman. 352 Seiten

Ein Kreuz in Sibirien
Roman. 352 Seiten

. . . und bei Blanvalet

Promenadendeck
Roman. 450 Seiten

Das goldene Meer
Roman. 400 Seiten